Le anfore puniche dalle necropoli di Himera

BABESCH

Annual Papers on Mediterranean Archaeology

Supplement 34 — 2018

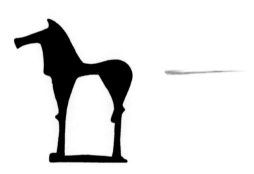

BABESCH FOUNDATION
Stichting Bulletin Antieke Beschaving

LE ANFORE PUNICHE
DALLE NECROPOLI DI HIMERA

(SECONDA METÀ DEL VII – FINE DEL V SEC. A.C.)

B. Bechtold e S. Vassallo
con i contributi di
D. Braekmans, R. De Simone, S. Gupta, G. Montana, L. Randazzo, K. Schmidt

PEETERS

Leuven - Paris - Bristol, CT

2018

BABESCH Supplement Series
edited by
G.J. van Wijngaarden

Autori dei disegni a matita, delle digitalizzazioni e della composizione delle tavole e figure:
Archivio Soprintendenza BB.CC.AA. di Palermo, Teresa Arena, Babette Bechtold, Raphael Lampl,
Karin Schmidt, Giancarlo Vinti.

Photo on the cover:
Himera, necropoli occidentale, tomba W3736
(foto della Soprintendenza Beni Culturali e Ambientali di Palermo)

© 2018 Peeters, Bondgenotenlaan 153, B-3000 Leuven

ISBN 978-90-429-3604-1
D/2018/0602/24

SOMMARIO

Premessa

Stefano Vassallo – Soprintendenza BB.CC.AA. di Palermo (Italy)

Le anfore di produzione fenicio-punica oggetto di questo studio sono state tutte rinvenute nelle necropoli occidentale e orientale di Himera nel corso delle indagini archeologiche, condotte dalla Soprintendenza di Palermo tra il 1990 e il 2011, in una serie di intense e sistematiche campagne di scavo che hanno consentito di esplorare complessivamente oltre 13.000 tombe, un numero straordinario di sepolture, databili tra età arcaica e classica, che costituisce uno dei complessi legati allo studio della sfera funeraria greca più rilevante di tutto il mondo coloniale greco.[1]

Le indagini, soprattutto quelle realizzate nella necropoli occidentale tra il 2008 e il 2011, hanno costituito una straordinaria opportunità di ricerca e di studio; i cantieri di scavo erano, infatti, dotati di diversi laboratori tecnici, che hanno garantito ad archeologi, antropologi, restauratori e disegnatori la possibilità di avere un collegamento diretto tra lo scavo e i primi risultati scientifici delle indagini.[2] Tale organizzazione ha, pertanto, consentito di disporre, in tempi relativamente brevi, di dati di scavo su cui condurre le prime valutazioni sulle tante e diverse tematiche connesse allo scavo nella necropoli.[3] Oltre agli elementi più direttamente collegati alla sfera della morte - rituali, tipologie funerarie, paesaggio e organizzazione degli spazi cimiteriali - è emersa un'articolata documentazione inerente tanti altri campi di interesse: dagli aspetti sociali ed economici, a quelli della produzione artistica e artigianale della colonia di Himera, e ancora informazioni sulle tecniche architettoniche o sulla lavorazione dei prodotti agricoli. Utili indicazioni sono anche emerse per indagare i rapporti con gli indigeni che popolavano il vasto entroterra imerese di area sicana; infine, ricordiamo la documentazione archeologica su fatti storici di grande importanza per la storia della Sicilia, come furono le battaglie di Himera del 480 a. C. e del 409 a.C.[4]

Una chiara dimostrazione della varietà di spunti e di argomenti offerti dalle ricerche nelle necropoli imeresi sono proprio le anfore da trasporto, di cui si presentano in questo lavoro quelle di produzione punica. Lo straordinario numero di esemplari rinvenuti, provenienti da tutto il Mediterraneo, costituisce un grande patrimonio la cui conoscenza va ben oltre l'aspetto della morte e dei rituali connessi alla sepoltura.

Si tratta, infatti, di vasi la cui produzione non era certo legata all'uso funerario, ma che ebbero come ultima funzione, nelle necropoli antiche, quella di contenere i resti dei bambini deceduti nei primi mesi di vita; quindi, il significato in relazione alla sfera della morte è del tutto secondario. Assume, invece, grande rilievo - attraverso la loro esatta classificazione, seriazione, datazione e indagine sui luoghi di provenienza - il contributo che esse possono offrire per la conoscenza degli scambi e delle relazioni commerciali di Himera, offrendo un apporto prezioso alla ricostruzione del quadro dei traffici commerciali nel Mediterraneo di età arcaica e classica.

Lo studio di migliaia di tombe e dei reperti rinvenuti in queste esplorazioni avrà tempi lunghi e non è possibile pensare ad una pur auspicabile edizione completa degli scavi in tempi brevi; tuttavia, attraverso la pubblicazione già realizzata di diverse ricerche preliminari su problematiche specifiche, entro cui si inserisce anche questo catalogo completo delle anfore fenicio-puniche, si vuole offrire un primo contributo utile all'approfondimento e al confronto su temi di grande rilevanza negli studi sulla colonizzazione greca.

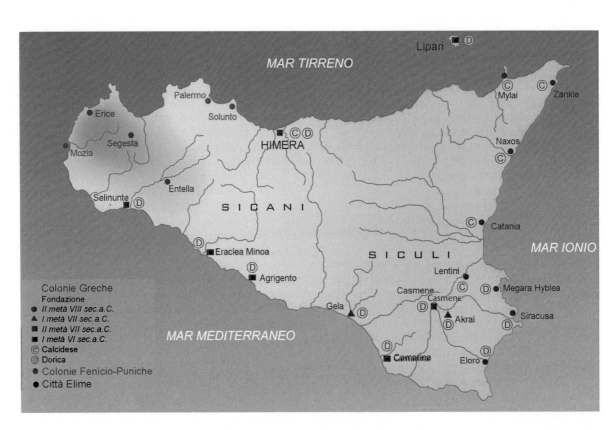

Fig. 1. La Sicilia tra VIII e V sec. a.C.

1

Le necropoli di Himera

1.1 LE AREE CIMITERIALI: LOCALIZZAZIONE E CRONO-
LOGIA

Al momento sono note ad Himera tre grandi
necropoli, distribuite in modo ordinato e simme-
trico rispetto all'abitato; due di esse sono ubicate
lungo fasce parallele alla spiaggia tirrenica, probabilmente a ridosso delle strade in uscita dalla
colonia; quella Est, sulla pianura di Pestavecchia,
oltre la foce del Fiume Grande o Imera Settentrionale; quella Ovest, sulla pianura di Buonfornello,
poche decine di metri al di fuori delle fortificazioni della città bassa. Infine, la necropoli Sud, è
ubicata a ridosso del Cozzo Scacciapidocchi, un
piccolo rilievo situato lungo il percorso di collegamento con l'entroterra collinare di Himera,

dove sono state esplorate soltanto 15 sepolture,
tutte databili nell'ambito del V sec. a.C. che non
hanno restituito anfore da trasporto e che, pertanto, non verrà presa in considerazione in questo
studio.[5]

La necropoli Est di Pestavecchia

In questa area cimiteriale sono state esplorate
3414 tombe; di queste ben 967 hanno restituito
anfore da trasporto. L'area occupata dalla necropoli ha subito negli ultimi decenni una trasforma-
zione radicale, essendo stata occupata da un'intensa e disordinata edilizia turistico/residenziale.
In un contesto, quindi, in continua evoluzione le
ricerche della Soprintendenza si sono sempre

Fig. 2. Foto aerea del sito coloniale di Himera, con l'abitato e le necropoli.

3

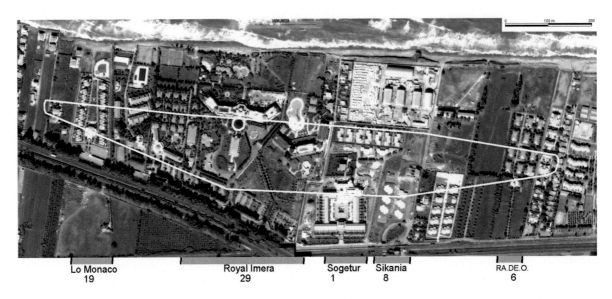

Fig. 3. *Necropoli Est di Pestavecchia: l'area della necropoli con la localizzazione delle proprietà in cui sono state realizzate indagini archeologiche e il numero di anfore fenicio-puniche rinvenute.*

svolte nell'ambito di interventi di tutela e di indagini preliminari, in aree destinate a costruzioni alberghiere o a ville stagionali. Centinaia di saggi, realizzati in zone anche distanti tra di loro, hanno consentito di definire con discreta precisione i limiti dell'area cimiteriale, che interessa una lunga fascia parallela alla spiaggia, estesa in senso est/ovest poco più di 1000 metri, e con larghezza variabile in senso nord/sud, più ampia al centro, circa 100 metri, che si riduce a pochi metri alle estremità occidentale e orientale.[6]

La necropoli di Pestavecchia fu utilizzata lungo tutto l'arco di vita della colonia, dal terzo quarto del VII sec. a.C. fino al momento della sua distruzione nel 409 a.C. da parte dell'esercito punico di Annibale e del successivo abbandono.

Le aree indagate sono ubicate in diversi settori della necropoli, che abbiamo denominato in relazione al nome della proprietà dei terreni, definendo specifiche sigle che abbiamo utilizzato per lo scavo delle tombe e per la classificazione dei reperti, comprese le anfore da trasporto:

RA (proprietà RA.DE.O.): è il settore della necropoli più ad Est. Si tratta anche dell'area cimiteriale più distante dalla città e di quella che ha restituito i materiali più antichi; tutte le tombe (con poche eccezioni) sono databili tra seconda metà VII e VI sec. a.C. In questa proprietà sono state esplorate, in vari periodi, dal 1989 al 1994, 170 tombe.[7]

CA (Cammarata); nel 1926-1927 sono state esplorate 118 tombe[8] (tav. 1,1).

SK (proprietà Sikania): nel 2006 e nel 2008 sono state esplorate 343 tombe.

SG (Sogetur) scavo 2006, nel 2006 sono state esplorate 152 tombe.

RO (Royal Imera): in diverse campagne di scavo tra il 1991 e il 2004 sono state esplorate 2247 tombe.[9]

L (Lo Monaco): l'area, distante circa 140 metri dal limite ovest della necropoli orientale, è il settore finora esplorato più occidentale e il più vicino al fiume Imera Settentrionale. Nel 1999-2000 sono state esplorate 337 tombe.

La necropoli ovest di Buonfornello

A differenza di quella orientale, dove i diversi settori di scavo sono ubicati in aree distanti tra di loro, nella necropoli occidentale, grazie ad una lunga campagna di scavo tra il 2008 e il 2011, è stato possibile esplorare integralmente una fascia di terreno lunga 600 metri e larga 25, in occasione della costruzione del nuovo raddoppio ferroviario Palermo-Messina.[10] Sono state complessivamente scavate 9574 tombe databili tra la fine del VII-inizi VI e la fine del V sec. a.C.

Dai dati di scavo dell'area indagata, si può ipotizzare, che come la necropoli est, quella ovest occupava una striscia di terreno orientata in senso E/O, parallela alla spiaggia, lunga circa 1000 metri, con una larghezza media di 75 metri. Lo strato di sepolture si presenta in ottimo stato di conservazione, dal momento che l'antico piano

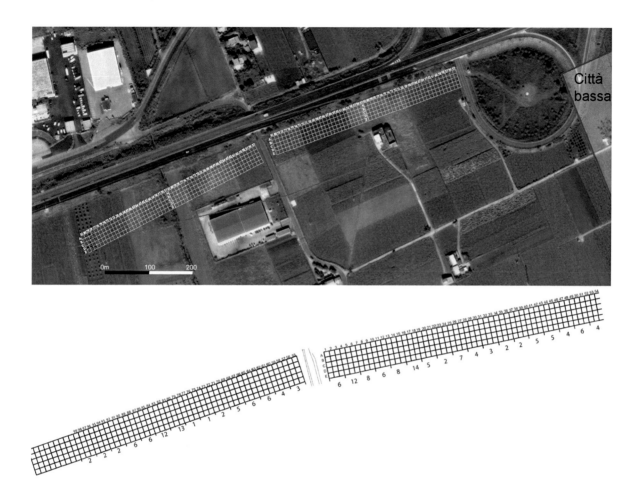

Fig. 4. Necropoli Ovest di Buonfornello: la linea rossa indica i limiti ipotizzati della necropoli, la quadrettatura l'area integralmente esplorata: in basso la distribuzione numerica delle anfore fenicio-puniche.

di campagna di età coloniale giace oggi ad una profondità di circa 3,5 metri dall'attuale livello del suolo, sotto un alto interramento alluvionale accumulatosi subito dopo l'abbandono della necropoli, che ha preservato non soltanto gli strati delle deposizioni, ma anche i livelli superiori, restituendo elementi molto significativi per la ricostruzione del paesaggio funerario.[11]

Cronologia

Se si esclude la necropoli meridionale, nella quale sono state al momento messe in luce tombe databili soltanto nell'ambito del V sec. a.C.,[12] nelle due grandi aree sepolcrali di Pestavecchia e di Buonfornello le sepolture si datano lungo tutte le fasi di vita della colonia. Di un certo interesse è la distribuzione delle sepolture in relazione alla loro cronologia; infatti, nella necropoli est, quelle più antiche, databili tra la seconda metà del VII e il primo quarto del VI, si concentrano nel tratto più orientale, quella più distante dall'abitato, sebbene non manchino, nella stessa area, tombe di pieno V. Inoltre, sempre in questa necropoli orientale si è riscontrata una maggiore concentrazione di tombe databili tra fine VI e tutto il V sec. a.C. man mano che ci si avvicina alla foce del fiume, verso Ovest, e quindi più vicino all'abitato. La medesima distribuzione di tombe, mediamente più recenti in prossimità alle mura della città e più antiche nei settori più distanti, si è osservata per la necropoli occidentale. In sostanza, non volendo anticipare dati che soltanto l'analisi puntale di tutti i corredi ci consentirà di precisare meglio, si è constatato che l'utilizzazione delle due grandi necropoli imeresi privilegiò nelle prime generazioni di coloni gli spazi più distanti dalla città, con un progressivo e sempre più intenso uso delle aree più vicine all'abitato soprattutto tra la fine del VI e gli inizi del V sec. a.C.

1.2 RITI E TIPOLOGIE FUNERARIE

I primi dati statistici legati a riti e tipologie funerarie e alla presenza di elementi del paesaggio funerario, quali segnacoli, monumentini o deposizioni votive, sono stati già oggetto di un rapporto preliminare;[13] vale la pena comunque riassumere brevemente in questo lavoro gli aspetti legati alle tipologie, per comprendere la proporzione tra i diversi tipi di sepolture, in relazione soprattutto all'argomento che maggiormente ci interessa, le tombe ad *enchytrismos*, l'unico tipo in cui vennero utilizzate anfore da trasporto (tav. 1,3-5).

Benché siano presenti nelle due necropoli sia l'incinerazione, sia l'inumazione, è questo secondo rituale che prevale nettamente, rappresentando l'88% dei casi rispetto al 12% delle cremazioni. Tra le inumazioni, i tipi prevalenti sono gli stessi attestati nelle necropoli arcaiche e classiche del mondo greco, tombe a semplice fossa terragne, in casse di legno o costruite con elementi fittili o con mattoni di argilla cruda, cappuccine, sarcofagi, ad *enchytrismos*, con tutta una serie di varianti spesso legate ai materiali a disposizione per la costruzione delle casse o per la copertura delle fosse.[14]

La maggior parte dei tipi sono documentati per tutto il periodo di vita delle necropoli, dalla seconda metà del VII alla fine del V sec. a.C.; soltanto le tombe alla cappuccina sembrano apparire poco più tardi, nella seconda metà del VI sec. a.C., con un incremento progressivo che ne faranno nel secolo successivo uno dei tipi più comuni. Da notare che non vi sono differenze sostanziali nella ripetitività dei riti e dei tipi tra le due necropoli, né si sono trovate tombe con dotazione di corredi particolarmente ricchi;[15] si osserva, invece che sia nelle modalità delle deposizioni, sia nella composizione degli oggetti il livello medio di agiatezza suggerisce un'agiatezza della popolazione imerese piuttosto omogenea, anche se non è improbabile che ad Himera vi fossero altre aree di necropoli destinate a gruppi sociali particolarmente agiati.[16]

Sepolture del tutto eccezionali; sono state messe in luce nell'area più vicina alle fortificazioni della necropoli occidentale; si tratta delle fosse comuni dei soldati caduti nelle battaglie del 480 a.C. e del 409 a.C. e di centinaia di inumazioni disordinate e irrituali, da riferire probabilmente ai cittadini morti nelle stragi che seguirono la conquista della città, è comunque evidente che la presenza di tipologie così peculiari siano da collegare a eventi straordinari, le grandi battaglie imeresi, che si svolsero, per altro, sulla pianura di Buonfornello, nell'area in parte occupata dalla necropoli.[17]

Infine, particolarmente rare sono le numerose sepolture di cavalli, anch'esse da riferire alle battaglie di Himera e quattro tombe di animali, tre cani e un agnello, abbastanza inconsuete nel panorama delle necropoli greche.[18]

NOTE

* Gli autori ringraziano i due anonimi referenti per l'attenta lettura del testo e gli utili suggerimenti critici. Si ringraziano, inoltre, le dott.sse Francesca Spatafora e Agata Villa, responsabili in tempi diversi del Parco Archeologico di Himera, per aver favorito lo studio dei materiali conservati nei depositi del Parco.

[1] Per una quadro generale delle ricerche ad Himera vedi Allegro 1999 e Vassallo 2005a.

[2] Valentino 2009.

[3] Diversi sono i rapporti preliminari sugli scavi in necropoli, per i più significativi si può partire dalla bibliografia in Vassallo 2009a e Vassallo/Valentino 2010 con riferimento anche a tematiche specifiche come, ad esempio, le tipologie funerarie, il paesaggio e i segnacoli. Per gli aspetti antropologici e tafonomici vedi: Fabbri/Schettino/Vassallo 2006 e Fabbri/Lo Noce/Viva 2010.

[4] Vassallo 2011.

[5] Di Stefano 1970.

[6] La realizzazione di numerosissimi saggi, in diversi punti della Piana di Pestavecchia, ha confermato con discreta attendibilità l'estensione massima dell'area cimiteriale in senso E/O.

[7] Vassallo et al. 1993.

[8] Una relazione preliminare è in Gabrici 1937; in seguito lo stesso scavo è pubblicato in Di Stefano 1976. Dallo studio dei giornali di scavo, si è potuto accertare che la proprietà Cammarata è compresa oggi nell'area della proprietà Sikania.

[9] Una breve e parziale segnalazione è in Vassallo 1993/1994.

[10] Lo scavo è stato interamente finanziato dalle Ferrovie dello Stato. L'esistenza di una necropoli in questa zona della pianura costiera antistante le fortificazioni delle città bassa era stata scoperta nei primi anni novanta del secolo scorso, in occasione di saggi di tutela preventivi alla costruzione di uno stabilimento industriale; lo scavo fu affidato all'Università di Palermo, sotto la direzione di Nunzio Allegro, e vennero messe in luce circa 40 tombe, di cui si è data notizia preliminare in Allegro/Butera/Chiovaro 1994, 1129-1133.

[11] Vassallo/Valentino 2012.

[12] Di Stefano 1970, 319-331.

[13] Vassallo/Valentino 2012.

[14] Un'analisi delle tipologie funerarie della necropoli ovest è in Vassallo/Valentino 2012, 53-58.

[15] In corredo è presente in circa il 50% delle tombe.

[16] Significativo che la tomba più ricca finora nota si trovi in contesto isolato, a Sud della necropoli orientale, vedi Allegro 1976, 604-609.

[17] Vassallo 2011.

[18] Vassallo/Valentino 2012, 58.

2

Le tombe ad *enchytrismos* e le anfore da trasporto

2.1 Dati statistici

Le anfore da trasporto rinvenute nelle necropoli imeresi provengono quasi esclusivamente dalle sepolture di bambini ad *enchytrismos*,[19] una delle tipologie funerarie più comuni; ne sono state messe in luce 4898 (1754 necropoli est; 3144 necropoli ovest), un numero molto elevato che costituisce, su un totale di 12988 tombe rinvenute, una percentuale molto alta, quasi il 38%. La ricerca in corso sull'enorme quantità di dati e di elementi emersi nelle indagini sul terreno, sta rivelando che per le deposizioni degli individui in età sub-adulta, costituite prevalentemente da bambini morti nei primissimi mesi di vita, fossero utilizzate anche tutte le altre tipologie ricorrenti nelle necropoli: tombe in fossa, alla cappuccina, entro sarcofagi, in casse di elementi fittili, in casse di legno e anche incinerazioni. Questi dati portano le statistiche sulle percentuali di morti infantili oltre il 50% di tutte le sepolture, confermando un aspetto ormai ben conosciuto per il mondo greco circa l'elevatissima mortalità dei bambini.[20]

2.2 Il rituale e la scelta del contenitore

Le ricerche imeresi hanno restituito una documentazione completa di tutti gli aspetti che caratterizzavano il tipo ad *enchytrismos*: il piccolo cadavere veniva introdotto nel contenitore o attraverso la bocca del vaso, oppure, se il diametro non lo consentiva, praticando un ampio foro nella pancia del contenitore, generalmente realizzato tagliando con regolarità una parte della parete, che veniva poi ricollocata per ricomporre il vaso; in casi più rari, l'anfora fu tagliata in due parti e ricomposta con cura dopo la sistemazione del corpo. L'apertura poteva essere sigillata con frammenti fittili, spesso tegole piane, o con ciottoli, oppure, con grumi di argilla cruda (tavv. 2,1-2,5-7; 3,1-3; 4,1-4,6; 5,1; 11,1-6; 12,1-5; 13,1-2; 14,1-4; 16,3,8). Il tipo ad *enchytrismos*, attestato dalla seconda metà del VII, alla fine del V sec. a.C. era riservato quasi esclusivamente a deposizioni singole; al momento sono stati scoperti soltanto due casi di *pithoi* con una doppia deposizione: RA96 e SK214, due coppie di bambini, probabilmente fratelli, morti tra i 3 e i 5 anni colpiti forse da una stessa patologia e sepolti insieme, con rito unico.[21]

La statura dei piccoli cadaveri determinava anche la dimensione del contenitore; si va da casi eccezionali di *pithoi* molto grandi, che superano il metro d'altezza, a piccoli vasi, come *hydriai* o *chytrai* di grandezze molto contenute, da collegare a sepolture di infanti deceduti in età perinatale o a feti ancora in gestazione,[22] mentre i più grandi, deposti entro i *pithoi*, non sembrano, al momento, avere superato i cinque anni di età.

Notevole è la varietà dei tipi di contenitori, evidentemente connessa ai vasi di cui i familiari disponevano nelle case; oltre alle anfore da trasporto, di gran lunga le più comuni, sono attestati *pithoi*, *chytrai*, *hydriai*, *stamnoi*, brocche e colonnine di *louteria*. Una presenza interessante è costituita dai grandi contenitori arcaici di produzione indigena, che comunque non sembrano indiziare l'appartenenza del bambino deposto al loro interno all'etné indigeno.

La posizione dei piccoli cadaveri dentro il contenitore è normalmente iperflessa o parzialmente flessa ma non mancano casi di individui pressoché distesi, quando lo spazio interno del contenitore lo consentiva (tavv. 4,1,4-7; 5,1-2,7; 21,1; 22,1,3). Il corredo, non sempre presente (mediamente nel 35/40% delle deposizioni), era prevalentemente collocato all'interno del contenitore, più raramente all'esterno, ma in diversi casi vi erano oggetti sia all'interno che all'esterno (tavv. 3,2-3,6; 4,3; 21,2-4; 22,2-3).

2.3 Dati essenziali sulle produzioni di anfore da trasporto

Le anfore da trasporto rinvenute nelle due necropoli imeresi sono 2132 nella necropoli ovest e di 967 in quella orientale, per un numero totale di 3099: Si tratta di un complesso di straordinario interesse non soltanto per varietà di tipi e per la possibilità di avere, in molti casi, precisi riferimenti cronologici, ma anche in relazione al fatto che nella maggioranza dei casi le anfore si conservano interamente ricomponibili o in frammenti sufficientemente grandi da poterne classificare il tipo e fissare precise seriazioni.[23] Questo contributo sulle importazioni fenicio-puniche costituisce il primo lavoro sistematico su una specifica classe di anfore, nella speranza che presto la ricerca possa estendersi anche ad altre produzioni; attualmente, ci si è limitati ad articoli del tutto preliminari per segnalare, soprattutto per la necropoli orientale, le principali produzioni presenti.[24]

Ricco e articolato è il panorama di contenitori provenienti dalla Grecia dell'Est, dall'area samio/milesia, da Lesbo e dall'Egeo del Nord; dalla Grecia continentale sono attestate numerose anfore attiche, ma soprattutto quelle corinzie, presenti con centinaia di esemplari inquadrabili tra la seconda metà del VII e il V sec. a.C. Una delle classi più documentate è costituita dalle anfore greco-occidentali, con esemplari databili tra la metà del VI e la fine del V sec. a.C.; si tratta di uno dei gruppi più interessanti dal momento che non è ancora facile individuare e differenziare le singole produzioni delle colonie d'occidente; pertanto la grande frequenza di queste anfore ad Himera, il più delle volte integre, potrà indubbiamente fornire un contributo importante per il loro studio.[25]

Numerose sono le anfore da trasporto di produzione non greca: oltre a quelle fenicio-puniche, oggetto di questo lavoro, sono state rinvenute 134 anfore etrusche, inquadrabili in prevalenza in età arcaica. Come nel caso delle anfore greco-occidentali, non è ancora facile differenziare i centri di produzione dell'area etrusca e il contesto di provenienza. Tra di esse vanno comprese, per affinità formali, anche le anfore del tipo B di Pithecusa, databili soprattutto nella prima metà del VI sec. a.C.[26] Considerata la posizione di Himera, situata sulla costa settentrionale dell'isola, in un contesto tirrenico, lo studio della circolazione delle anfore etrusche potrà suggerire interessanti spunti di ricerca sulla circolazione di questi contenitori.

I dati complessivi sulle anfore da trasporto evidenziano la centralità di Himera nella rete dei traffici tirrenici, ma anche un importante punto di riferimento per la richiesta di prodotti dalla Grecia continentale e orientale, e quindi un porto pienamente inserito in un circuito commerciale che legava tutti gli scali coloniali di Sicilia e Magna Grecia, e che comincia a trovare sempre maggiore riscontro in quelle città dove la ricerca archeologica è stata più intensa, com'è, soprattutto, il caso di Camarina.[27]

La notevole varietà di produzioni di anfore da trasporto utilizzate nelle tombe ad *enchytrismos* non sembra, comunque, che possa avere particolari significati in relazione alla scelta del contenitore sulla base della sua provenienza. Probabilmente, una volta consumato il contenuto (vino, olio, salsa di pesce o altro) per il quale il contenitore era stato acquistato, il vaso restava nelle case con altre funzioni utili alla conservazione di liquidi o derrate di altro genere, per venire poi impiegato nelle sepolture infantili; la selezione del tipo doveva essere causale, dal momento che non vi sono elementi per potere, al momento, dire se la preferenza di un'anfora di una specifica area di produzione possa essere messa in collegamento con una particolare scelta rituale. Questo è ancora più evidente nelle tombe con grandi contenitori di produzione indigena, provenienti dall'area sicana dell'entroterra imerese, dove i corredi composti da ceramica greca sembrano potere escludere, come già detto, la volontarietà di un collegamento con la sepoltura di un bambino di etnia indigena.[28]

NOTE

[19] Allo stato attutale della revisione dei materiali, si segnala un unico caso, la tomba RA5, ad incinerazione, della necropoli orientale, dov'era deposta un'anfora corinzia di tipo A, tardo arcaica, la cui presenza non è da attribuire al corredo, ma probabilmente al suo uso come contenitore del vino utilizzato per il banchetto funerario.

[20] Vedi Vassallo 2014.

[21] Vassallo 2014, 267.

[22] Nella maggior parte dei casi il fragile scheletro degli infanti non si è conservato, tuttavia numerosi sono anche quelli in cui è stato possibile fare analisi antropologiche; e su un campione di 91 casi è stato accertato che la massima mortalità si concentrava tra il momento del parto e i primi mesi di vita, ma vi sono casi di morti anche in età perinatale, dal 7 mese di gestazione, mentre la presenza di feti ancora più giovani, è ipotizzabile soltanto sulla base del rinvenimento di vasi di limitate dimensioni, dal momento che lo scheletro non si è conservato, cf. Vassallo 2014, 262-263.

[23] Mancano ancora indagini preliminari sulle anfore da trasporto rinvenute nell'abitato: si tratta, infatti, di una classe di materiali poco studiata nelle pubblicazioni dei primi scavi (Himera I e Himera II). Tuttavia la loro presenza è molto diffusa in tutti i contesti abitativi e sacri della città e bene attestate sono anche le anfore puniche; uno studio sistematico, integrandosi con le presenze nelle necropoli, potrebbe offrire, indubbiamente uno straordinario quadro della circolazione di anfore da trasporto nel basso tirrenico in età arcaica e classica.

[24] Il primo di questi contributi del 2005, riguarda soltanto un'esemplificazione delle produzioni di anfore della necropoli orientale, quando ancora le ricerche in questa necropoli erano agli inizi e non era iniziata l'esplorazione di quella occidentale, cf. Vassallo 2005b. Altri articoli preliminari sono in: Vassallo 2005a; Vassallo 2009b; Vassallo 2015, 155-156.

[25] Tra i lavori più recenti e attenti a questo problema ricordo Sourisseau 2011.

[26] Sul problema delle anfore pitecusane e sulla loro origine: Petacco 2003.

[27] Sourisseau 2011.

[28] La presenza di indigeni ad Himera, frutto di matrimoni misti o per altri motivi, anche se numericamente scarsa, sembra potersi ipotizzare sulla base di recenti studi: Vassallo 2003; Vassallo c. s.; Allegro/Fiorentino 2010.

8

3

Le anfore fenicio-puniche riutilizzate nelle sepolture ad *enchytrismos* di Himera

Nel più generale contesto delle anfore da trasporto delle necropoli imeresi, il gruppo di anfore fenicio-puniche costituisce una classe molto consistente e articolata in relazione alla distribuzione cronologica che copre tutta la vita della colonia, e alla notevole diversificazione delle aree di produzione che documenta la provenienza da quasi tutti i principali centri punici del Mediterraneo centro occidentale.

Sono state finora riconosciute e catalogate, complessivamente, 283[29] anfore fenicio-puniche, di cui 215 nella necropoli occidentale e 68 in quella orientale. In termini di percentuale, rispetto a tutte le anfore da trasporto rinvenute nelle necropoli, le fenicio-puniche costituiscono globalmente ca il 9,3%, di cui il 7,6% nella necropoli E, il 10,3% in quella O. Approssimativamente, pertanto, la frequenza di questi contenitori appare non dissimile nelle due aree cimiteriali,[30] il che attesta una loro distribuzione, in queste necropoli, uniforme sia nella scelta dei contenitori, sia dal punto di vista topografico, dal momento che la presenza di anfore fenicio-puniche è attestata in tutti i settori delle necropoli. Nonostante i dati relativi alla presenza dei contenitori punici nell'abitato non siano ancora stati studiati, i rinvenimenti delle necropoli suggeriscono che l'arrivo ad Himera di anfore da trasporto fenicio-punico fosse in qualche modo continuo ed intenso, con una distribuzione all'interno della città uniforme.[31]

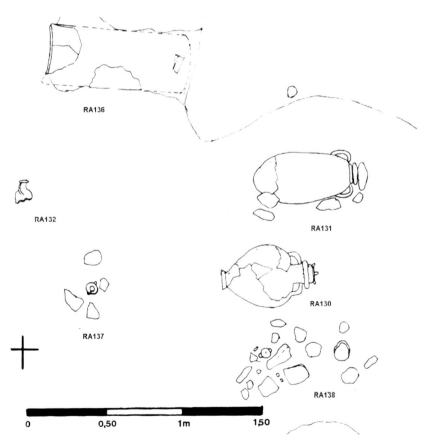

RA136

RA132

RA131

RA137

RA130

RA138

0   0,50   1m   1,50

Fig. 5. Necropoli Est, proprietà RA.DE.O., il contesto dell'anfora fenicia RA131 (cat. 42).

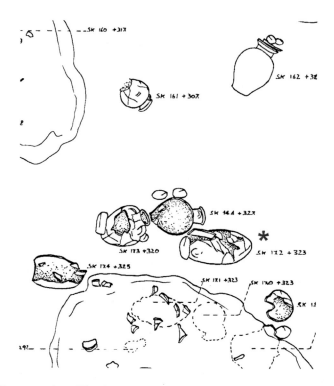

Fig. 6. Necropoli Est, proprietà Sikania: particolare di sepolture con anfora fenicia SK172 (cat. 33).

Anche le modalità di deposizione dei piccoli cadaveri dei neonati all'interno delle anfore fenicio-puniche, del tipo di chiusura e della presenza e distribuzione dei corredi, non è diversa rispetto a quanto riscontrato nelle anfore da trasporto di altre provenienze. Non vi sono, pertanto, elementi per potere ipotizzare che la scelta di questi contenitori di produzioni fenicio-punica fosse dettata da specifiche preferenze o da valutazioni in relazione a rituali e quindi che fossero connessi a bambini in qualche modo riferibili ad una "sfera culturale" o ad un *etné* punico.

La presenza di corredi nelle sepolture entro anfore puniche è attestato in 33 tombe su 71 nella necropoli orientale e 96 su 208 in quella occidentale, in media, quindi, la percentuale di sepolture con corredo supera il 45% del totale.[32] Si tratta di una percentuale più elevata di quanto riscontrato circa la presenza di corredo in tutte le tombe ad *enchytrismos* ad Himera, senza distinzione di tipo di contenitori e di produzioni di anfore, che mediamente si attesta tra il 35 e il 40%. Bisogna tuttavia considerare che una grande percentuale di contenitori è costituito da vasi di piccole dimensioni (*chytrai, hydriai,*) nei quali la presenza di corredo è molto rara; pertanto, prima di formulare ipotesi sul maggior numero di oggetti di corredo in anfore puniche è opportuno attendere la completa ricognizione delle sepolture e i dati definitivi in relazione al rapporto corredo/tipo di anfora da trasporto.

Anche il numero e la distribuzione dei vasi di corredo è estremamente variabile; ne troviamo soprattutto all'interno, ma anche, contemporaneamente all'interno e all'esterno o soltanto all'esterno, in numero che ordinariamente è di 1 o 2 oggetti, più sporadicamente 3 o 4, e in casi eccezionali 5. Tra le forme più comuni, sempre di piccole dimensioni, appare ricorrente il *guttus*, ma anche coppette e *lekythoi* costituiscono i vasi maggiormente rappresentati. Appare evidente che soltanto lo studio analitico di tutte le sepolture infantili potrà fornire elementi più attendibili per una valutazione di tipo rituale in relazione ad eventuali peculiarità delle tombe ad *enchytrismos* in anfore fenicio-puniche.

La notevole frequenza di vasi di corredo ha costituito un'ottima opportunità per ricavare indicazioni ed elementi attendibili sulla datazione delle anfore fenicio-puniche; in questo lavoro, tuttavia, considerato che lo studio dei materiali delle necropoli è ancora in corso (vedi anche *infra*, premessa al cap. 8), ci si è limitati a ricavare i dati essenziali per potere avere un inquadramento cronologico delle singole anfore, attraverso una revisione generale di tutti gli oggetti associati ai contenitori fenicio-punici.

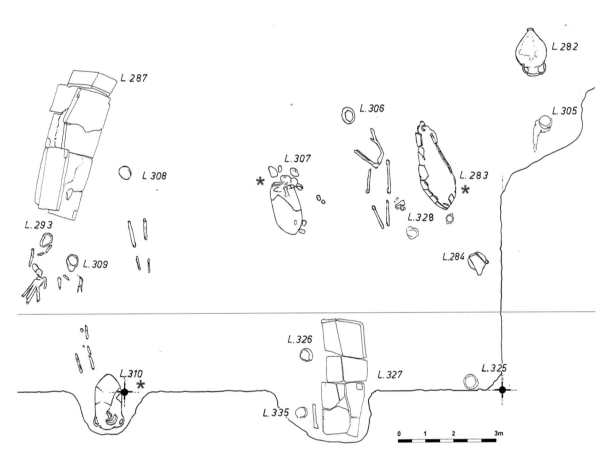

Fig. 7. Necropoli Est, proprietà Lo Monaco, area con le anfore puniche: L283 (cat. 249); L307 (cat. 134); L310 (cat. 223).

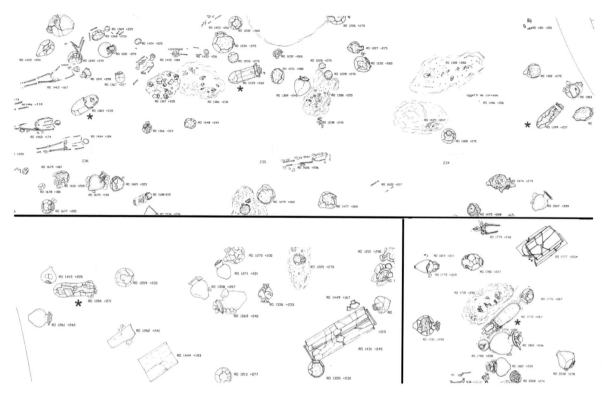

Fig. 8. Necropoli Est, proprietà Royal Imera, diversi settori di scavo; in alto area con anfore puniche RO1239 (cat. 27); RO1365 (cat. 19); RO1399 (cat. 93). In basso a s. area con anfora punica RO1204 (cat. 29). In basso a destra. con anfora punica RO1775 (cat. 12).

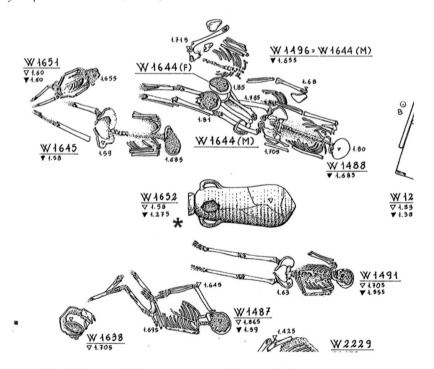

Fig. 9. Necropoli Ovest: area con anfora punica W1652 (cat. 216).

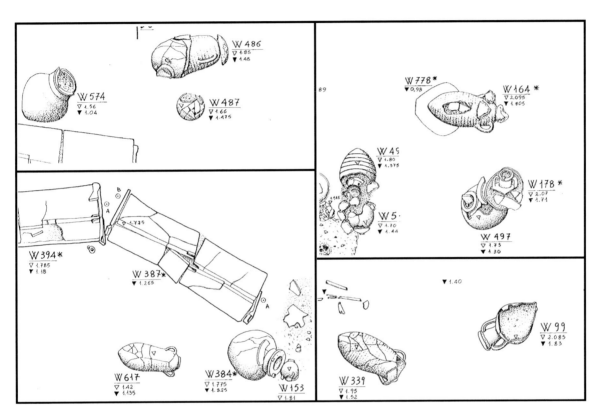

Fig. 10. Necropoli Ovest: in alto a s. area con anfora punica W486 (cat. 183); in alto a d. area con anfora punica W164 (cat. 100); in basso a s. area con anfora punica W617 (cat. 206); in basso a d. area con anfora punica W339 (cat. 159).

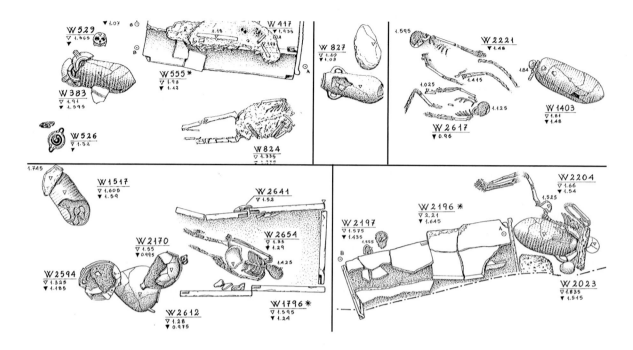

Fig. 11. Necropoli Ovest: in alto a s. area con anfora punica W383 (cat. 60); in alto al centro area con anfora punica W827 (cat. 207); in alto a d. area con anfora punica W1403 (cat. 86); in basso a s. area con anfora punica W1517 (cat. 200); in basso a d. area con anfora punica W2023 (cat. 127).

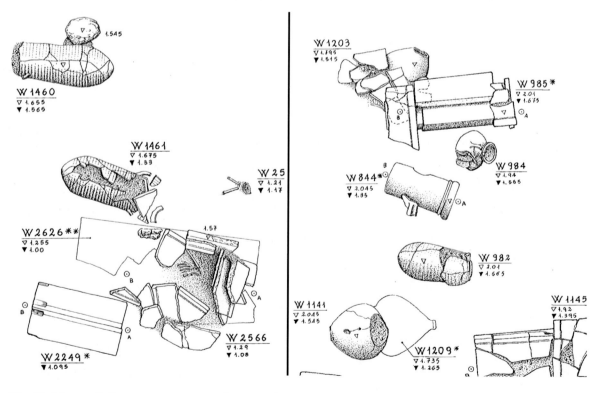

Fig. 12. Necropoli Ovest: a s. area con anfore puniche W1460 (cat. 94) e W1461 (cat. 222); a d. area con anfora punica W982 (cat. 182).

14

3.2 Introduzione al materiale anforico preso in considerazione[*]

Babette Bechtold – Institut für Klassische Archäologie, Universität Wien (Austria)

Nell'ambito di una ricerca sull'identificazione delle aree di provenienza di anfore commerciali da siti del Mediterraneo centro-meridionale (vedi nota *), una delle priorità era costituita dalla caratterizzazione archeologica ed archeometrica delle produzioni della Sicilia punica.[33] A tale proposito, lo studio dell'ampio corpo delle anfore fenicio-puniche dalle necropoli di Himera rappresentava, ovviamente, un'occasione unica per ampliare soprattutto il campionario degli esemplari di produzione siciliana. Il gran numero di anfore rinvenute, spesso conservate per una buona parte del loro profilo, completava, infatti, perfettamente i dati derivati dai materiali, in genere molto frammentati, da altri siti di ambito regionale presi in considerazione.

Le 283[34] anfore di tipo fenicio-punico delle necropoli imeresi (vedi cap. 2.3, 3.1) provengono in tutti i casi da tombe ad *enchytrismos* (vedi cap. 2.2)[35] e costituiscono per l'area mediterranea il più numeroso *corpus* di contenitori fenicio-punici rinvenuto in un sito greco. Dal punto di vista cronologico, il materiale si distribuisce lungo tutto l'arco di vita della colonia e dà testimonianza di rapporti commerciali costanti e continui fra Himera e il mondo punico occidentale.

Le 276 anfore oggetto del presente lavoro sono state documentate nei mesi di maggio e di giugno del 2013. Ad eccezione di una decina di anfore conservate per intero, per tutte le altre è stato possibile prelevare campioni, che sono stati analizzati al microscopio,[36] confrontandoli con i campioni di riferimento dei *fabrics*[37] punici pubblicati nella banca dati di FACEM. Lo studio qui presentato ha quindi consentito di determinare la provenienza geografica degli esemplari (cap. 3.3) per mezzo dell'identificazione del loro *fabric*, seguendo le norme di studio implementate per FACEM. In seguito, l'analisi sistematica dei dati ha permesso di stabilire la frequenza quantitativa e diacronica delle singole produzioni a confronto delle altre serie fenicio-puniche identificate nel sito (cap. 3.4). La frequente assenza di corredo associato alle sepolture ad *enchytrismos* qui prese in esame, presente nel 45% dei contesti (vedi cap. 3.1),[38] e la frammentarietà di molte delle anfore hanno spesso reso difficile la datazione sia del contenitore che della tomba stessa.

Nel quadro del progetto menzionato alla nota* è stato possibile eseguire analisi archeometriche su ventiquattro anfore fenicio-puniche prevalentemente di produzione siciliana. Vi si aggiungono le analisi di altre venti anfore di provenienze varie, pubblicate in uno studio preliminare[39] che per motivi di completezza e sistematicità vengono riproposte in questa sede. G. Montana e L. Randazzo presentano e discutono, quindi, i risultati delle analisi archeometriche soprattutto delle serie siciliane (cap. 4.1) che sono state oggetto di una campionatura sistematica e mirata. I pochi dati relativi a produzioni extra-insulari (cap. 4.2) e non identificate (cap. 4.3), invece, non sono il frutto di una ricerca organica nei materiali imeresi, ma serviranno piuttosto come confronto per futuri studi nelle specifiche classi. Infine, grazie ad un progetto di ricerca congiunto sulla produzione ceramica di Cartagine sotto la guida di D. Braekmans (vedi nota 279), è stato possibile sottoporre ad analisi petrografiche 16 campioni di anfore fenicio-puniche di provenienza cartaginese che vengono trattate nel cap. 4.4.

Cap. 5 (K. Schmidt) contiene il riassunto italiano delle descrizioni al microscopio dei *fabrics* anforici già pubblicati su FACEM e propone, quindi, la caratterizzazione archeologica degli impasti identificati. Cap. 6 (R. De Simone) tratta i pochi segni epigrafici e commerciali, incisi e graffiti sul materiale qui presentato, mentre il cap. 7 riassume i punti essenziali dei capitoli precedenti. Il catalogo del cap. 8 vuole essere soprattutto uno strumento di lavoro che fornisce molto sinteticamente tutte le informazioni attualmente disponibili sulle singole sepolture in anfore fenicio-puniche. Nell'appendice a cura di B. Bechtold, infine, viene discussa un'anfora tardo-arcaica di tipo greco-occidentale con graffito punico, rinvenuta nella necropoli occidentale ed attribuita ad una produzione dell'area compresa fra Solunto e Palermo.

3.3 Le produzioni di anfore fenicio-puniche documentate a Himera

La maggior parte delle 276 anfore fenicio-puniche dalle necropoli imeresi appartiene a produzioni siciliane: prevalgono le serie soluntine (N 102), seguite da Mozia (N 32) e Palermo (N 10). Ben rappresentate sono anche le anfore cartaginesi (N 41), nonché diverse produzioni sarde, attribuibili all'entroterra rurale di *Neapolis* (N 20) e alla regione di *Tharros* (N 38). Chiudono la rassegna i contenitori provenienti dall'area dello Stretto di Gibilterra (N 29), nonché un piccolo nucleo di anfore di provenienza non identificata (N 4).

3.3.1 Anfore dall'area di Cartagine

41 esemplari, il 15% ca. del totale, provengono dall'area di Cartagine.[40] I contenitori cartaginesi rappresentano dopo le anfore soluntine il secondo gruppo nell'ordine di frequenza (fig. 13). Per la classificazione delle anfore cartaginesi di età arcaica, gli studi di R.F. Docter (1997, 2007), basati sull'analisi dei materiali stratigrafici

rinvenuti nei contesti urbani del sito di Bir Messaouda,[41] rimangono il più importante punto di riferimento. Un ulteriore, prezioso aiuto costituisce un recente contributo di J.-Chr. Sourisseau (2013) che prende in esame un gruppo di sedici anfore puniche integre dalle necropoli di Camarina, per le quali viene ipotizzata una provenienza da Cartagine. Il dettagliato esame di questo lotto di materiali, databili fra la fine del VII e

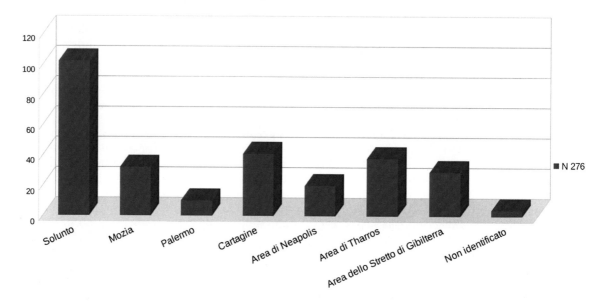

Fig. 13. La frequenza quantitativa delle produzioni di anfore fenicio-puniche individuate nelle necropoli di Himera (N 276).

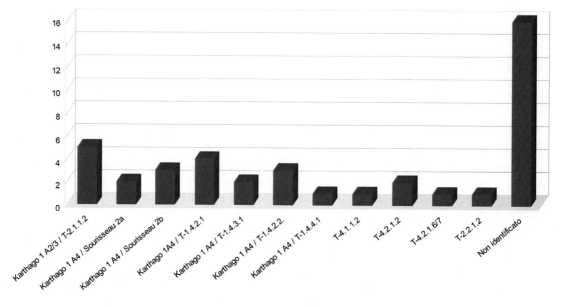

Fig. 14. La distribuzione quantitativa dei tipi morfologici attestati fra la produzione anforica cartaginese (N 41).

l'inizio del V sec. a.C., ha dimostrato che il migliore criterio per definire la seriazione cronologica è costituito dall'altezza del contenitore che aumenta progressivamente.[42] La conformazione dell'orlo, invece, sembra meno indicativa, in quanto solo il più antico tipo 1 della fine del VII sec. a.C. si differenzia chiaramente dalle successive forme 2-3 del VI sec. a.C.[43] Il riferimento principale per le serie cartaginesi di V sec. a.C. rimane la tipologia di J. Ramon (1995).

Il più antico gruppo di anfore cartaginesi si riferisce alle forme Karthago 1 A2/3 / Ramon T-2.1.1.2 (fig. 15,1-5, **cat. 1-5**), databili fra la seconda metà del VII e i primi due decenni del VI sec. a.C.[44] Leggermente più recenti (del primo quarto del VI sec. a.C.) potrebbero essere due anfore alte attorno ai 70 cm (fig. 15,6-7, **cat. 6-7**) attribuibili al tipo Sourisseau 2a, mentre **cat. 8** (h ca. 78 cm, fig. 15,8) appartiene alla forma b della recente classificazione del Sourisseau dei decenni centrali del VI sec. a.C. Anche **cat. 9-10** (fig. 15,9-10) si inseriscono nel tipo Sourisseau 2b, ma andranno già collocate, in base alla loro altezza ancora maggiore (81-82 cm), nella seconda metà del VI sec. a.C., datazione confermata dal corredo associato a **cat. 10**. Fra la fine del VI e l'inizio del V sec. a.C. si datano, infine, **cat. 11-12** (fig. 15,11-12), alte intorno ai 90 cm e riconducibili ai tipi Karthago 1 A4 / Ramon T-1.4.2.1. / Sourisseau 3.

Gli orli delle anfore **cat. 13-14** (fig. 15,13-14), inserite nei tipi Karthago 1 A4 / Ramon T-1.4.2.1, nonché **cat. 15-16** (figg. 15-16,15-16), ricondotte alle forme Karthago 1 A4 / Ramon T-1.4.3.1, possono essere attribuiti solo genericamente alla seconda metà del VI o al primo terzo del V sec. a.C. Quattro contenitori (di cui due alti fra 96-97 cm) **cat. 17-20** (fig. 16,17-20) afferiscono alle forme Karthago 1 A4 / Ramon T-1.4.2.2 della prima metà del V sec. a.C. Le più recenti anfore cartaginesi rinvenute nelle necropoli e databili alla seconda metà del V sec. a.C. appartengono ai tipi Ramon T-4.1.1.2 (fig. 16,23, **cat. 23**), T-2.2.1.2. (fig. 16,24, **cat. 24**), T-4.2.1.6/7 (fig. 16,25, **cat. 25**) e, attorno al 409 a.C., Ramon T-4.2.1.2 (fig. 14,26-27 **cat. 26-27**).[45] Sedici delle anfore cartaginesi da Himera non sono state identificate tipologicamente (fig. 16,28-31, **cat. 21-22, 28-41**).

Le anfore di fabbrica cartaginese coprono l'intero arco di vita della colonia, compreso fra la seconda metà del VII sec. a.C. e il 409 a.C. Particolarmente rilevante in rapporto alle altre produzioni è l'elevata incidenza di questo gruppo nella più antica fase di frequentazione della necropoli

(seconda metà del VII-inizi del VI sec. a.C.) quando esse rappresentano la classe meglio documentata (cap. 3.4.1).[46] Nel VI sec. a.C. vengono superati soltanto dai contenitori provenienti dalla vicina Solunto (cap. 3.4.2). Nelle tombe di V sec. a.C., invece, le anfore cartaginesi contano fra le produzioni meno attestate,[47] numericamente superate dai contenitori soluntini, sardi e spagnoli (cap. 3.4.3). L'insieme di questi nuovi dati evidenzia un rapporto economico precoce e probabilmente diretto fra Cartagine e la colonia dorico-calcidese sino dal momento della sua fondazione che perdura per tutta la vita della città greca. In più, il gruppo anforico cartaginese da Himera rappresenta, al momento, il più copioso lotto di contenitori prodotti nella metropoli nordafricana rinvenuto in un sito non punico.

Più in generale e in rapporto a tutto il Mediterraneo centro-meridionale, il quadro distributivo della classe fra la seconda metà del VII e il VI sec. a.C. appare sempre più ampio,[48] grazie, soprattutto, alle migliorate conoscenze delle caratteristiche degli impasti cartaginesi (cf. nota 40) Per la Sicilia vanno segnalate, innanzitutto, le anfore cartaginesi dalla necropoli di Rifriscolaro (Camarina) studiate da J.-Chr. Sourisseau[49] e datate fra la fine del VII e l'inizio del V sec. a.C., con un'incidenza maggiore di esemplari (Sourisseau tipo 2b) inquadrabili nel secondo quarto oppure attorno alla metà del VI sec. a.C. Allo studioso francese dobbiamo anche l'aggiornata bibliografia[50] della documentazione, nella Sicilia greca e indigena, di anfore fenicio-puniche di sospetta origine cartaginese,[51] assimilabili ai tipi Sourisseau 1 / Ramon T-2.1.1.2 / Karthago 1 A3,[52] Sourisseau 2a-b / Ramon T-1.3.2.1 / Karthago 1 A4[53] e Sourisseau 3 /Ramon T-1.4.2.1 / Karthago 1 A4. A differenza del quadro distributivo delle anfore cartaginesi di Himera, gli ipotetici contenitori nordafricani individuati nel resto della Sicilia sembrano attribuibili soprattutto alla forma più antica Sourisseau 1 / Ramon T-2.1.1.2 / Karthago 1 A3.[54] Di conseguenza, per quanto riguarda il periodo più antico, tra la seconda metà del VII e la metà del VI sec. a.C., i nuovi dati imeresi si iscrivono bene nel fenomeno più ampio che attesta la presenza di prodotti agricoli cartaginesi,[55] ma anche di ceramica da tavola fenicia di tipo *red slip*[56] in molte delle colonie greche della Sicilia arcaica.[57] La presenza della classe nelle tombe imeresi più tarde, della fine del VI-fine del V sec. a.C., rimane al momento senza confronto in Sicilia, forse a causa dello stato degli studi ancora poco avanzato in questo settore.

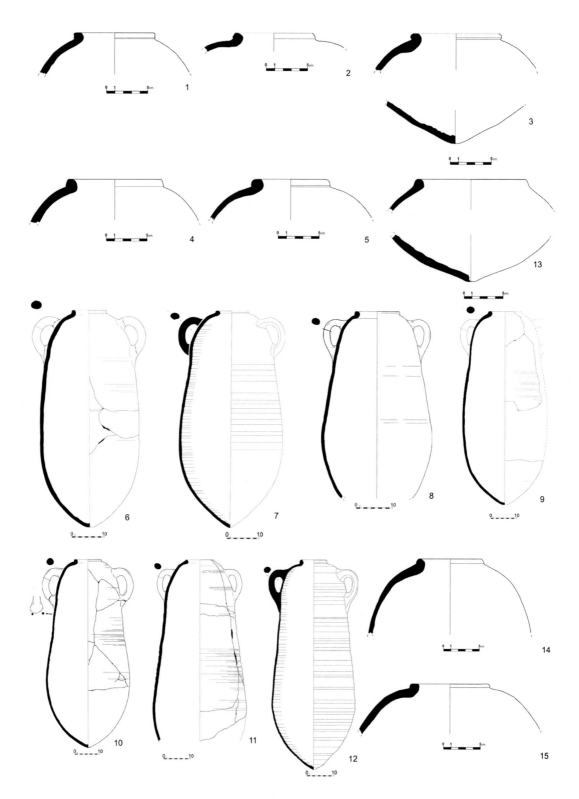

Fig. 15. Le anfore di produzione cartaginese attestate nelle necropoli di Himera (seconda metà del VII-inizio del V sec. a.C.).

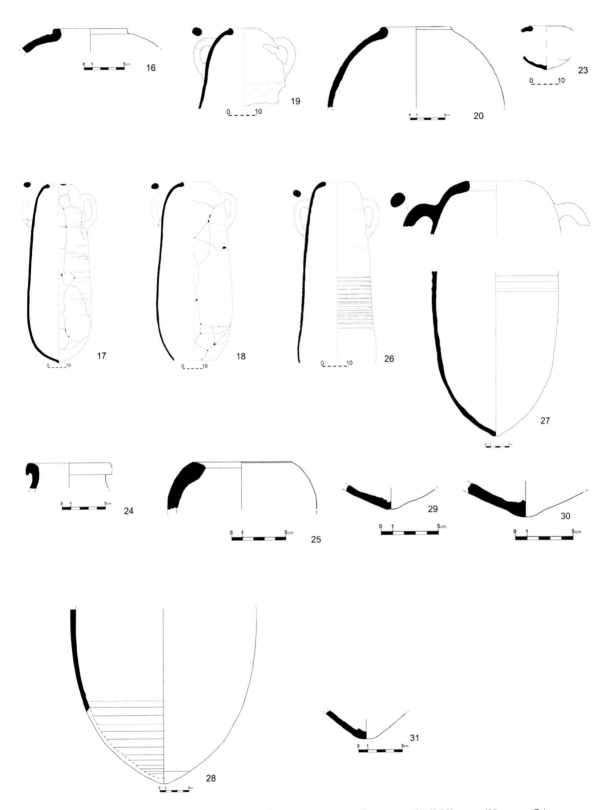

Fig. 16. Le anfore di produzione cartaginese attestate nelle necropoli di Himera (V sec. a.C.).

3.3.2 Anfore da Mozia

32 anfore (N 276), equivalenti all'11,6%,[58] sono state prodotte sull'isola di Mozia. Gli studi archeologici e archeometrici condotti nell'ambito del progetto di FACEM hanno confermato la cronologia dei due impasti individuati:[59] nel corso della prima metà del V sec. a.C. si passa dal più grossolano *fabric* MOT-A-1 a MOT-A-2, caratterizzato dal degrassante di taglia più piccola e con addensamento maggiore (cap. 4.1, cap. 5.2).[60] La tipologia di M.P. Toti (2002), basata sullo studio del materiale anforico dalla zona A del centro abitato, costituisce il più importante riferimento per la classificazione delle anfore moziesi, integrata della classificazione di J. Ramon (1995).

La serie moziese di Himera si apre con tre anfore ovoidali alte 62-68 cm e con anse impostate in un punto molto alto della spalla, poco al disotto dell'orlo, che si iscrivono nei tipi Toti 3 / Ramon T-2.1.1.2 (fig. 18,42-44, **cat. 42-44**), databili fra gli ultimi decenni del VII e il primo quarto del VI sec. a.C.[61] Grossomodo contemporanei sono due contenitori più o meno carenati delle forme Ramon T-13.2.2.1[62] (fig. 18,45, **cat. 45**) e Ramon T-1.1.2.1/ 13.2.1.2 (fig. 18,46, **cat. 46**)[63] che non trovano confronto tra la tipologia di P.M. Toti. Due anfore alte 78-79 cm si collocano nella seconda metà del VI sec. a.C. e appartengono ai tipi Ramon T-1.3.2.1 (fig. 18,47, **cat. 47**) e Toti 7 / Ramon T-1.4.2.1 (fig. 18,48, **cat. 48**). Fra la fine del VI o più probabilmente entro la prima metà del V sec. a.C. si distribuiscono tre anfore iscrivibili nei tipi Toti 10 /

Ramon T-1.4.2.2 (fig. 18,50-52, **cat. 50-52**), in due casi accompagnati da corredi inquadrabili fra la fine del VI e la metà del V sec. a.C. (**cat. 50-51**). In base alle evidenze fornite dal materiale imerese, il passaggio dall'impasto arcaico MOT-A-1 al più recente MOT-A-2 avviene nel periodo di produzione di quest'ultima forma. Infatti, a partire dalla circolazione del tipo Toti 9 /Ramon T-1.4.4.1 (figg. 18-19,53-55, **cat. 53-55**), dopo il primo quarto del V sec. a.C., incontriamo esclusivamente anfore realizzate in *fabric* MOT-A-2. Alla seconda metà (anche avanzata) del V sec. a.C. appartengono due imitazioni locali del tipo palermitano/soluntino Toti 13 / Sol/Pan 4.1-3 (fig. 19,56-57, **cat. 56-57**), mentre tre contenitori dei tipi Ramon T-4.1.1.4 (fig. 19, 58, **cat. 58**) e Toti 19 / Ramon T-4.2.1.2 (fig. 19,59-60, **cat. 59-60**) giungono a Himera solo negli ultimi anni di vita della colonia.

A prescindere dalla forma più antica Toti 1-2 / Ramon T-3.1.1.2 della fine dell'VIII-inizi del VII sec. a.C., la necropoli di Himera ha restituito praticamente l'intero repertorio tipologico moziese compreso fra la seconda metà del VII e il VI sec. a.C.[64] Mancano, però, i tipi Toti 14 / Ramon T-4.1.1.3 e Toti 15 / T-4.2.1.1 di V sec. a.C., poco frequenti anche nella stessa Mozia. Molto importante ai fini di una ulteriore precisazione della datazione delle forme più recenti della produzione moziese è la duplice documentazione, nel sepolcreto imerese, del tipo Toti 19 / Ramon T-4.2.1.2. Non è attestato, invece, il fossile guida delle serie moziesi di IV sec. a.C., ovvero la forma Toti 18 / Ramon T-4.2.2.1/4.1.1.2/4.2.1.4, docu-

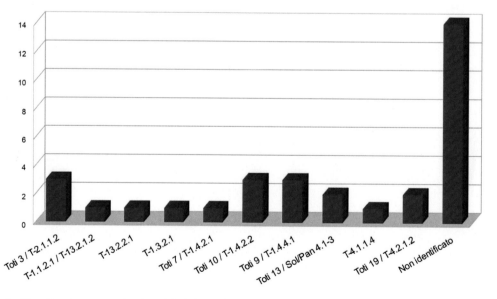

Fig. 17. La distribuzione quantitativa dei tipi morfologici attestati fra la produzione anforica moziese (N 32).

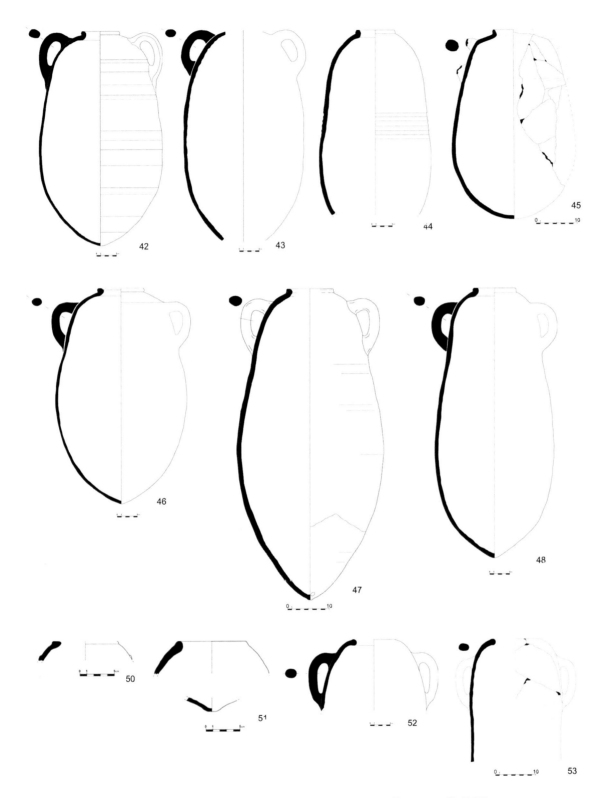

Fig. 18. Le anfore di produzione moziese attestate nelle necropoli di Himera (seconda metà del VII-inizio del V sec. a.C.).

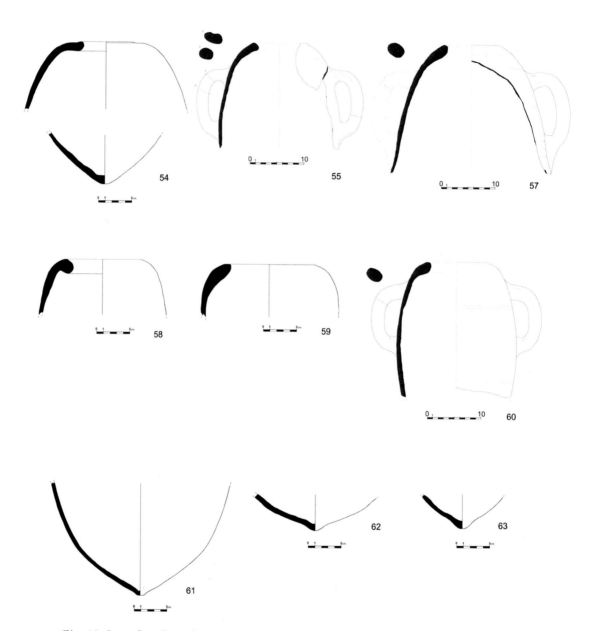

Fig. 19. *Le anfore di produzione moziese attestate nelle necropoli di Himera (V sec. a.C.).*

mentata, tuttavia, nell'abitato di Himera nello strato di distruzione del 409 a.C.[65] e frequente nella stessa Mozia nei livelli relativi all'assalto dionigiano del 397 a.C.[66] Importante segnalare, infine, le nuove indicazioni per una interrelazione fra i repertori anforici di *Solus* e *Motya* durante la seconda metà del V sec. a.C. che imitano i tipi fossili guida della città concorrente: fra le serie moziesi si trovano esempi della forma Sol/Pan 4.1-3 (le Toti 13), mentre a Solunto si producono anfore ispirate alle Toti 18-19 (le Sol/Pan 3.6 e Sol/Pan 5).

A Himera, come probabilmente anche in altri siti interessati da importazioni moziesi, l'incidenza quantitativa della classe decresce gradualmente (vedi anche cap. 3.4).[67] Tra le ca. 75 sepolture inquadrabili fra la seconda metà del VII e il VI sec. a.C., le anfore moziesi (probabilmente quattordici esemplari) rappresentano con poco meno del 19% uno dei gruppi più numerosi, superato soltanto dalle produzioni di Solunto (ca. 35%) e Cartagine (ca. 26%).[68] I nuovi dati anforici da Himera evidenziano quindi rapporti continui e probabilmente diretti tra la colonia dorico-calcidese e Mozia dalla seconda metà del VII alla fine del V sec. a.C.[69] Particolarmente rilevante appare la relativa frequenza di anfore moziesi in età alto-arcaica (cap. 3.4.1), soprattutto in relazione all'attuale assenza di questa classe nella vicinissima Solunto[70] e a testimonianza di rap-

porti privilegiati fra Himera e Mozia durante la prima fase di vita della colonia. In questo momento storico, la città greca rappresenta per Mozia uno dei canali più importanti per l'acquisto di prodotti ceramici provenienti dal mondo greco-coloniale. Nel V sec. a.C., invece, l'incidenza della produzione moziese cala al 9% ca., ma rappresenta, tuttavia, dopo le anfore soluntine, dell'area dello Stretto di Gibilterra e dalla Sardegna occidentale una classe ben documentata nel sepolcreto imerese.[71]

3.3.3 Anfore da Solunto

Con un'occorrenza del 37% ca. (N 276)[72] i contenitori da Solunto[73] rappresentano di gran lunga la classe meglio documentata (vedi fig. 13). Soltanto fra le ca. 18 anfore fenicie più antiche, databili entro la seconda metà del VII sec. a.C. e l'inizio del VI sec. a.C., prevale ancora la produzione di Cartagine (cap. 3.3.1). Già a partire dalla prima metà del VI sec. a.C., invece, e fino al 409 a.C. i contenitori soluntini dominano l'intero gruppo fenicio-punico (cap. 3.4.2-3), attestando anche l'aumento quantitativo della produzione[74] di Solunto solo pochi decenni dopo la sua fondazione.[75] Per la classificazione delle serie soluntine facciamo riferimento ad una nuova tipologia, elaborata specificamente per le produzioni di anfore puniche delle città di *Solus* e *Panormos*,

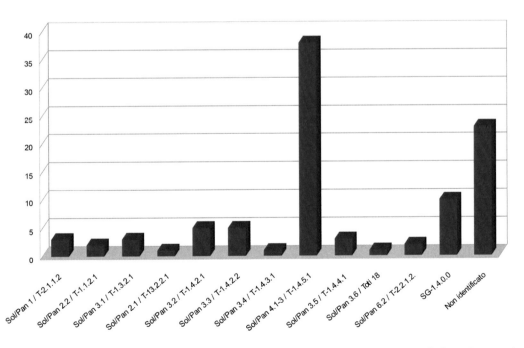

Fig. 20. La distribuzione quantitativa dei tipi morfologici attestati fra la produzione anforica soluntina (N 97).

Tipo Sol/Pan	Tipo Ramon / Toti	Figura	Datazione (a.C.)	Definizione morfologica del tipo Sol/Pan
Sol/Pan 1	T-2.1.1.2	21,74-76	630-580	Corpo ovoidale con diam. max. nella parte centrale, piccole anse oblique o verticali, orlo verticale ingrossato e distinto, diam. o. 10-11.
Sol/Pan 2.1	T-13.2.2.1	21,81	610-550	Corpo ovoidale slanciato dalle pareti oblique con diam. max. nella parte bassa, spalla obliqua con marcata carenatura, anse oblique impostate sulla spalla, orlo verticale, a cordoncino, internamente ingrossato, largo fondo convesso, h 43-45,[77] diam. o. 10-11.
Sol/Pan 2.2	T-1.1.2.1	21,77-78	610-550	Corpo ovoidale panciuto, a volte lievemente strozzato, con diam. max. nella parte bassa, spalla obliqua convessa, leggermente carenata o anche non carenata, anse oblique a sezione tondeggiante, impostate sulla spalla, orlo verticale, a cordoncino, internamente ingrossato, largo fondo convesso, h 42-49,[78] diam. o. 10-12.
Sol/Pan 3.1	T-1.3.2.1 (ambito)	21,79-80	600-550/40	Corpo probabilmente cilindrico, anse oblique ad occhiello, orlo verticale a sezione sub-triangolare, separato da gradino.
Sol/Pan 3.2	T-1.4.1.1/2.1	21-22,83-86	550/40-480	Corpo cilindrico dalle pareti pressoché verticali, leggermente allargato verso la parte bassa, anse verticali allungate, orlo verticale distinto, rilevato, con faccia esterna spesso obliqua, interna convessa, fondo indistinto, nettamente rastremato, ad estremità convessa, h 79-96, diam. o. 10-13.
Sol/Pan 3.3	T-1.4.2.2	22,87,89,93	520-480	Corpo cilindrico dalle caratteristiche non ancora definibili, anse verticali allungate, orlo verticale appena rilevato e poco distinto, con faccia esterna spesso obliqua, interna convessa, fondo indistinto, nettamente rastremato, ad estremità convessa, diam. o. 11-12.
Sol/Pan 3.4	T-1.4.3.1	20,90	520-480	Corpo cilindrico dalle caratteristiche non ancora meglio definibili, anse verticali allungate, orlo verticale distinto e molto rilevato, tendenzialmente a sezione triangolare, fondo indistinto, nettamente rastremato, ad estremità convessa, diam. o. 10-12.
Sol/Pan 3.5	T-1.4.4.1	24,134-136	420-400	Corpo cilindrico con diametro maggiore nella parte inferiore, anse a profilo allungate, pressoché verticali, orlo nettamente ingrossato, distinto e poco rilevato, h ca. 95.[79]
Sol/Pan 3.6	Toti 18	24,133	420-400	Corpo cilindrico, orlo grossomodo orizzontale, a profilo triangolare e assottigliato verso l'interno, esternamente separato dalla spalla mediante un gradino molto accentuato.
Sol/Pan 3.7	T-1.3.2.3	24,178	430-400	Corpo "a sacco", allargato nella parte bassa con fondo tondeggiante e spalle ad andamento convesso. Piccole anse ad occhiello oblique, orlo verticale nettamente ingrossato e distinto, h ca. 68.[80]
Sol/Pan 4.1	T-1.4.5.1	27,180-181	500-470/60	Corpo cilindrico o ovoidale leggermente slargato verso il basso, anse verticali allungate, orlo a disco ad andamento pressoché orizzontale, in genere separato dalla spalla mediante un gradino, fondo indistinto, nettamente rastremato, ad estremità convessa, h 57-61, rapporto altezza/larghezza 1,5-1,9, diam. o. 10-12.
Sol/Pan 4.2	T-1.4.5.1	22-23,25,96, 105,182-184	470/60-450/40	Corpo cilindrico, anse verticali allungate, orlo a disco poco inclinato, in genere separato dalla spalla mediante un gradino, fondo indistinto o appena distinto, nettamente rastremato, ad estremità convessa, h 66-73, rapporto altezza/larghezza 2-2,3, diam. o. 10-12.
Sol/Pan 4.3	T.1.4.5.1	22, 26,115, 173-176	450/40-400	Corpo cilindrico dalle pareti pressoché verticali, anse verticali allungate, orlo a disco inclinato (5°-15°) e separato dalla spalla mediante un solco, fondo indistinto o appena distinto, nettamente rastremato, ad estremità convessa, h 68-71, rapporto altezza/larghezza 2,4-2,5, diam. o. 10-12.
Sol/Pan 5	T-4.2.1.2/3 / Toti 19?	26,177	420-350?	Corpo cilindrico, orlo indistinto, rientrante dall'estremità arrotondata, appena ingrossata, fondo appuntito, indistinto, h 64,5.[81]
Sol/Pan 6.1	T-2.2.1.1	Bechtold 2015f, fig. 4,4	430-340/30?	Corpo ovoidale, orlo rilevato a profilo sub-quadrangolare, accenno a collo cilindrico.
Sol/Pan 6.2	T-2.2.1.2	24, 27, 137-138,185	430-340/30?	Corpo ovoidale, anse verticali allungate, orlo rilevato a profilo sub-quadrangolare, corto collo cilindrico, puntale a bottone appena distinto, h 60-62,5,[82] diam. o. 10-12.

Tab. 1. Tabella sinottica della nuova tipologia della produzione anforica di Solunto e Palermo (tipi della fine del VII-fine del V sec. a.C.). L'altezza (h) e il diametro dell'orlo (diam. o.) calcolati per i singoli sottotipi vengono indicati soltanto sulla base dell'esame di almeno tre individui e riportano comunque dei valori medi.

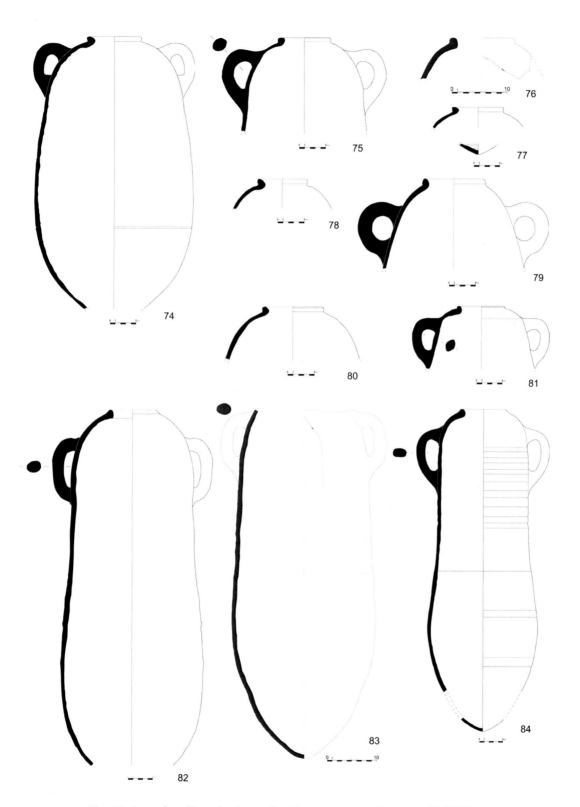

*Fig. 21. Le anfore di produzione soluntina attestate nelle necropoli di Himera
(seconda metà del VII-seconda metà del VI sec. a.C.).*

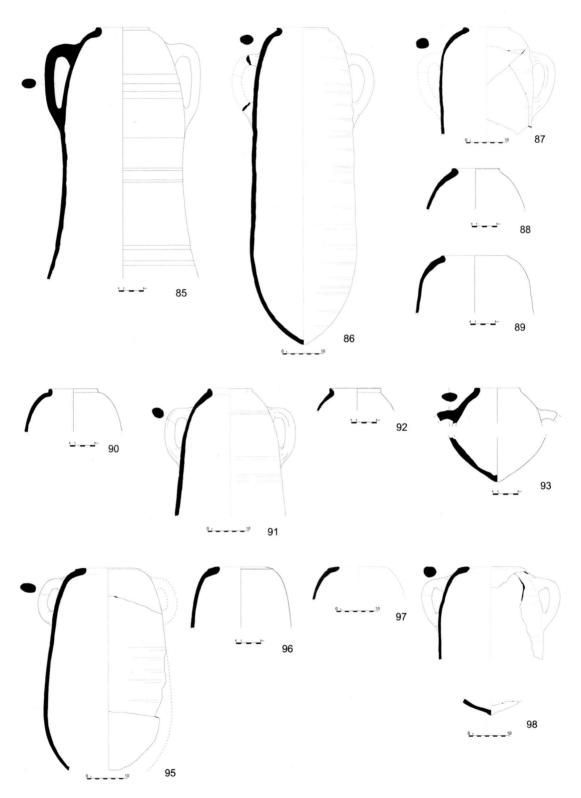

Fig. 22. Le anfore di produzione soluntina attestate nelle necropoli di Himera
(seconda metà del VI-prima metà del V sec. a.C.).

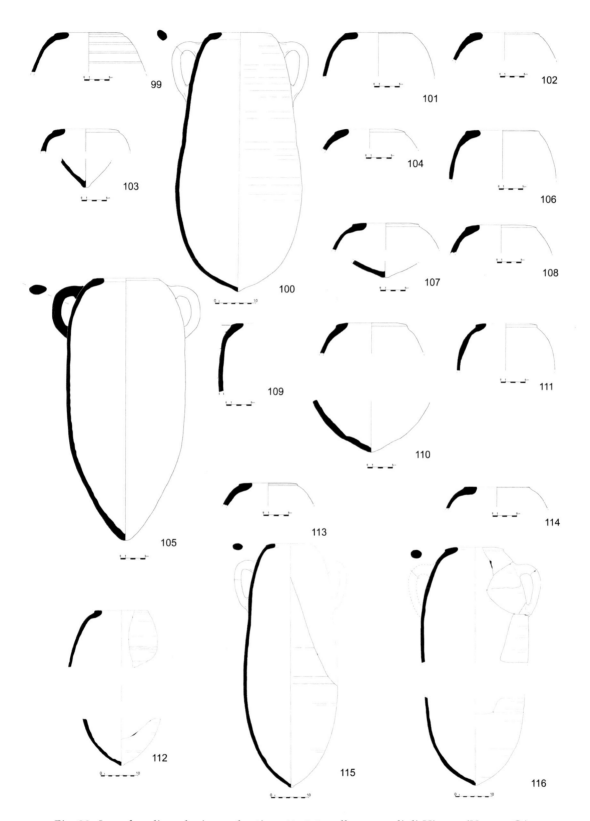

Fig. 23. Le anfore di produzione soluntina attestate nelle necropoli di Himera (V sec. a.C.).

27

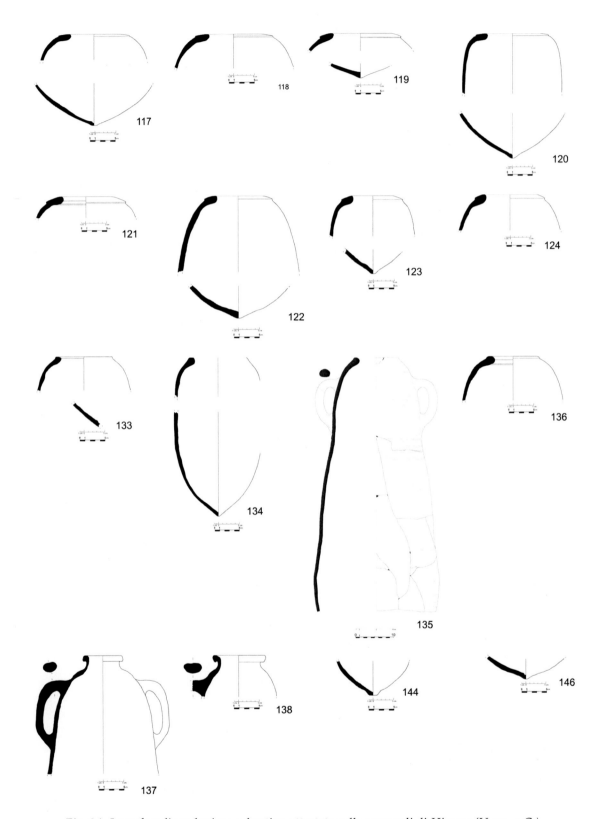

Fig. 24. *Le anfore di produzione soluntina attestate nelle necropoli di Himera (V sec. a.C.).*

28

brevemente riassunta nella tab. 1 ed esposta in dettaglio altrove.[76] Fondamentali per l'inquadramento tipologico del materiale qui proposto sono stati inoltre gli studi di C. Greco (1997, 2000), basati sull'analisi di anfore rinvenute nelle necropoli e nell'abitato di Solunto, nonché la classificazione di J. Ramon (1995).

Le più antiche anfore soluntine, verosimilmente ancora databili agli ultimi decenni del VII sec. a.C., si iscrivono nelle forme Sol/Pan 1 / Ramon T-2.1.1.2 (fig. 21,74-76, **cat. 74-76**). Alla prima metà del VI sec. a.C. datano alcuni esemplari dei tipi Sol/Pan 2.2/Ramon T-1.1.2.1 (fig. 21,77-78, **cat. 77-78**), Sol/Pan 3.1/T-1.3.2.1 (fig. 21,79-80, **cat. 79-80**) e Sol/Pan 2.1/T-13.2.2.1 (fig. 21,81, **cat. 81**), mentre alla seconda metà del VI sec. a.C. appartengono quattro esemplari classificabili come Sol/Pan 3.2/Ramon T-1.4.2.1 (figg. 21-22,83-86, **cat. 83-86**). Le anfore più recenti di questo primo gruppo sono costituite dalle forme Sol/Pan 3.2-3/Ramon T-1.4.2.1/2 (figg. 21-22,82,87-89,93, **cat. 82, 87-89, 93**), databili fra l'ultimo terzo del VI e il primo terzo del V sec. a.C.

A prescindere da **cat. 84-87, 89, 93**,[83] tutti gli altri esemplari arcaici, nonché una dozzina di anfore molto frammentarie, non identificate tipologicamente (**cat. 139-140, 147-157**), sono stati attribuiti al *fabric* SOL-A-1 (per gli impasti soluntini cf. cap. 5.3), caratterizzato dall'aggiunta di sabbia di fiume e da G. Montana identificato come caratteristico della produzione arcaica di

Solunto.[84] Nel corso della seconda metà del VI sec. a.C. compare il più fine *fabric* SOL-A-2 che prevale soprattutto nei tipi databili fra la tarda età arcaica e la metà del V sec. a.C: troviamo il sottotipo Sol/Pan 3.4 / Ramon T-1.4.3.1 (fig. 22,90, **cat. 90**), nonché le varianti più antiche delle anfore con orlo a disco Ramon T-1.4.5.1, ovvero i tipi Sol/Pan 4.1-2 (figg. 22-23,95-98,105-110, **cat. 95-97, 105, 110-111**), occasionalmente (fig. 22,98, **cat. 98**) già prodotti in SOL-A-1. Con un'incidenza del 74%[85] la forma Sol/Pan 4.1-3 / Ramon T-1.4.5.1 rappresenta il fossile guida anche del successivo *fabric* SOL-A-3, ancora più depurato di SOL-A-2 e corrispondente all'impasto della Solunto classico-ellenistica di G. Montana. Entrambe, SOL-A-2, anche SOL-A-3, sono in uso a partire dall'ultimo terzo del VI sec. a.C., come attestano alcune anfore attribuibili ai tipi Sol/Pan 3.2-4 / Ramon T-1.4.2.1/2 (fig. 22,85,91-93, **cat. 85, 91-93**). I contenitori più recenti, realizzati nel *fabric* SOL-A-3 e databili all'ultimo ventennio del V sec. a.C., rientrano nei tipi Sol/Pan 3.5 / Ramon T-1.4.4.1 (fig. 24,134-136, **cat. 134-136**). In base alle evidenze archeologiche raccolte nell'ambito del progetto di FACEM, l'ancora più recente *fabric* SOL-A-4, caratterizzato da una alta densità di grumi di micrite, compare non prima dei decenni centrali del V sec. a.C.[86] ed è documentato, a Himera, da cinque esemplari della forma Sol/Pan 4.1-3 / Ramon T-1.4.5.1 (figg. 23-24,112-114,117,122, **cat. 112-114, 117, 122**). All'ultimo trentennio del V sec. a.C. appartiene un'anfora del tipo Sol/Pan 3.6 /

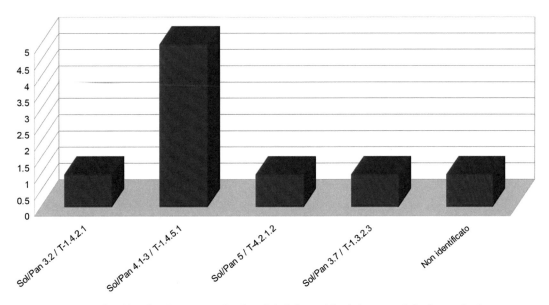

Fig. 25. La distribuzione quantitativa dei tipi morfologici attestati fra la produzione anforica palermitana (N 9).

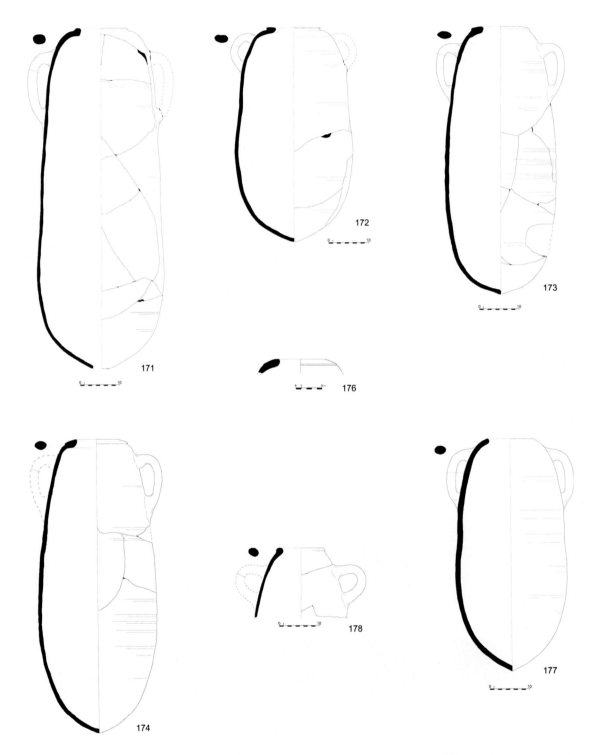

171

172

173

176

174

178

177

Fig. 26. *Le anfore di produzione palermitana attestate nelle necropoli di Himera (fine del VI-V sec. a.C.).*

30

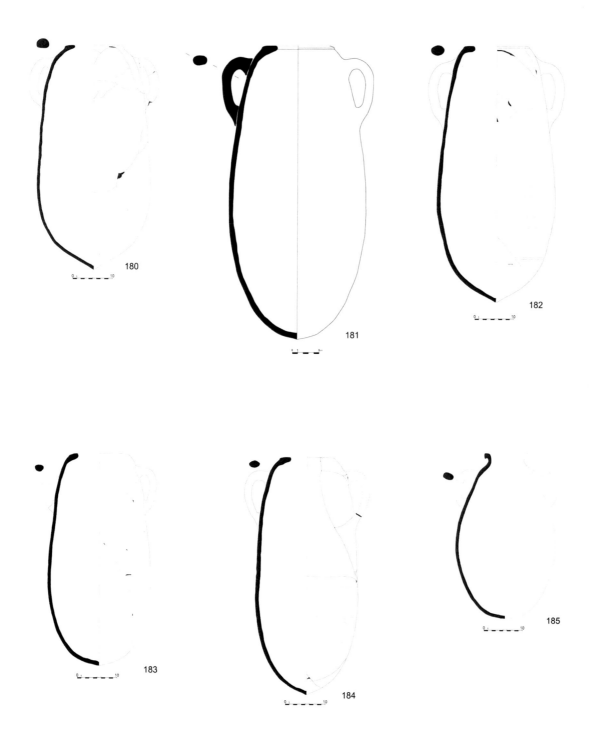

Fig. 27. Le anfore di produzione soluntina o palermitana attestate nelle necropoli di Himera (V sec. a.C.).

Toti 18 (fig. 24,133, **cat. 133**) che evidenzia alcune interrelazioni tra i repertori vascolari di *Motya* e *Solus* (cf. *supra*, cap. 3.3.2). Grossomodo contemporanei saranno, infine, due contenitori della forma Sol/Pan 6.2 / Ramon T-2.2.1.2, insolitamente realizzati nei *fabrics* arcaici SOL-A-1 (fig. 24,138, **cat. 138**) e SOL-A-2 (fig. 24,137, **cat. 137**).

I dati tipo-cronologici derivati dal numeroso gruppo di anfore soluntine riutilizzate nelle necropoli di Himera esemplificano molto chiaramente il graduale passaggio, fra la seconda metà del VI e l'inizio del V sec. a.C., dall'impasto arcaico SOL-A-1 alle varianti di V sec. a.C. (SOL-A-2, SOL-A-3 e infine SOL-A-4). Secondo le evidenze imeresi, SOL-A-2 rappresenta una produzione di passaggio, in genere non più documentata nella seconda metà del V sec. a.C., mentre SOL-A-3 sopravvive fino alla fine del V sec. a.C. SOL-A-4, infine, corrisponde alla tipica produzione alto-ellenistica di Solunto.[87]

La prevalenza a Himera della produzione anforica di Solunto, città distante dalla colonia dorico-calcidese appena 25 km via mare,[88] non è certo sorprendente[89] ed è già stata osservata più volte.[90] D'altra parte, anche i dati archeologici di Solunto, ovvero la "massiccia presenza di prodotti imeresi" inquadrabili fra il terzo quarto del VII e il V sec. a.C.,[91] indicano in Himera l'interfaccia commerciale privilegiata della città punica,[92] a piena conferma, quindi, delle evidenze anforiche raccolte nella necropoli imerese.

3.3.4 *Anfore da Palermo*

Recentissimi studi basati principalmente sull'analisi di frammenti di anfore e di ceramiche comuni di ipotetica origine locale, rinvenuti a Palermo,[93] hanno permesso l'identificazione di un *fabric* anforico principale, il PAN-A-1, attestato almeno dal VI al II sec. a.C., nonché di un secondo impasto PAN-A-2 (per la descrizione dei *fabrics* vedi cap. 5.4), documentato dalla metà del V al III sec. a.C.[94] Da un punto di vista archeometrico, attualmente entrambi i *fabrics* non sono distinguibili dai prodotti della vicina Solunto.[95] Per la classificazione delle poche anfore palermitane facciamo riferimento alla nuova tipologia delle serie di *Solus* e *Panormos*, esposta brevemente nel cap. 3.3.3.[96] Sono servite inoltre la classificazione di J. Ramon (1995) e un breve contributo di G. Falsone (1998).

Nella necropoli di Himera le anfore puniche palermitane compaiono non prima dell'inizio del V sec. a.C.[97] e costituiscono con il 3,6%[98] la produzione in assoluto meno attestata (fig. 13 e cap. 3.4.3). La serie si apre con un'anfora dei tipi Sol/Pan 3.2 / Ramon T-1.4.2.1 (fig. 26,171, **cat. 171**), accompagnata da un corredo databile alla prima metà del V sec. a.C. Soprattutto in base al rapporto fra l'altezza e il diametro massimo del corpo, **cat. 172** (fig. 26,172) rappresenta la variante più antica della forma Ramon T-1.4.5.1,[99] il tipo Sol/Pan 4.1, databile ancora al primo quarto del V sec. a.C., in perfetta armonia con il corredo

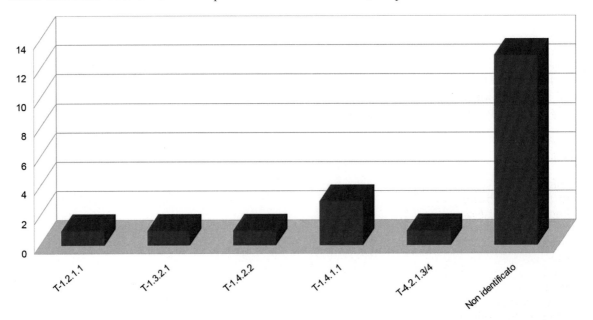

Fig. 28. La distribuzione quantitativa dei tipi morfologici attestati fra la produzione anforica della Sardegna centro-occidentale (N 20).

associato. Alla seconda metà/l'ultimo ventennio del secolo appartengono quattro contenitori della stessa forma con orli separati dalla spalla tramite marcati solchi (fig. 26,173-176, **cat. 173-176**) e con rapporti fra altezza e larghezza >/= 2.2, caratteristiche da attribuire alla variante più evoluta del tipo Ramon T-1.4.5.1, la forma Sol/Pan 4.3. Chiudono la serie **cat. 177**, attribuita alla forma Sol/Pan 5 / Ramon T-4.2.1.2 (fig. 26,177), e **cat. 178** che da un punto di vista morfologico sembra imitare un tipo ibiceno, la Ramon T-1.3.2.3, assimilata alla forma Sol/Pan 3.7 (fig. 26,178).

Il piccolo gruppo palermitano dalle necropoli di Himera rivela una distribuzione ancora scarsa della classe al di fuori dal sito di produzione durante il V sec. a.C., quando sul mercato regionale dominano i contenitori della vicina Soluto.[100] Alla luce dei dati attualmente disponibili, fanno eccezione soltanto due insediamenti dell'entroterra, localizzati su entrambe le rive del fiume Eleuterio: sia a Monte Porcara che a Pizzo Cannita sono presenti anfore palermitane, unitamente ad alcuni esemplari di produzione soluntina, già nel VI sec. a.C. e rappresentano dal V sec. a.C. fino all'età ellenistica la classe meglio attestata.[101] Fuori da questo territorio, fortemente legato fino dall'età arcaica alla città di Palermo, l'incidenza quantitativa delle anfore palermitane aumenta significativamente solo con il IV sec. a.C.[102] e quindi dopo la distruzione di Himera, a piena conferma della bassa incidenza della classe nelle nostre necropoli.

Cinque anfore non campionate del tipo Sol/Pan 4.1-2 / Ramon T-1.4.5.1 (fig. 27,180-184, **cat. 180-184**), databili alla prima metà del V sec. a.C., e un contenitore della forma Sol/Pan 6.2 / Ramon T-2.2.1.2 (fig. 27,185, **cat. 185**) dell'ultimo terzo del V sec. a.C. sono stati attribuiti solo genericamente all'area produttiva di Soluto e Palermo.

3.3.5 Anfore dalla Sardegna centro-occidentale (area di Neapolis)

20 anfore, equivalenti a poco più del 7% (fig. 13), sono state attribuite a degli impasti prodotti nell'entroterra di *Neapolis*, in un'area da localizzare a nord del Riu Mannu.[103] Nelle necropoli di Himera ricorrono tutti e tre i *fabrics* W-CENT-SARD-A-1 a W-CENT-SARD-A-3 (cf. cap. 5.5), corrispondenti al *fabric* A del Riu Mannu e Terralba *survey*.[104] Si tratta probabilmente di produzioni contemporanee che perciò vengono discusse insieme, senza indicazione del *fabric* specifico.

L'identificazione tipologica delle anfore dalla Sardegna centro-occidentale è resa particolar-

mente difficile dal cattivo stato di conservazione di questo gruppo: i vasi sono spesso molto frantumati e in genere conservati soltanto in numerosi frammenti di parete non ricomposti (**cat. 192-193, 195-205**). Per questo motivo, una attribuzione tipologica, costantemente riferita alla classificazione di J. Ramon (1995), è stata possibile soltanto per sette anfore. Almeno tre di questi contenitori (**cat. 188?, 191, 202**) sembrerebbero essere fabbricati non al tornio veloce, ma con la tecnica "a colombina" (tav. 7,4-5).[105]

La serie si apre con un'anfora del tipo Ramon T-1.2.1.1 (fig. 29,186, **cat. 186**) attribuibile ancora alla prima metà del VI sec. a.C. Ai decenni centrali del VI sec. a.C. si data un'esemplare della forma Ramon T-1.3.2.1 (fig. 29,187, **cat. 187**),[106] mentre all'età tardo-arcaica appartiene **cat. 188** del tipo Ramon T-1.4.2.2 (fig. 29,188). I corredi di altri tre esemplari di tipo non identificato (**cat. 200, 202-203**) sembrerebbero indicare pure cronologie di età arcaica, comprese fra la seconda metà del VI e l'inizio del V sec. a.C.

Tre anfore della forma Ramon T-1.4.4.1 (fig. 29,189-191, **cat. 189-191**) si iscrivono cronologicamente nella prima metà del V sec. a.C., in perfetta armonia con i corredi associati. Probabilmente non molto prima del 409 a.C. sembra inquadrabile la singolare anfora **cat. 194**, classificabile fra i tipi Ramon T-4.2.1.3/4 (fig. 29,194), attualmente senza confronti.[107] Anche il corredo dell'esemplare non identificato **cat. 199** appartiene all'ultimo quarto del V sec. a.C.

I dati imeresi integrano significativamente il quadro di diffusione delle anfore provenienti dalla Sardegna centro-occidentale di recente proposto per l'area di influenza cartaginese,[108] documentando una presenza di questa classe soprattutto durante il V sec. a.C., con sporadiche attestazioni databili già nel secolo precedente (cap. 3.4.2-3). In realtà, l'esportazione di anfore prodotte nella regione di *Neapolis* fra il VI e una buona parte del V sec. a.C. sembra urtare con i risultati delle ricognizioni intensive condotte nel Terralbese, in quanto al momento l'intensa occupazione del territorio – e di conseguenza anche la produzione anforica – è attestata soltanto a partire dalla fine del V sec. a.C.[109] Bisogna ricordare, tuttavia, la - seppur rarissima - segnalazione di anfore fenicio-puniche da *Neapolis* e del suo territorio già per la fase del VI-inizio del V sec. a.C.[110] Allo stato attuale la questione della presumibile identificazione a Himera, ma anche a Pantelleria e a Monte Porcara (vedi nota 108), di anfore databili fra il VI e la metà del V sec. a.C. ed attribuite alla cerchia di produzioni convenzionalmente indicate con la sigla

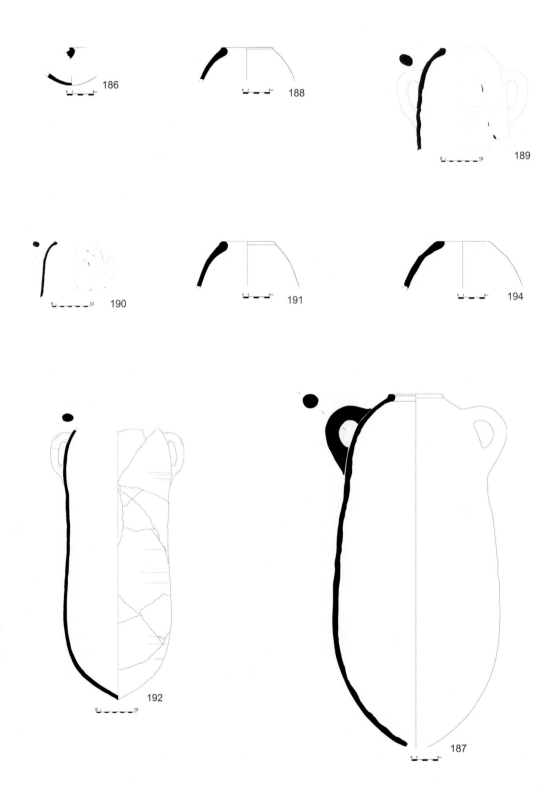

Fig. 29. Le anfore dalla Sardegna centro-occidentale attestate nelle necropoli di Himera (VI-V sec. a.C.).

34

"W-CENT-SARD-A" della regione di *Neapolis* deve rimanere aperta. Dobbiamo ammettere la possibilità di attribuzioni sbagliate,[111] accadute nel corso dei confronti effettuati sotto il microscopio con i campioni di referenza. Non ci sembra, però, corretto nemmeno escludere *a priori* l'esistenza di una produzione di anfore di età arcaica nell'area di *Neapolis*, non ancora identificata archeologicamente.

A differenza dei siti punici finora presi in esame, dove le anfore dall'entroterra di *Neapolis* rappresentavano il gruppo sardo più frequente, a Himera la classe risulta nettamente inferiore al gruppo proveniente dalla regione **Cat. 223** di *Tharros* (cap. 3.3.6). La presenza dell'intero complesso di contenitori punico-sardi rinvenuti nelle necropoli della colonia dorico-calcidese va collegata alla rotta commerciale fra Cartagine e il golfo di Oristano che in base alle nuove evidenze archeologiche passava probabilmente anche per i porti della Sicilia nord-occidentale (in dettaglio vedi cap. 3.7).[112]

3.3.6 Anfore dalla Sardegna occidentale (area di Tharros)

38 anfore fenicio-puniche provengono dalla Sardegna occidentale, e più precisamente dalla regione attorno alla città di *Tharros*.[113] A conferma della provenienza da un'unica zona di produzione vanno ricordate anche le analisi archeometriche di sei campioni del gruppo imerese (**cat. 210-211, 213, 220, 226, 232**)[114] che sono stati attribuiti tutti al *microfabric SAR-TH*, riferito alla regione di *Tharros*.[115] Con poco meno del 14% (N 276) le anfore dalla regione di *Tharros* rappresentano la terza classe di frequenza fra i contenitori punici attestati a Himera (fig. 13).

In dettaglio, i 38 esemplari[116] sono stati attribuiti a tre *fabrics*: W-SARD-A-2 (nove esemplari), W-SARD-A-6 (tredici esemplari) e W-SARD-A-7 (quindici esemplari). Il repertorio morfologico delle anfore dall'area di *Tharros* si presenta abbastanza uniforme: due esemplari ancora attribuibili alla prima metà del VI sec. a.C. afferiscono ai tipi Ramon T-1.4.2.1 (fig. 31,206, **cat. 206**)[117] e T-1.3.2.1 (fig. 31,207, **cat. 207**),[118] confermando la sporadica diffusione degli impasti W-SARD-A-2 e W-SARD-A-6 già in età arcaica (cap. 3.4.2), occasionalmente già osservata anche per l'area di influenza di Cartagine.[119] Fra l'ultimo trentennio del VI e il primo o secondo quarto del V sec. a.C. si inquadrano otto anfore[120] avvicinabili ai tipi Ramon T-1.4.2.1./2 (fig. 31,208-214, **cat. 208-214**)[121] e T-1.3.2.5 (fig. 31,215, **cat. 215**). Il grosso dei contenitori provenienti dalla regione di *Tharros* data al V sec. a.C. (ca. 24 esemplari, cf. anche cap. 3.4.3),[122] quando sono attestati i seguenti tre *fabrics*: W-SARD-A-2 (almeno cinque esemplari), W-SARD-A-6 (almeno nove esemplari) e W-SARD-A-7 (almeno quattro esemplari). Rispetto a tutte le 187 anfore puniche dalle necropoli attribuite al V sec. a.C., i contenitori dalla

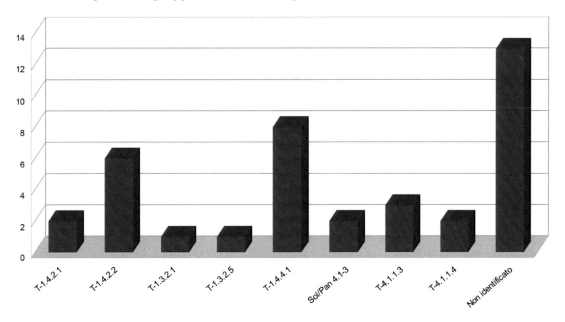

Fig. 30. La distribuzione quantitativa dei tipi morfologici attestati fra la produzione anforica della Sardegna occidentale (N 38).

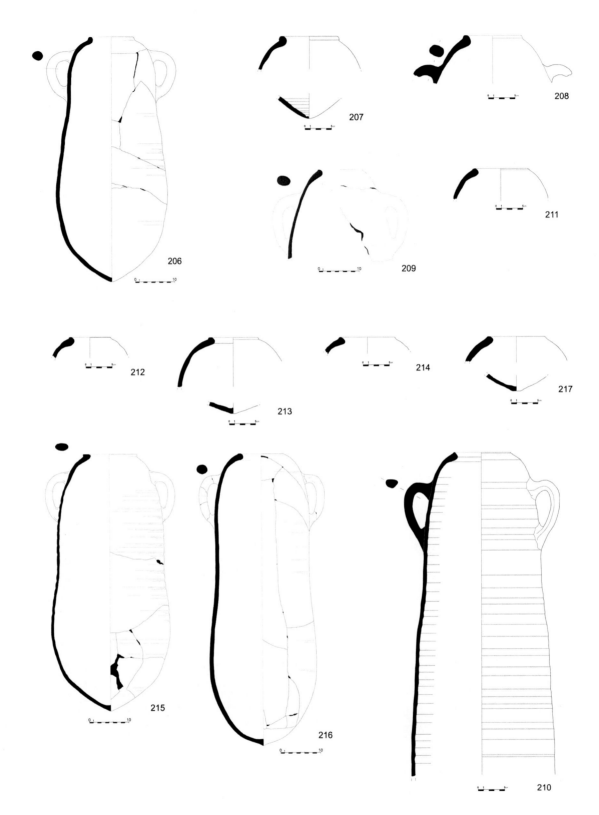

Fig. 31. Le anfore dalla Sardegna occidentale attestate nelle necropoli di Himera (VI-V sec. a.C.).

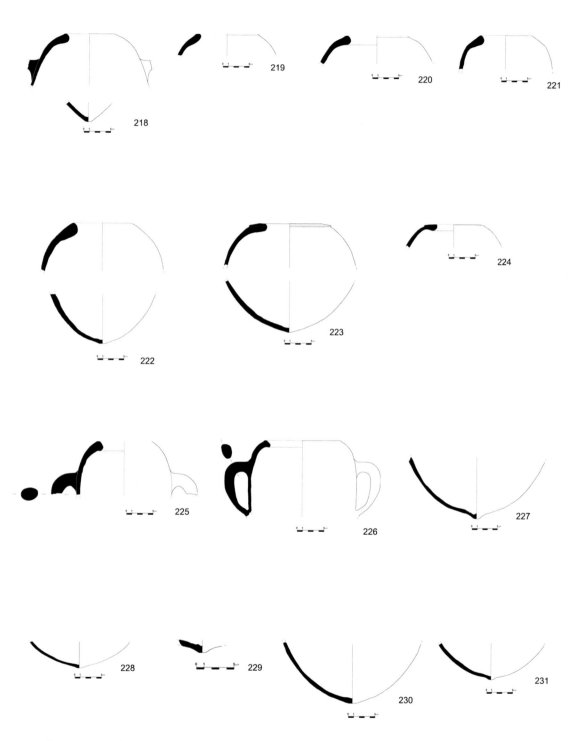

Fig. 32. Le anfore dalla Sardegna occidentale attestate nelle necropoli di Himera (V sec. a.C.).

regione di *Tharros* individuano il 14% ca. e sono, quindi, grossomodo altrettanto frequenti quanto le anfore importate dall'area dello Stretto di Gibilterra (cap. 3.3.7). Uno dei tipi meglio documentati corrisponde ad una forma tipicamente sarda, la Ramon T-1.4.4.1 (fig. 31-32,216-219, **cat. 216-219**). In misura minore ricorrono i tipi Ramon T-4.1.1.3 (fig. 32,220-222, **cat. 220-222**) e, verso la fine del V sec. a.C., T-4.1.1.4 (fig. 32,225-226, **cat. 225, 226**). Estremamente interessante risulta, infine, la presenza di due orli in W-SARD-A-6 ispirati alla forma Sol/Pan 4.1-3 (fig. 32,223-224, **cat. 223-224**), fossile guida della produzione soluntina-palermitana di V sec. a.C. (cap. 3.3.3-4) e testimonianza rara di rapporti probabilmente diretti fra queste due aree geografiche.[123]

Allo stato attuale delle ricerche, anfore punico-sarde non sono ancora state segnalate per il mondo greco-coloniale siciliano. Particolarmente interessante è la recentissima identificazione a Segesta[124] e ad Entella[125] di tre anfore della forma Ramon T-1.4.4.1 dall'area di *Tharros*, la presenza di una Ramon T-4.2.2.6 sarda a Soltunto (vedi nota 123), nonché la documentazione di altri due contenitori attribuibili alla stessa area geografica a Mozia (zona K).[126] L'identificazione di un gruppo numericamente rilevante di questa classe a Himera, unitamente all'insieme di contenitori provenienti dal Terralbese (cap.

3.4.5), conta indubbiamente fra i risultati più importanti della nostra ricerca. Recenti studi hanno dimostrato che la presenza di quantità significative di anfore sarde accomuna diversi siti dell'area d'influenza cartaginese e si intensifica soprattutto a partire dal periodo *Middle Punic* II (430-300 a.C.).[127] Inoltre, l'evidenza imerese è in accordo con il notevole incremento d'importazioni sarde nella stessa Cartagine a partire dal periodo *Middle Punic* I (480-430 a.C.).[128] Infatti, le anfore di Himera ampliano questo panorama, in quanto propongono una folta serie di contenitori databili soprattutto nel V sec. a.C., in questa misura non ancora identificati nei siti punici presi in esame. L'insieme dei dati qui esposti sembra evidenziare i contatti tra l'*emporion* di Himera e la rotta che sin dall'età arcaica collegava Cartagine con la regione del golfo di Oristano. Al momento si può ipotizzare un collegamento con la Sardegna attraverso sia lo scalo di Himera, sia quello di Solunto. L'identificazione di due anfore **cat. 223-224** ispirate al *key type* nord-siciliano Sol/Pan 4.1-3, la forma punica più frequente anche fra le sepolture imeresi di V sec. a.C., potrebbe addirittura testimoniare lo spostamento di artigiani siciliani verso l'area tharrense, considerando anche l'attuale assenza, nella Sardegna occidentale, di contenitori siciliani attribuibili a questa forma.

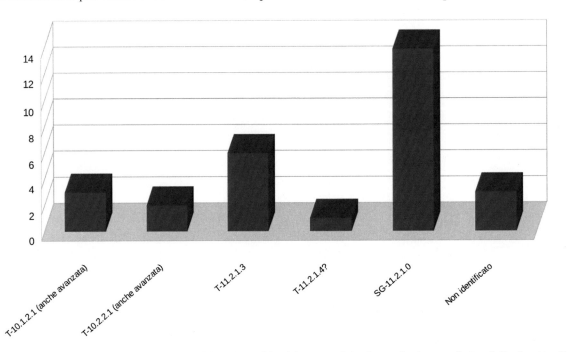

Fig. 33. La distribuzione quantitativa dei tipi morfologici attestati fra la produzione anforica dello Stretto di Gibilterra (N 29).

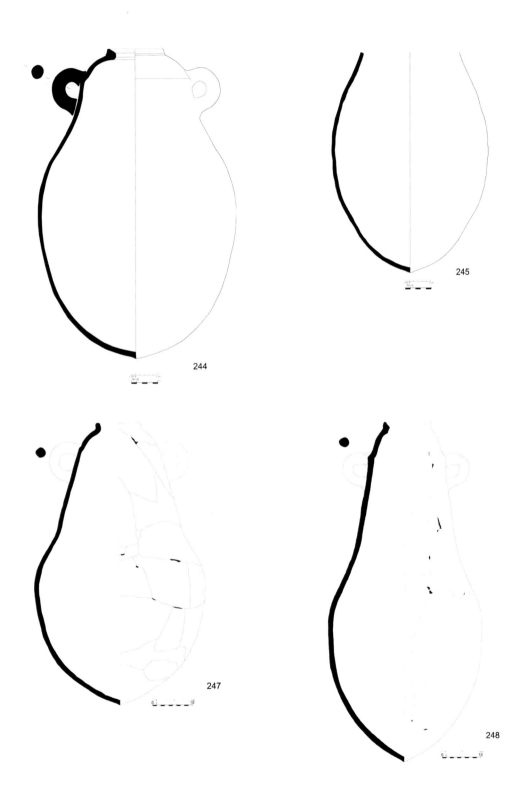

Fig. 34. Le anfore dall'area dello Stretto di Gibilterra attestate nelle necropoli di Himera (seconda metà del VII-VI sec. a.C.).

3.3.7 Anfore dall'area dello Stretto di Gibilterra

Sono attestate a Himera 29 anfore di diverse produzioni dell'area dello Stretto di Gibilterra,[129] il 10,5% (N 276), che rappresentano, dopo le anfore soluntine, cartaginesi, della Sardegna occidentale e moziesi, il quinto gruppo nell'ordine di frequenza (fig. 13). Si tratta quindi di un insieme di materiali importante, anche se di difficile identificazione, vista la presenza di almeno sette *fabrics*, di cui alcuni possibilmente dalla regione di Málaga (o forse anche Almería).[130] La situazione viene ulteriormente complicata dal fatto che le anfore spagnole sono state trovate molto spesso prive della parte superiore del vaso, rendendo difficile l'attribuzione tipologica degli esemplari. La maggior parte dei contenitori di questo gruppo non è stata restaurata e di conseguenza non documentata graficamente. Per sopperire a questo inconveniente, presentiamo numerose foto riprese al momento dello scavo che permettono una lettura per lo meno approssimativa dei profili non ancora ricostruiti. Rimangono quindi senza documentazione unicamente quattro anfore conservate solo in frammenti. Infine, non è stato possibile il campionamento, per la determinazione del *fabric*, degli unici tre contenitori integri (**cat. 244, 247-248**), impedendo, quindi, di inserire questi recipienti ben conservati nei gruppi di impasto individuati.

La serie delle anfore dall'area dello Stretto di Gibilterra si apre con **cat. 244** (fig. 34,244) del tipo Ramon T-10.1.2.1 / CdE 1B[131] (685-575/550 a.C.), leggermente più recenti sono forse **cat. 245-246** (fig. 34,245), entrambe conservate solo per la parte inferiore del corpo, che si ascrivono verosimilmente ad una variante avanzata all'interno della forma T-10.1.2.1 / CdE 1B.[132] **Cat. 245-246** sono stati attribuiti al *fabric* CdE-A-3 che corrisponde all'impasto utilizzato nella maggior parte delle anfore andalusine arcaiche rinvenute a Cartagine e dettagliatamente studiate da R.F. Docter che lo attribuisce ad una produzione dell'area di Málaga.[133] In base a recenti studi archeometrici, anche le Ramon T-10.1.2.1 da Monte Sirai e Sulcis sembrano riferibili ad officine operanti in provincia di Málaga.[134] La documentazione di questo tipo a Himera risulta particolarmente interessante in considerazione del fatto che in base al materiale edito, la forma è tuttora assente a Solunto e Palermo, ma ben attestata a Mozia,[135] mentre manca del tutto nel mondo coloniale della Sicilia.[136] S. Vassallo interpreta la presenza di anfore dalla regione dello Stretto di Gibilterra a Himera come un indizio

che "(...) l'importazione a Himera di anfore fenicio puniche arcaiche potesse avvenire anche attraverso circuiti autonomi rispetto agli scali punici dell'isola."[137]

L'analisi dell'abbondante materiale anforico arcaico rinvenuto nelle stratigrafie urbane di Cartagine ha messo in evidenza la relativa frequenza (ca. 10%-14%), nella metropoli nordafricana del periodo *Early Punic*, di contenitori prodotti nell'area dello Stretto di Gibilterra.[138] Anche a *Cossyra*, nella fase ceramica II (675-530 a.C.), le anfore del tipo Ramon T-10.1.2.1 costituiscono il 7% ca. (N 61).[139] Cartagine e il suo avamposto strategico Pantelleria si differenziano quindi dagli altri siti, con presenze di anfore andalusine, ubicati al di fuori dalla regione produttiva[140] proprio per l'alta incidenza della classe. A Cartagine le anfore dallo Stretto sono particolarmente frequenti nei contesti della prima metà del VII sec. a.C.[141] e sottolineano un rapporto privilegiato tra l'Andalusia e la metropoli nordafricana sin dai tempi della sua fondazione.[142]

Tornando alle necropoli di Himera dove le anfore cartaginesi rappresentano la classe più frequente durante la più antica fase della colonia (cap. 3.4.1), è suggestivo collegare la compresenza di anfore cartaginesi e andalusine all'azione commerciale della metropoli nordafricana. Cartagine era certamente molto interessata in una presenza fisica nell'*emporion* greco ubicato sulla costa settentrionale della Sicilia, anche in vista dei suoi rapporti economici con il mondo tirrenico e, specificamente, con la Sardegna (cf. cap. 3.3.6-7).

Due anfore (fig. 34,247-248, **cat. 247-248**) dei tipi Ramon T-10.2.2.1 / CdE 1C[143] sono riferibili al pieno VI sec. a.C. (cap. 3.4.2). I corredi associati indicano cronologie comprese fra l'ultimo ventennio del VI e il primo quarto del V sec. a.C. La pur sporadica presenza delle Ramon T-10.2.2.1 / CdE 1C a Himera è conforme con l'osservazione di R.F. Docter secondo cui l'indiscutibile calo di esportazioni dall'Andalusia nel VI sec. a.C.[144] riguarda le incidenze quantitative della classe, ma non i *partners* commerciali.[145] Anche per **cat. 247-248** una mediazione cartaginese mi sembra pertanto molto probabile.

A partire dalla fine del VI o l'inizio del V sec. a.C.[146] compaiono, tra gli *enchytrismoi* imeresi, numerosi contenitori del sottogruppo Ramon SG-11.2.1.0 (fig. 35,259,261,264, **cat. 255-266, 268**), nei pochi casi di anfore identificabili riferibili ai tipi Ramon T-11.2.3.1 (fig. 35,249-252, **cat. 249-250**,[147]**251**,[148]**252**,[149]**253**,[150]**267**[151]) e forse T-11.2.1.4 (**cat. 254**).[152] Si tratta di contenitori destinati al trasporto di pesce salato[153] e nel nostro caso attribu-

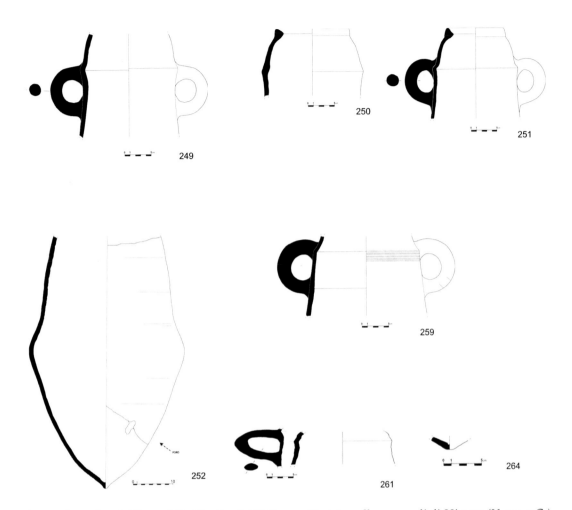

Fig. 35. Le anfore dall'area dello Stretto di Gibilterra attestate nelle necropoli di Himera (V sec. a.C.).

ibili ad almeno sei *fabrics*,[154] fra cui anche CdE-A-3,[155] l'unico impasto documentato a Himera sicuramente sia in età arcaica che classica.[156] Domina, invece, il gruppo dei dodici esemplari attribuiti al *fabric* CdE-A-2.[157] Meno frequenti sono gli impasti CdE-A-4 (**cat. 252-253**), CdE-A-5 (**cat. 259,271**), nonché altri due esemplari realizzati in *fabrics* non ancora caratterizzati (**cat. 256, 261**).

Rispetto ad un'incidenza di meno del 7% calcolata per l'età arcaica,[158] fra le tombe dotate di anfore puniche e databili al V sec. a.C., le produzioni dell'area dello Stretto individuano il 13,4%,[159] un'occorrenza molto simile a quella stabilita per le anfore dalla Sardegna occidentale (cap. 3.4.3). L'abbondante documentazione delle anfore SG-11.2.1.0 nelle tombe imeresi di V sec. a.C. contrasta con l'occorrenza relativamente scarsa della classe a Cartagine, un fenomeno che in considerazione della quantità notevole di materiale di V sec. a.C. studiato per la metropoli nordafricana non sarà casuale.[160] La Zimmerman Munn[161] propone per la commercializzazione delle anfore Ramon SG-11.2.1.0 verso la Grecia continentale, in alternativa alla rotta lungo le coste nordafricane in uso in età arcaica, un tragitto per le isole Baleari e la Sardegna.[162] A mio avviso, i dati archeologici attualmente a disposizione non permettono di favorire una delle due ipotesi, ma la Sicilia occidentale doveva costituire, in ogni caso, un punto di passaggio obbligatorio per entrambi questi percorsi a lunga distanza. Alla luce dei nostri dati, il porto di Himera costituiva probabilmente non solo un "trans-shipping centre" sulla rotta verso i grossi centri di consumo della Grecia - da ricordare in via esemplare la "Punic amphorae building" di Corinto – ma anche uno degli *emporia* dai quali si svolgeva lo smercio della merce per il mercato siciliano,[163] oppure verso l'Italia tirrenica.[164]

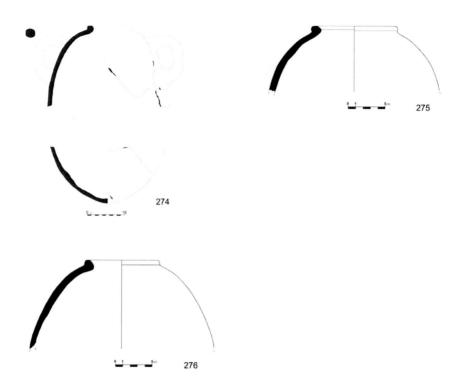

Fig. 36. Le anfore di produzione non identificata attestate nelle necropoli di Himera (fine del VII-VI sec. a.C.).

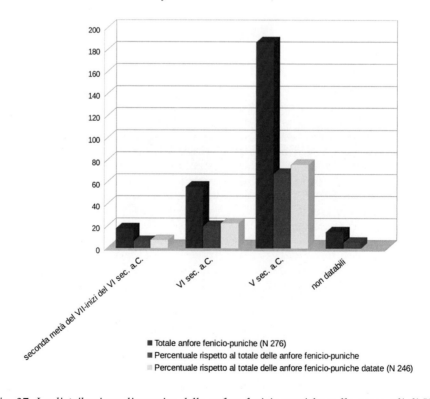

■ Totale anfore fenicio-puniche (N 276)
■ Percentuale rispetto al totale delle anfore fenicio-puniche
▨ Percentuale rispetto al totale delle anfore fenicio-puniche datate (N 246)

Fig. 37. La distribuzione diacronica delle anfore fenicio-puniche nelle necropoli di Himera.

3.3.8 Anfore di produzione non identificata

Cinque anfore (fig. 36,274-276, **cat. 273-277**) non sono state attribuite a produzioni specifiche. Dal confronto al microscopio con dei campioni relativi alle serie anforiche di Nora risulta una somiglianza con i *fabrics* di questa città della Sardegna meridionale (cf. cap. 8) per **cat. 274-276**, mentre in base alle analisi archeometriche le anfore **cat. 274-275** sono state inserite nel *microfabric AFR-PC* (cap. 4.2, fig. 48, tab. 8), **cat. 276** nel *microfabric SAR-MS* (cap. 4.2, fig. 46, tab. 7).

3.4 LA DISTRIBUZIONE DIACRONICA DELLE ANFORE FENICIO-PUNICHE NELLE NECROPOLI DI HIMERA

Lo studio analitico del materiale ha dimostrato che le 276 anfore fenicio-puniche non si distribuiscono uniformemente nell'arco cronologico di frequentazione delle necropoli, compreso fra la seconda metà del VII e la fine del V sec. a.C. (fig. 37): soltanto il 6,5%-7,3% (N 18) delle anfore fenicio-puniche si data fra la seconda metà del VII e gli inizi del VI sec. a.C.[165] Nel corso del VI sec. a.C. l'incidenza statistica della classe accresce al 20%-22,7% (N 56). Attorno ai tre quarti del materiale studiato (N 186), cioè fra il 68%-76%, si inquadrano, invece, nel V sec. a.C.

3.4.1 La seconda metà del VII e gli inizi del VI sec. a.C.

Tra il piccolo lotto di diciotto anfore ca. databili fra la seconda metà del VII e l'inizio del VI sec. a.C. dominano i contenitori cartaginesi (fig. 38). Insieme all'anfora spagnola potrebbero rappresentare le più antiche testimonianze di tipo fenicio-punico attualmente identificate a Himera. La documentazione di queste due classi è stata interpretata come indice della precoce presenza cartaginese, probabilmente già durante i primi decenni di vita della colonia (cap. 3.3.7). Con quantità all'incirca uguali sono rappresentate le produzioni dei due *emporia* di Solunto e Mozia che attestano rapporti commerciali con il mondo punico-siciliano al più tardi a partire dagli ultimi decenni del VII sec. a.C. Infine, estremamente interessante è segnalare la presenza di due anfore riferibili ad un'unica produzione non ancora identificata (tav. 10,6-7), a mio parere[166] attribuibile, forse, alla Sardegna meridionale (fig. 36,274-275, **cat. 274-275**). L'ipotetica documentazione di due contenitori sardi amplierebbe il quadro distributivo di questa classe, al momento individuata a Cartagine e Pantelleria.[167] La presenza di anfore provenienti dalla Sardegna meridionale andrebbe inquadrata nel fenomeno più ampio di regolari scambi commerciali fra Cartagine e la regione di Nora fra la seconda metà del VII e la prima metà del VI sec. a.C.[168]

3.4.2 Il VI sec. a.C.

A partire dai primi decenni del VI sec. a.C. assistiamo ad un rapido aumento delle anfore soluntine che da questo momento e sino alla fine della colonia costituiranno il gruppo punico meglio documentato nelle necropoli (fig. 39). Il secondo nucleo nell'ordine di frequenza proviene da Cartagine, seguito dalla produzione moziese. Di grande interesse è la comparsa, nella prima metà del VI sec. a.C., di due anfore dall'area di *Tharros*

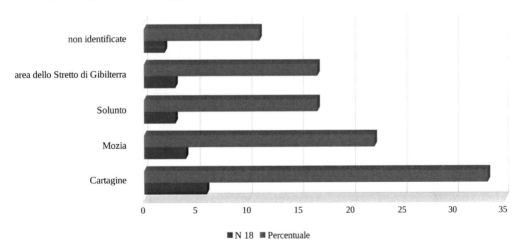

Fig. 38. La distribuzione quantitativa delle produzioni di anfore fenicie nelle necropoli di Himera: seconda metà del VII-inizio del VI sec. a.C.

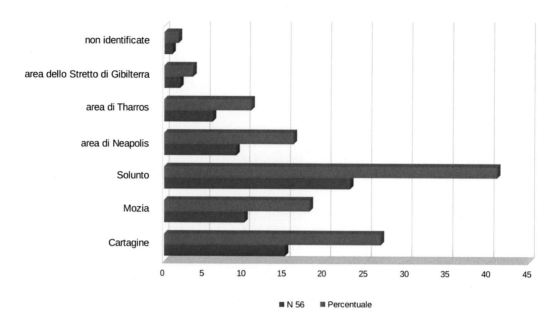

Fig. 39. La distribuzione quantitativa delle produzioni di anfore fenicio-puniche nelle necropoli di Himera: VI sec. a.C.

(**cat. 206-207**). Poco più recenti, databili al secondo o terzo quarto del VI sec. a.C., sono i più antichi contenitori dalla Sardegna centro-occidentale / area di *Neapolis* (**cat. 186-187**). Al gruppo sardo va aggiunto forse anche **cat. 276** (vedi anche cap. 4.2, *microfabric* SAR-MS). A piena conferma del più generale, brusco calo delle esportazioni dalla area dello Stretto di Gibilterra dopo il primo quarto o terzo del VI sec. a.C. (cap. 3.3.7),[169] l'incidenza statistica di questa classe decresce anche nella Himera del VI sec. a.C. È altamente significativa, tuttavia, la documentazione di due contenitori del tipo Ramon T-10.2.2.1 / CdE 1C (**cat. 247-248**) della seconda metà del VI sec. a.C. che a nostro avviso andrà ancora rapportata al commercio cartaginese (cap. 3.3.7).

3.4.3 Il V sec. a.C.

Al più tardi con l'inizio del V sec. a.C. giungono anche a Himera anfore di produzione palermitana che precedentemente sono documentate nei siti dell'entroterra di Monte Porcara e Pizzo Cannita, nella vallata fiume Eleuterio.[170] Per tutto il V sec. a.C. i contenitori di *Panormos* costituiscono, tuttavia, la classe punica meno numerosa. Relativamente bassa è anche l'incidenza statistica delle anfore moziesi. Il calo più vistoso riguarda però le anfore cartaginesi che scendono dal 25% nel VI sec. a.C. all'8% nel V sec. a.C. (fig. 40). Come già nel VI sec. a.C., così anche nel V sec. a.C. domi-

nano le anfore soluntine (oltre il 41%). Seguono i contenitori sardi, soprattutto dall'area di *Tharros*, ma anche dall'entroterra di *Neapolis* che nell'insieme ammontano attorno al 21%. Molto interessante è la ricomparsa numerosa, a partire dagli inizi del V sec. a.C., delle anfore dall'area dello Stretto di Gibilterra. Il gruppo imerese rappresenta, infatti, al momento l'insieme più cospicuo di questa classe edito per un sito del Mediterraneo centro-meridionale. I nuovi dati imeresi evidenziano con molta chiarezza il passaggio dei vettori commerciali provenienti dalla penisola iberica per la colonia dorico-calcidese che fungeva anche come centro di ridistribuzione verso l'entroterra (cap. 3.3.7).

3.5 Segni di riadattamento delle anfore fenicio-puniche per il loro uso negli enchytrismoi

Le anfore riutilizzate nelle sepolture ad *enchytrismos* non assolvevano più la loro funzione primaria di contenitore da trasporto o da immagazzinamento, forse perché difettose in uno o più punti (vedi anche cap. 2.3).[171] Infatti, in molti casi venivano impiegate soltanto alcune parti delle anfore, ad esempio la parte inferiore o superiore del corpo (cf. ad esempio tavv. 14; 16; 19 e cap. 2.2). Alcune delle anfore fenicio-puniche da noi studiate dimostrano inoltre evidenti segni di un loro riadattamento secondario in funzione di contenitore utilizzato nelle sepolture.[172]

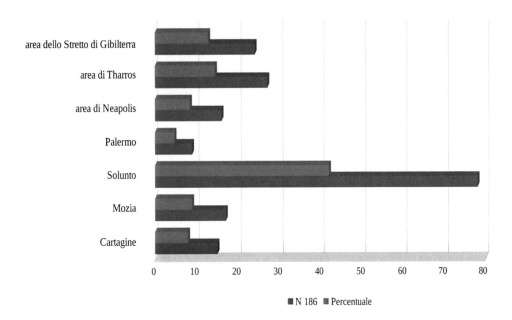

Fig. 40. La distribuzione quantitativa delle produzioni di anfore puniche nelle necropoli di Himera: V sec. a.C.

Segature antiche: almeno undici anfore presentano tagli applicati con una sega in diverse parti del corpo per facilitare l'inserimento del defunto. Spesso i bordi di questi tagli sono appositamente levigati (**cat. 17, 96, 115, 183, 239**). In alcuni casi una porzione del recipiente, in origine probabilmente integro o quasi, è stata asportata intenzionalmente: **cat. 183** (tav. 6,1) dove notiamo un taglio dalle dimensioni di 31x24 cm nella parte bassa del corpo, richiuso dopo l'inserimento del defunto con la parte superiore di un'altra anfora; **cat. 115** (tav. 6,2) a cui manca una parte della porzione superiore del corpo con le anse, levata intenzionalmente per inserirvi la deposizione funeraria e levigata ai bordi; **cat. 27** (tav. 11,6) e **cat. 156** sono state rasate al di sopra delle anse, **cat. 206** bucata nella parte centrale e **cat. 252** tagliata a circa due terzi di altezza (tav. 6,3). Almeno tre anfore sono state aperte artificialmente e richiuse dopo l'inserimento del morto: **cat. 17** tagliata a circa metà altezza del corpo (tav. 6,4),[173] **cat. 135** (tav. 6,5) a cui è stato staccato il fondo per mezzo di un taglio pressoché orizzontale e **cat. 182** che presenta una sorta di "finestra" sotto l'orlo (tav. 6,6). È importante segnalare che a prescindere dalla sepoltura di **cat. 206** in cui per lo meno l'anfora data all'inizio del VI sec. a.C., la pratica delle segature si ritrova costantemente in tombe di V sec. a.C.

Grappe di piombo: l'utilizzo di grappe di bronzo o anche di piombo in restauri antichi di contenitori fittili è una pratica ben nota.[174] A Himera, quattro anfore conservano tracce di questo tipo di riparazione: **cat. 178** presenta due grappe di piombo nella parte alta dell'anfora, direttamente sotto l'orlo, fissate tramite piccoli fori passanti[175] di trapano[176] che fermavano l'estremità degli elementi plumbei (tav. 7,1). Su altri due contenitori (**cat. 10, 76**) si sono conservati unicamente i fori ad indicazione di un restauro antico (tav.7,2). Nel caso dell'anfora **cat. 211**, invece, troviamo una sorta di canale di forma allungata (tav. 7,3), praticato per una grappa perduta e in funzione di collegamento fra i fori di fissaggio.[177] In base alle evidenze imeresi la pratica del restauro con grappa plumbea inizia già in età alto-arcaica (**cat. 76**) e continua nel VI (**cat. 10**) e nel V sec. a.C. (**cat. 178, 211**).

3.6 CENNI ALLA PRESENZA DI ANFORE FENICIO-PUNICHE NELL'ABITATO DI HIMERA E NEL SUO ENTROTERRA

3.6.1 L'abitato

Contrariamente all'abbondante documentazione di anfore fenicio-puniche nelle necropoli durante tutte le fasi di frequentazione, le evidenze pubblicate per il coevo abitato sono tuttora molto più scarse. La città alta ha restituito, al momento, un solo esemplare di età arcaica, rinvenuto in un contesto datato 648-580/60 a.C. e forse inquadrabile nella forma Ramon T-2.1.1.2.[178] Un'anfora punica probabilmente di V sec. a.C. proviene dal Santuario di Athena.[179] Solo per la fase finale dell'abitato la documentazione risulta leggermente più numerosa: si segnalano diversi esemplari del tipo soluntino/palermitano Sol/Pan 4.1-3, provenienti sia dall'alto piano[180] che dalla città bassa (tav. 1,7).[181] In associazione ad uno di questi contenitori, nello strato di distruzione del 409 a.C., sono state trovate anche due probabili anfore moziesi del tipo Toti 19 / Ramon T-4.2.1.2.[182] Va sottolineato, tuttavia, che il numero delle anfore puniche segnalate nelle varie pubblicazioni non rispecchia la reale circolazione di questa classe nell'abitato di Himera, sicuramente più alta, che potrà essere verificata soltanto tramite una revisione sistematica dei materiali rinvenuti negli scavi condotti negli anni Settanta.[183]

In conclusione, possiamo quindi affermare che le evidenze anforiche restituite dall'abitato si inseriscono agevolmente nel panorama molto più ampio derivato dall'analisi dei contenitori fenicio-punici dalle necropoli i quali, infatti, prima del loro riutilizzo nelle tombe, arrivarono a Himera in relazione al loro contenuto primario. L'insieme dei dati dalla città e dalle aree cimiteriali sottolinea quindi rapporti commerciali continui, intensi e capillari fra la colonia e diverse regioni fenicio-puniche dalla seconda metà del VII alla fine del V sec. a.C.

3.6.2 Il territorio

Sulla base dei dati pubblicati per l'entroterra della colonia, e in apparente contrasto con l'intensa circolazione costante fra la seconda metà del VII e il V sec. a.C. di anfore fenicio-puniche nell'abitato di Himera, la diffusione della classe nel suo territorio, compreso tra le vallate dei fiumi S. Leonardo, Torto e Imera Settentrionale,[184] sembra molto limitata. Le ricognizioni intensive dell'Istituto di Archeologia Classica dell'Università di Palermo nella *chora* di Himera hanno restituito solo due frammenti di anfore puniche di V sec. a.C. delle forme Sol/Pan 4.1 e Sol/Pan 3.7 (?).[185] Altri due frammenti potrebbero essere riferibili alla forma Ramon T-4.1.1.4 della fine del V o della prima metà del IV sec. a.C.[186] Infine, due anfore puniche sono certamente posteriori alla caduta di Himera e datano al IV[187] e alla prima metà del III[188] sec. a.C.

Singoli frammenti di anfore puniche sono stati trovati anche in alcuni siti localizzati lungo il corso del fiume S. Leonardo, in un territorio in età arcaica gravitante fra l'orbita imerese e soluntina:[189] la ricognizione a Cozzo Sannita ha restitu-

ito un frammento forse inquadrabile nel tipo tardo-arcaico Ramon T-1.3.2.1,[190] mentre da Pizzo di Ciminna provengono quattro frammenti riconducibili ai tipi Ramon T-1.3.2.3,[191] T-2.2.1.1/2[192] e T-1.4.4.1[193] che potrebbero datare nella seconda metà del V sec. a.C. Sempre nel territorio di Caccamo sono stati trovati, infine, un'anfora arcaica spagnola,[194] nonché un frammento di un'anfora di produzione non identificata, attribuita alla forma Ramon T-1.3.2.4 e databile probabilmente nel corso del V sec. a.C.[195] Ad un momento posteriore alla caduta di Himera nel 409 a.C. datano un frammento di una Ramon T-4.2.1.4 da Contrada Monaci,[196] un orlo di una Sol/Pan 8 da Contrada Sannita,[197] nonché due anfore puniche di piena età ellenistica dalla Fattoria Pizzo Bosco.[198]

Più all'interno, nell'alta valle del fiume Torto, su Colle Madore, l'unica anfora punica individuata attualmente sembra riferibile alla fase finale di occupazione del centro della fine del V sec. a.C. e va inquadrata, probabilmente, nel tipo soluntino/palermitano Sol/Pan 4.1-3.[199] Per Colle Madore va ricordata, tuttavia, anche l'anfora greco-occidentale tardo-arcaica con graffito punico interpretato come antroponimo maschile, indicante verosimilmente il proprietario del vaso[200] che rappresenta la prima iscrizione punica rinvenuta in un contesto indigeno siciliano.[201] S. Vassallo ipotizza l'arrivo dell'anfora greca nel sito indigeno attraverso la colonia di Himera, anche se non si possono escludere le città puniche di Solunto o Palermo.[202] Dal territorio di Resuttano, compreso fra le alte valli del Platani e dell'Imera meridionale, provengono due anfore puniche probabilmente databili nel corso del IV sec. a.C.[203] Infine, le ricognizioni nel territorio di Alesa hanno restituito due anfore tardo-puniche.[204]

Per concludere, l'ancora scarsa attestazione di materiale anforico di tipo fenicio-punico di età arcaico-classica nel territorio di Himera[205] non è, forse, casuale, anche se l'esplorazione dei centri indigeni è tuttora in una fase iniziale.[206] I dati archeologici attualmente a disposizione suggeriscono che le poche anfore puniche attualmente attestate nell'*hinterland* di Himera vi siano arrivate insieme al regolare e abbondante flusso di ceramica di tipo greco.[207] I contenuti trasportati nelle anfore puniche non erano, evidentemente, fra le merci preferite dalle popolazioni indigene. Sembra, infatti che il mondo indigeno abbia privilegiato "(...) in maniera inequivocabile il rapporto con i Greci delle colonie, in uno scambio continuo e proficuo che innesca profondi processi di integrazione.".[208] Diversamente potrebbe profilarsi il quadro distributivo della classe fra il IV e la metà del III sec. a.C., cioè nel periodo dell'*epikrateia* cartaginese "che si traduce nel territorio in un vistoso incremento dell'insediamento rurale, accompagnato dalla creazione di una catena di roccaforti, a difesa e gestione delle zone di forte interesse strategico."[209] Infatti, a partire dall'inizio del IV sec. a.C. si assiste ad un notevole incremento della produzione di anfore delle città puniche di Palermo e Solunto "(...) che raggiungono capillarmente anche i numerosissimi nuovi siti rurali sorti nell'entroterra siciliano soprattutto nel corso della seconda metà del IV sec. a.C.".[210] Per quanto riguarda il territorio di Himera, i pochi dati attualmente editi forse non rispecchiano la reale circolazione delle anfore punico-siciliane nel periodo dell'*epikrateia* e potrebbero essere falsati dalla mancanza di ricerche sistematiche.

3.7 HIMERA E IL MONDO PUNICO: OSSERVAZIONI CONCLUSIVE SULLA PRESENZA DI ANFORE FENICIO-PUNICHE NELLE NECROPOLI

"La collocazione di *Himera* sulla costa tirrenica, in un punto strategico lungo le rotte della Sicilia settentrionale, la pose, indubbiamente, al centro di traffici e di attività commerciali, soprattutto in relazione ai vicini *emporia* fenicio-punici di Palermo e Solunto, tanto da costituire questo tratto di litorale, uno dei luoghi del Mediterraneo dove probabilmente fu più vivo e diretto il contatto a vari livelli tra mondo greco e punico."[211] Lo studio analitico del *corpus* delle 277 anfore fenicio-puniche rinvenute nelle necropoli di Himera fornisce un importante contributo per la precisazione del quadro dei rapporti fra la colonia dorico-calcidese e le diverse componenti del mondo fenicio-punico (fig. 41), arrivando ad una scansione cronologica che evidenzia differenze significative fra le singole fasi di vita della città.

In base soprattutto ai confronti esterni e a considerazioni di ordine archeologico, è probabile che le più antiche anfore fenicie dalle necropoli imeresi, databili ancora alla seconda metà del VII sec. a.C., provengano da Cartagine (**cat. 1-5**) e dall'area di Málaga[212] (**cat. 244**). Contenitori spagnoli risultano particolarmente abbondanti nella Cartagine della prima metà del VII sec. a.C.[213] e sono documentati con alcuni esemplari anche a Mozia, ma mancano, al momento, in altri contesti siciliani. In via d'ipotesi proponiamo di collegare la loro presenza a Himera a vettori commerciali provenienti dalla stessa metropoli nordafricana[214]

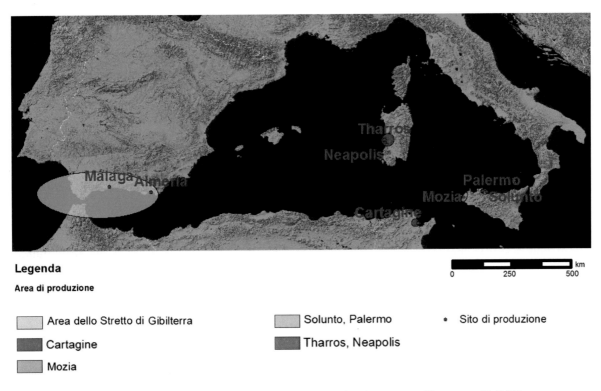

Legenda

Area di produzione

Area dello Stretto di Gibilterra	Solunto, Palermo	• Sito di produzione
Cartagine	Tharros, Neapolis	
Mozia		

Fig. 41. Aree di provenienze delle anfore fenicio-puniche rinvenute nelle necropoli di Himera.

47

(cap. 3.3.7). L'interpretazione dei nuovi dati anforici da Himera "in chiave cartaginese" sembra inserirsi agevolmente nel più ampio panorama dell'attestazione - non ancora quantificabile - di materiale ceramico (soprattutto anforico) cartaginese della seconda metà (avanzata) del VII sec. a.C. in molte delle colonie greche in Sicilia (cap. 3.3.1) che ha fatto ipotizzare "(...) una possibile presenza di gruppi di genti semitiche stanziate all'interno delle comunità greche fin dalle prime fasi delle fondazioni coloniali e, con maggior frequenza, verso la fine del VII sec. a.C. (...)".[215] Questi più antichi rapporti di tipo commerciale fra il mondo coloniale siciliano e Cartagine precedono, in ogni caso, i primi interventi militari della metropoli nordafricana che "(...) risalgono alla spedizione di Malco, con obiettivi di sostanziale sottomissione dei centri fenici dell'isola (...)".[216]

L'interesse di Cartagine per una presenza anche fisica a Himera, testa di ponte per le diverse rotte verso il basso tirreno,[217] sembra ora pienamente confermato dai dati archeologici recentemente raccolti in Sardegna: dallo studio del materiale anforico di Nora emerge una notevole occorrenza quantitativa di contenitori da trasporto di fabbrica cartaginese databili fra la seconda metà del VII e la metà del VI sec. a.C. e oltre.[218] Parallelamente, alcuni frammenti anforici di età arcaica di ipotetica origine norense sono stati identificati a Cartagine e a Pantelleria.[219] In questo contesto vanno ricordate anche le anfore **cat. 274-276** dalle necropoli di Himera che potrebbero provenire dalla Sardegna sud-occidentale (cap. 3.3.8).

Più complessa si profila la situazione per l'ampia area del golfo di Oristano. Per il settore settentrionale del golfo le ricerche archeologiche condotte a *Othoca* permettono ora di ipotizzare un primo insediamento misto (indigeno e fenicio) databile fra la seconda metà dell'VIII e la prima metà del VII sec. a.C., sovrapposto ad un centro indigeno dell'età del Bronzo.[220] Per *Tharros*, invece, le testimonianze archeologiche attestano un "graduale stanziamento di gruppi extra-insulani di cultura fenicia" nel corso del VII sec. a.C.[221] e l'inizio di una produzione anforica locale verso la fine del VII sec. a.C.[222] Per la regione di *Tharros* e *Othoca* non disponiamo, al momento, di studi anforici abbastanza dettagliati per poter escludere la presenza di importazioni cartaginesi durante queste prime fasi di frequentazione fenicia.[223]

A sud del golfo, nel territorio di *Neapolis*, in base alla documentazioni di materiali ceramici interpretati come indicatori di presenze antropiche, è stata ipotizzata, a partire dalla seconda

metà dell'VIII a.C., "un'installazione fenicia" dallo spiccato carattere commerciale.[224] Le importazioni di anfore da trasporto databili fra il VII ed il VI sec. a.C. e provenienti dall'area dello Stretto di Gibilterra, dall'Etruria, dall'Attica e dall'Egeo rivelano "(...) una rete di traffici diversificata che riflette una situazione ben documentata per l'età arcaica, relativa alle dinamiche tipiche del commercio emporico."[225] I nuovi dati archeologici presentati da E. Garau suggeriscono una sostanziale continuità insediativa del sito anche durante la prima fase cartaginese che si apre con la conquista militare della zona a partire dalla fine del VI sec. a.C.[226] "(...) il retroterra ricco di risorse minerarie, una fertile piana a breve distanza, a nord della città e un probabile porto d'imbarco rispondevano alle esigenze della politica economica cartaginese legata sicuramente allo sfruttamento agricolo e minerario del territorio, ma anche all'attività commerciale."[227] Per la studiosa *Neapolis* era "(...) un luogo specializzato per lo scambio già prima dell'arrivo di Cartagine, che, all'indomani della conquista, ne esalterà, a giudicare dalla documentazione archeologica, la vocazione commerciale, oltre che le altre potenzialità del territorio."[228] In base alle ricognizioni intensive condotte nel *hinterland* rurale a nord-est di *Neapolis* (Riu Mannu e Terralba *survey*), una sistematica occupazione del territorio si registra tuttavia solo a partire dalla fine del V-IV sec. a.C., documentata dalla presenza di numerose fattorie di piccole e medie dimensioni.[229] In particolare, gli autori delle ricognizioni propongono per l'area un uso intensivo e specializzato nella produzione ortofrutticola fra cui anche o soprattutto la viticultura.[230]

Il quadro dell'occupazione fenicio-punica della regione attorno al golfo di Oristano fra la fine dell'VIII ed il IV sec. a.C. qui brevemente riassunto viene ora significativamente integrato dei nuovi dati anforici di Himera che si aggiungono ad altre evidenze recentemente raccolte per l'area di influenza cartaginese.[231] La sporadica documentazione, sia a Himera che in area cartaginese, di anfore a pasta calcarea chiara, riferite a diverse produzioni della regione di *Tharros* (e *Othoca*, cap. 3.3.6) e di anfore a pasta rosso-bruna attribuite a *fabrics* del territorio di *Neapolis* (cap. 3.3.5) fra il VI e gli inizi del V sec. a.C. sembrerebbe legata alla frequentazione del golfo di Oristano da parte di mercanti cartaginesi, forse anche solo stagionalmente residenti nei tre scali attivi in età arcaica, che al loro viaggio di ritorno verso il Nord Africa facevano sosta nei porti della Sicilia nord-occidentale, fra cui probabilmente anche l'*emporion* dorico-calcidese. Va ancora ricordato, tuttavia, che questa interpretazione contrasta, per quanto riguarda l'entroterra di *Neapolis*, con l'attuale rarità di contemporanei siti - e quindi anche di materiale anforico di produzione regionale - nel Terralbese (cap. 3.3.5). A Himera, come anche nelle zone sotto influenza cartaginese, l'occorrenza quantitativa delle anfore provenienti dal golfo di Oristano aumenta a partire dagli inizi del V sec. a.C. (cap. 3.3.5-6) e quindi negli anni seguenti alla conquista cartaginese della parte occidentale dell'isola. I dati distributivi dei contenitori sardi rinvenuti fuori dalla Sardegna sembrerebbero quindi indicare, per la Sardegna centro-occidentale, un incremento produttivo che nel Terralbese si traduce in un aumento graduale dell'abitato rurale a partire dalla fine del V sec. a.C.[232]

Per tornare ai rapporti economici di Himera con il mondo punico, propongo, quindi, di interpretare la cospicua presenza di anfore sarde di V sec. a.C. soprattutto dall'area di *Tharros*,[233] accompagnate da un numero minore di contenitori cartaginesi (cap. 3.3.1), come testimonianza materializzata di un incremento dei commerci fra Cartagine e il golfo di Oristano nella media età punica.[234] I dati anforici sembrerebbero quindi parlare a favore di una sostanziale indipendenza delle strategie commerciali dalle vicende politiche che registrano un allontanamento di Cartagine dalla Sicilia in seguito alla sconfitta di Himera del 480 a.C.,[235] smentendo, peraltro, l'ipotizzata totale assenza dallo scacchiere siciliano dopo la battaglia di Himera nel 480 a.C.[236]

L'identificazione estremamente interessante, fra il gruppo di anfore tharrensi da Himera, di due probabili imitazioni sarde dei tipi Sol/Pan 4.1-3 (cap. 3.3.6), emblematici della produzione soluntina/palermitana, evidenzia magistralmente il passaggio di questa rotta per la Sicilia nord-occidentale e dà spazio, al contempo, ad alcune ipotesi circa lo spostamento di artigiani provenienti, ad esempio, dalla vicina Solunto. A conferma di qualche tipo di contatto - diretto o indiretto che sia - fra le città puniche della costa settentrionale della Sicilia e la Sardegna va ricordato anche che una buona parte dei monili e scarabei rinvenuti nelle necropoli di Palermo sembra essere stata importata dalla Sardegna.[237] Secondo S.F. Bondì, infatti, "(...) a partire dal V secolo a.C. proprio la Sicilia si fa carico di un'opera di intermediazione tra la Magna Grecia e la Sardegna. Gli apporti di provenienza magno-greca (...) difficilmente possono essere ritenuti il portato di contatti diretti (...)."[238]

In conclusione, possiamo ipotizzare che Cartagine potrebbe aver approfittato anche della fondazione di Himera come tappa intermedia sulla rotta verso gli scali della Sardegna meridionale e occidentale che acquistano importanza nel corso della seconda metà del VII sec. a.C., in seguito all'affievolirsi dei traffici commerciali fra la baia di Tunisi e l'area centro-tirrenica e nuragica che caratterizzavano il secolo precedente.[239] Parallelamente, bisogna ovviamente pensare ad un possibile ruolo di Solunto e Palermo come punto di passaggio per la Sardegna. Purtroppo, la mancanza pressoché totale di dati sul panorama anforico in circolazione in queste due vicine città puniche, in particolare sui contenitori cartaginesi e/o sardi, non permette, al momento, di sviluppare nessun'ipotesi di lavoro in questa direzione.

La gestione, il controllo e lo svolgimento del commercio sardo costituivano, in ogni caso, sin dall'inizio, i motivi principali per l'interesse cartaginese ad una frequentazione dei porti della Sicilia nord-occidentale. In questa chiave di lettura va spiegata anche l'abbondante documentazione di anfore cartaginesi e sarde,[240] nonché di pochi contenitori andalusini di età arcaica nell'*emporion* di Himera. Nel loro insieme, i nuovi dati anforici dalle necropoli imeresi sembrano confermare, quindi, una vecchia ipotesi di A. Spano Giammellaro[241] secondo la quale "Palermo, Solunto e anche Himera – connessa, certo non solo geograficamente, ai due centri fenici – sembrano partecipi di un circuito che collega la Sicilia con Cartagine e la Sardegna."

Eccetto per la più antica fase di frequentazione delle necropoli (vedi *supra* e cap. 3.4.1), gli scambi commerciali più intensi fra Himera e il mondo punico riguardano naturalmente le città punico-siciliane, soprattutto la vicina Solunto, ma anche Mozia. A Himera, le più antiche importazioni moziesi (**cat. 42-45**) e soluntine (**cat. 74-76**) datano fra l'ultimo quarto del VII e l'inizio del VI sec. a.C., a conferma di un inizio della produzione industriale in quest'ultima città già pochi anni dopo la sua fondazione.[242] A partire dalla prima metà del VI sec. a.C. e fino al 409 a.C. le anfore soluntine rappresentano costantemente oltre il 40% di tutto il materiale punico registrato (cap. 3.4.2-3) e forniscono la prova eloquente di strettissimi rapporti economici fra le due città che trovano confronto materiale anche a Solunto stessa (cap. 3.4.3). Al momento, come ipotesi di lavoro, si può anche pensare che grazie a questi forti collegamenti commerciali le anfore cartaginesi e sarde siano arrivate a Himera attraverso questa vicinissima città punica (vedi *supra*).

Alla luce dei dati attualmente disponibili, la progressiva decrescita, dalla fine del VII alla fine del V sec. a.C., dell'occorrenza delle anfore moziesi constatato per le necropoli di Himera rispecchia, invece, probabilmente una tendenza generale, riscontrata anche in altri siti.[243] Ci sarebbe da chiedersi se l'apparente calo della distribuzione regionale ed extra-regionale delle anfore moziesi soprattutto a partire dalla fine del VI sec. a.C. sia eventualmente da mettere in relazione, in qualche modo, con la violenta distruzione di molti settori della città attorno alla metà del VI sec. a.C. ad opera dell'esercito guidato da Malco, da S.F. Bondì interpretato come "(...) 'regolamento di conti' all'interno della fenicità d'Occidente (...) non come un primo tentativo di natura imperialistica prodotto per la conquista dei territori siciliani."[244] Una spiegazione in questo senso sarebbe, tuttavia, in pieno contrasto per lo meno con la documentazione archeologica relativa al V sec. a.C. quando, infatti, "(...) Mozia conosce una fase di grande sviluppo (...)" che attesta la ricchezza delle relazioni con il mondo siceliota[245] e quindi il suo pieno inserimento nei circuiti commerciali che caratterizzano il contemporaneo panorama siciliano. In via d'ipotesi, si potrebbe quindi sostenere cautamente che, almeno nel V sec. a.C., la distribuzione anforica moziese fuori dal sito di produzione non sia da valutare come un indice di benessere generale della comunità urbana.

La presenza delle anfore palermitane (cap. 3.3.4) a Himera è quantitativamente trascurabile e circoscritta al V sec. a.C. e quindi più di un secolo posteriore alla fondazione della città punica nella Conca d'Oro.[246] Questo dato sembra confermare magistralmente la – per lo meno iniziale[247] – complementarità delle città di Solunto e Palermo ipotizzata da F. Spatafora che in età arcaico-classica avrebbe riservato la vocazione commerciale alla prima, mentre la seconda si sarebbe occupata della "sicurezza delle rotte e dell'intero comprensorio".[248]

In rapporto al "(...) notevole progresso economico e demografico di Himera, soprattutto nella prima metà del VI sec. a.C. (...)"[249] che vede, fra l'altro, la progettazione di due organici impianti urbanistici e la nascita, sulla Piana di Pestavecchia, di un importante quartiere extra-urbano con probabile funzione emporica, anche l'incidenza delle anfore puniche aumenta nel corso del VI sec. a.C. (cap. 3.4.2). La molteplicità delle produzioni documentate che spaziano dall'Andalusía, al Nordafrica, alla Sicilia occidentale (soprattutto) e alla Sardegna conferma un'"intensa apertura al

vitale circuito dei commerci marittimi mediterranei" della città.[250] Alla luce dei dati archeologici oggi disponibili appare verosimile, infatti, che Himera sia stata dotata di un vero emporion, cioè di un luogo adibito alle funzioni di scarico, deposito, vendita e scambio di merci.[251] Il panorama delle anfore fenicio-puniche qui analizzate conferma l'immagine di una città che costituiva "(...) il primo approdo lungo la rotta della costa tirrenica siciliana, verso lo Stretto di Messina, per le navi provenienti dall'area fenicio-punica (...) destinata ad accogliere i prodotti delle loro attività commerciali (...) fungere da ponte e cerniera tra aree di diversa influenza economica e commerciale del bacino del basso Tirreno."[252] In considerazione soprattutto del carattere eterogeneo e misto delle imbarcazioni di età arcaico-classica,[253] uno scalo costiero come Himera - in funzione di cerniera tra il Nord Africa e la Sardegna[254] - rappresentava un luogo adatto alla ricomposizione dei carichi commerciali.

Un aspetto ancora sostanzialmente sconosciuto riguarda il contenuto delle anfore fenicio-puniche acquistate dalla popolazione di Himera che in nessun caso presentavano tracce di rivestimenti originali delle pareti interne. In via d'ipotesi, le produzioni dell'area di Solunto e Palermo potrebbero aver trasportato dei prodotti ittici.[255] Alcune anfore dall'area di Tharros/Othoca contenevano certamente conserve di carne,[256] mentre per lo meno a partire dal IV sec. a.C. nell'entroterra punico di Neapolis (Sardegna centro-occidentale) si praticava la viticultura.[257] Le anfore andalusine di V sec. a.C. vanno certamente associate al commercio del pesce salato (vedi supra, nota 153), i contenitori arcaici provenienti dalla stessa area produttiva potrebbero, invece, aver portato vino, olio o anche conserve di pesce[258] o di carne.[259] Anche per le anfore cartaginesi va presa ancora in considerazione l'ipotesi di un loro multifunzionalità.[260] Nonostante le molte incertezze circa il contenuto originario delle anfore fenicio-puniche rinvenute nelle necropoli imeresi è tuttavia chiaro che le merci provenienti dal mondo punico integravano in maniera varia e significativa l'approvvigionamento di viveri della colonia greca.

La rarità di ritrovamenti di anfore fenicio-puniche di età arcaico-classica nell'entroterra di Himera, infine (cap. 3.6.2), evidenzia la vocazione marina dei vettori commerciali portatori di anfore puniche che non incidono sulle dinamiche di scambio continuo e proficuo della colonia dorico-calcidese con le comunità indigene della sua chora. Il consumo dei generi alimentari provenienti dalle città puniche rimane, in sostanza, limitata alla città di Himera. In via d'ipotesi, si potrebbe anche ipotizzare che per lo meno una parte di queste merci sia stata acquistata e consumata da genti puniche residenti nella colonia.

NOTE

29 Si tratta del numero complessivo di anfore puniche finora riconosciute e classificate in questo catalogo; la presenza di altri eventuali esemplari, anche in frammenti, potrà essere evidenziata soltanto dopo il lungo lavoro ancora in corso di revisione di tutti i materiali delle necropoli.

30 La percentuale lievemente maggiore di anfore fenicio-puniche nella necropoli occidentale può essere stata determinata anche dal fatto che in questa necropoli, rispetto a quella orientale, sono maggiormente attestate sepolture databili tra seconda metà del VI e V sec. a.C., età in cui si incrementa la presenza di questi contenitori ad Himera.

31 Vedi *infra* cap. 3.6.1.

32 Per queste tematiche vedi osservazioni generali in Vassallo 2014.

* La ricerca qui presentata viene supportata dall'Austrian Science Fund FWF: P 25046-G19 dal titolo "Economic interactions between Punic and Greek settlements in the southern-central Mediterranean (late 7th-4th century BCE): the evidence of the transport amphorae". Ringrazio l'amica e collega K. Schmidt, collaboratrice del suddetto progetto, insieme alla quale ho portato a termine la schedatura e documentazione a Himera, nonché M. Valentino (Palermo) e F. Spatafora, allora direttrice del Parco archeologico di Himera, per aver facilitato il nostro lavoro nell'Antiquarium di Himera e nella temporanea postazione dei containers. A T. Arena (Castellammare) si devono i disegni di 56 anfore, per lo più degli esemplari conservati per intero o quasi, R. Lampl (Vienna) ha curato la digitalizzazione della maggior parte dei disegni a matita.

33 I risultati di questa ricerca sono stati presentati in Bechtold 2015f con bibliografia precedente.

34 Abbiamo potuto esaminare autopticamente in tutto 276 esemplari, in quanto cinque anfore (SK107, L74, RO475, W45, W6808) non erano accessibili in magazzino al momento dello studio. Dato che dell'anfora SK107 esiste una buona documentazione fotografica di scavo, è stata inserita nel catalogo come cat. 277, ma non considerata nei calcoli statistici del cap. 3.4. Inoltre, le due anfore rinvenute nei vecchi scavi Gabrici, CA67 e CA103bis, risultano disperse, si tratta degli esemplari già pubblicate in Himera II, 797, fig. 40, CA67, 805 di tipo non specificabile; ibidem 788, 812, fig. 38e, CA103bis, h 65, diam. orlo 10, probabilmente del tipo 1 di Sourisseau e menzionata in Sourisseau 2013, 122, nota 31.

35 Precedentemente cf. Vassallo 2005b, 830; da ultimo Vassallo 2014, 262, tab. 1 per le fasce di età presenti in un campione di 91 tombe a *enchytrismos* e p. 266, grafico 1.

36 Ringrazio K. Schmidt che ha operato nel laboratorio dell'Istituto di Archeologia Classica dell'Università di Vienna, per i risultati di queste ricerche vedi cap. 5.

37 Per una recente definizione di questo termine vedi Gassner/Trapichler 2011 con ulteriore bibliografia.

38 Nelle necropoli imeresi, la presenza di corredo si attesta mediamente fra il 35%-40% (vedi cap. 2.3). Prece-

dentemente cf. Vassallo 2014, 270.

39 Montana et al. 2006.

40 Per gli aspetti archeometrici di questa classe vedi cap. 4.4 dove si distinguono i microfabrics A e B ("quartz and limestone rich fabric") che utilizzano due diverse materie prime. Va sottolineato, tuttavia, che al momento non si riscontra una buona convergenza con i fabrics archeologici discussi nel cap. 5.1 ed i microfabrics A e B. Per la più recente sintesi dei fabrics ceramici di quest'area produttiva vedi Bechtold 2012 e Bechtold/Gassner/Trapichler 2011; per le analisi archeometriche relative alla produzione locale della Cartagine punica vedi da ultime Maraoui Telmini/Bouhlel 2011 (con ampia bibliografia relativa agli studi precedenti) e Maraoui Telmini et al. 2011 (per una prima ricerca sulle possibili materie prime utilizzate nelle ceramiche cartaginesi). Fra il materiale di Himera sono stati identificati i fabrics CAR-REG-A-1, CAR-REG-A-3 e CAR-REG-A-4 della banca dati di FACEM i quali, tuttavia, non sono diagnostici da un punto di vista cronologico in quanto si tratta in tutti i casi di impasti utilizzati dal VII al IV sec. a.C. e oltre. Per questo motivo e per rendere più fluida la presentazione delle anfore cartaginesi di Himera, abbiamo deciso di indicare il fabric degli esemplari studiati soltanto nel catalogo del cap. 8.

41 Per la localizzazione delle diverse aree di scavo all'interno del sito di Bir Messaouda vedi Bechtold 2010, 2-3, figg. 1-2.

42 Sourisseau 2013, 275, fig. 55.

43 Sourisseau 2013, 272, fig. 44.

44 L'anfora cat. 2 è accompagnata da un corredo databile all'ultimo ventennio del VII sec. a.C., mentre il corredo della cat. 5 dell'ultimo quarto del VI sec. a.C. suggerisce che l'anfora sia stata seppellita molti decenni dopo il probabile momento della sua produzione.

45 Nel caso di cat. 26 una datazione entro l'ultimo ventennio del V sec. a.C. viene confermata anche dal corredo.

46 Delle ca. 18 anfore datate fra la seconda metà del VII e gli inizi del VI sec. a.C. ben sei, cioè un terzo, provengono dall'area di Cartagine.

47 Il numero esatto delle anfore cartaginesi di V sec. a.C. non è valutabile, poiché il 15% ca. di questa classe (N 6) non è databile. Ca. sedici contenitori datano al V sec. a.C.

48 Per la visione sinottica più recente cf. Bechtold/Docter 2010, 91-94, tab. 3.

49 Sourisseau 2013, 116-117, in base al confronto al microscopio di cinque campioni da Camarina, messi gentilmente a disposizione da parte di J.-Chr. Sourisseau, con il materiale di referenza della banca dati di FACEM. I gruppi A, ma probabilmente anche C di Sourisseau sono certamente attribuibili a produzioni dell'area di Cartagine, mentre per il gruppo B sospettiamo una provenienza moziese.

50 Precedentemente raccolta da Spanò Giammellaro 2000, 303-311.

51 Si tiene a precisare, tuttavia, che a mia conoscenza nessuno degli esemplari citati in Sourisseau 2013 è stato esaminato autopticamente né da R.F. Docter, né dallo stesso Sourisseau. La provenienza cartaginese di queste anfore rimane quindi solo una ipotesi.

52 Milazzo/Mylai, necropoli dell'Istmo: quattro anfore, cf. Docter 1997, tab. 57,11-14; vedi anche Spanò Giammellaro 2000, 309-310, fig. 17-20; Sourisseau 2013, 121-122, nota 30. Monte San Mauro (Caltagirone): un'anfora, cf. Docter 1997, tab. 57,10; Spanò Giammellaro 2000, 310. Megara Hyblea: due anfore, cf. Docter 1997, tab. 57,8-9;

Sourisseau 2013, 121, nota 29. Gela: un'anfora, cf. Docter 1997, tab. 57,5. Selinunte: un'anfora, cf. Sourisseau 2013, 122, nota 32.

[53] Agrigento: un'anfora, cf. Docter 1997, tab. 59,12; vedi anche Sourisseau 2013, 125, nota 40. Monte San Mauro (Caltagirone): un'anfora, cf. Docter 1997, tab. 59,14.

[54] Sourisseau 2013, 136 "(...) le phénomène caractérise l'ensemble des établissements grecs et non grecs de Sicile orientale (...)" e, in una panoramica mediterranea: "Les amphores de Carthage ont, entre la fin du VIIe et le début du Ve s. av. J.-C., une aire de diffusion très vaste en Méditerranée occidentale." (p. 140).

[55] Secondo Bechtold/Docter 2010, 102-103, tab. 4, le più antiche anfore cartaginesi sono da considerare dei contenitori multifunzionali, contenitori, cioè, atti a contenere diversi prodotti agricoli, fra cui sicuramente vino e olio. Per la polivalenza dei contenitori fenicio-punici in età arcaica si veda inoltre Finocchi 2009, 376, nota 34. Per il rinvenimento, in occasione di ricognizioni subacquee nei fondali di Nora, di alcune anfore del tipo Ramon T-2.1.1.2 contenenti "(...) ossa di zebù, bovide diffuso in Africa settentrionale (...)" che induce a "(...) suggestivi collegamenti con l'ambito areale cartaginese." vedi Botto/Madrigali 2016, 262.

[56] Per la presenza di questa classe a Messina, Naxos, Megara Hyblea, Siracusa e Gela vedi Albanese Procelli 2008, 471 con ulteriore bibliografia; da ultime per Zankle cf. Sciortino/Spatafora 2015, 226-227.

[57] Va aggiunta a questa rassegna bibliografica un'anfora cartaginese dallo scarico di Grotta Vanella (Segesta): M 165/56 attribuibile al tipo Karthago 1 A1/2 / Ramon T-3.1.1.2 e databile al VII sec. a.C., cf. Quartararo 2015b, 4, tab. 1. Da un punto di vista morfologico, il più antico tipo delle serie cartaginesi, la forma Karthago 1 A1 / Ramon T-3.1.1.1, è documentata, al momento, a Gela e Milazzo, cf. Spanò Giammellaro 2000, 311; Docter 1997, tab. 55,8.

[58] L'attribuzione, in base ai dati delle analisi chimiche, di tre anfore (cat. 50, cat. 58, cat. 62) da noi inserite nella produzione di Mozia a produzioni extra-regionali e non identificate è avvenuta solo in un momento in cui il resto del manoscritto era già concluso. L'incidenza statistica del gruppo moziese potrebbe essere quindi leggermente più bassa. Infatti, secondo le analisi archeometriche, M 179/34 / cat. 50 appartiene al microfabric SAR-MS, M 179/81 / cat. 58 al microfabric AFR-CA e M 179/12 / cat. 62 sarebbe un single, cf. cap. 4.2-3.

[59] Osservazione già formulata in base alle analisi archeometriche, cf. Iliopoulos/Cau/Montana 2009, 159–60, fig. 2c–d.

[60] Per una dettagliata discussione dell'occorrenza dia-cronica della produzione di Mozia con riferimento anche alle ricerche archeometriche precedenti vedi ora Bechtold 2015c; per l'archeometria vedi da ultimi Montana/Randazzo 2015, 132-139, tabb. 11-12, impasto ML-I.

[61] Solo cat. 43 è associata ad un corredo della prima metà del VI sec. a.C.

[62] W 955 (M 179/42). Si segnala l'eccezionale presenza del fabric MOT-A-2 già in questo esemplare arcaico.

[63] La datazione alta di cat. 46 è confermata inoltre dal suo corredo, databile fra la fine del VII e il primo trentennio del VI sec. a.C.

[64] Per l'ultima sintesi del repertorio morfologico moziese vedi Bechtold 2015c, 7-15.

[65] Cf. tav. 1,7: HA 339. HA 427, pubblicate in Vassallo 1999a, 371, fig. 20, n. 68; Vassallo 2005a, 130, fig. 242.

[66] Per una raffigurazione dell'occorrenza della forma

[67] nelle zone C-D vedi Bechtold 2008, 63, tab. 4. 65, tab. 5. Per la documentazione di anfore moziesi fuori dal sito di produzione, vedi Bechtold 2015c, 3, fig. 1, 10-17.

[68] L'esatta incidenza statistica della produzione cartaginese non è quantificabile, vista la valenza non cronologica dei fabrics cartaginesi che non permette di inquadrare cronologicamente i dodici esemplari non identificati tipologicamente.

[69] Più in generale e per la "consistente presenza di ceramica greca o greco-coloniale nei contesti abitativi" della Mozia di età arcaica vedi Spatafora 2010a, 39-40.

[70] In base ad analisi archeometriche di venti anfore arcaiche, cf. Alaimo/Montana/Iliopoulos 2005, 3.

[71] Ca. diciassette anfore rispetto al totale delle ca. 170 tombe databili al V sec. a.C.

[72] 97 anfore sono state attribuite ai fabrics di Solunto. A questa selezione va aggiunto il 90% ca. delle sei anfore inserite nel gruppo "Solunto/Palermo", considerando il fatto che fra le anfore di provenienza identificata troviamo 97 esemplari da Solunto contra nove esemplari da Palermo.

[73] Per una dettagliata discussione dell'occorrenza diacronica della produzione anforica di Solunto vedi ora Bechtold 2015a (anche con riferimenti alla ricerca archeometrica).

[74] Per le anfore soluntine è stata calcolata una incidenza del 41% ca. per il VI sec. a.C. e una incidenza del 44% ca. per il V sec. a.C.

[75] Spatafora 2012a, 258 per la fondazione di Solunto alla fine del VII sec. a.C. come reazione alla deduzione della colonia calcidese di Himera.

[76] Bechtold 2015f, 4-21.

[77] In base agli unici esemplari integri di ipotetica produzione palermitana, pubblicati in Ramon 1995, 243; *Palermo Punica*, 129.

[78] Un solo esemplare integro è stato visionato da J. Ramon (1995, 127, 165, fig. 142).

[79] In base all'altezza stimata per l'unico esemplare conservato interamente, cf. infra cat. 135.

[80] In base all'altezza stimata per l'unico esemplare conservato interamente, cf. infra cat. 178.

[81] In base all'unico esemplare conservato per intero, cf. cap. 8, cat. 177. Un'anfora con orlo rientrante a profilo concavo/convesso, ma distinto dalla spalla da un piccolo gradino, proviene dalla necropoli di Palermo, cf. Falsone 1998, 320, R18. Le dimensioni di questo esemplare non vengono indicate.

[82] In base all'esemplare conservato per intero dalla necropoli di Palermo, cf. Falsone 1998, 319, R12.

[83] Cat. 84, 86-87, 89 in fabric SOL-A-2, cat. 85, 93 in fabric SOL-A-3.

[84] Cf. cap. 4.1, fig. 42, tab. 5. Da ultimi vedi Montana/Randazzo 2015, 121-131, impasto SP-I; precedentemente cf. Bechtold 2015a, 3-4 con bibliografia completa.

[85] Delle 27 anfore tipologicamente identificate in SOL-A-3, 20 sono certamente attribuibili al tipo Sol/Pan 4.1-3 / Ramon T-1.4.5.1: cat. 99, 101-104, 106-109, 115, 118-121, 124, 127-129, 131-132.

[86] Bechtold 2015a, 16-17.

[87] Bechtold 2015a, 16-17.

[88] Vassallo 2005a, 55, fig. 63.

[89] Per la distribuzione delle anfore di Solunto fuori dal sito di produzione vedi ora Bechtold 2015a, 18-21.

[90] Vassallo 1999a, 372; Vassallo 2009a, 256; Vassallo 2009b, 149, 151.

[91] Per le necropoli soluntine e a proposito di "(...) intense e regolari interrelazioni con il mondo greco coloniale

(...) il volume delle importazioni è stato calcolato intorno al 40% (..)", vedi Spatafora 2012c, 66.

[92] Tardo 2005, 682. Più in generale e per la presenza, a partire dalla fine del VI sec. a.C., di sepolture di individui di origine greca nelle necropoli soluntine vedi ora anche Spatafora 2012b, 103; Spatafora 2012c, 65.

[93] In area di necropoli (cf. Aleo Nero et al. 2012) e in contesti urbani (cf. Aleo Nero/Chiovaro 2013).

[94] Per una dettagliata discussione della produzione anforica di Palermo e della sua distribuzione regionale ed extra-regionale vedi Bechtold 2015b.

[95] Belvedere et al. 2006, 564; per i risultati delle analisi archeometriche realizzate nell'ambito del nostro progetto di ricerca menzionato alla nota * vedi Montana/Randazzo 2015, 130 "In conclusione, è opportuno ribadire che sebbene i raggruppamenti congruenti con le caratteristiche mineralogico-petrografiche e chimiche siano stati descritti sulla base di una casistica sufficientemente rappresentativa, la distinzione delle manifatture soluntine da quelle palermitane è ancora incerta e deve essere sempre fatta con la massima prudenza."

[96] Per questa nuova classificazione vedi in dettaglio Bechtold 2015f, 4-21.

[97] In base ai confronti della necropoli di Palermo, l'anfora greco-occidentale prodotta nell'area di Palermo e Solunto discussa nell'appendice potrebbe essere anche leggermente più antica delle più antiche anfore puniche attestate a Himera.

[98] Nove anfore sono state attribuite a Palermo. Considerando che le anfore palermitane individuano ca. un decimo del gruppo soluntino (N 97), a questo primo gruppo va aggiunto, idealmente, ca. un decimo dei sei contenitori solo genericamente attribuiti all'area di Solunto/Palermo.

[99] Falsone 1998, 315, 317, 319-320, R14-15, sottotipi 3b-c.

[100] A piena conferma dell'ipotetica funzione complementare delle città di Solunto e Palermo in età arcaica e classica che riservava alla prima l'attività commerciale e artigianale, mentre la seconda sarebbe stata impegnata principalmente nella difesa delle rotte marittime e dell'intero comprensorio, vedi Spatafora 2012a, 259.

[101] Vedi Arena 2015 per Pizzo Cannita; Muratore 2015 per Monte Porcara.

[102] Bechtold 2015b, 17-18.

[103] Per una recentissima discussione dell'occorrenza delle anfore dell'entroterra di Neapolis nella sfera di influenza cartaginese vedi Bechtold 2013a, 83-86.

[104] van Dommelen/Trapichler 2011a con bibliografia precedente.

[105] Questa tecnica di costruzione viene dettagliatamente descritta da Cuomo di Caprio 2007, 167-169.

[106] Da un punto di vista archeometrico il campione di cat. 187 è stato considerato un single, cf. cap. 4.3, fig. 53.

[107] Il campione di cat. 194 rientra nel microfabric archeometrico SAR-MS, tentativamente attribuito ad una produzione di Monte Sirai, cf. cap. 4.2, fig. 46, tab. 7.

[108] Bechtold 2013a, 83-85. A questo panorama va aggiunto ora una Ramon T-1.4.2.2 della prima metà del V sec. a.C. identificata a Monte Porcara e pubblicata in Muratore 2015, 8, 21, tab. 3: M 193/9.

[109] Roppa/van Dommelen 2012, 57-66 con bibliografia precedente. Tuttavia, P. van Dommelen (2006, 12) menziona l'esistenza, per la seconda metà del VI sec. a.C., di "(...) a small number of rural sites that can reliably be interpreted as colonial or, more specifically, Punic establishments." Per la recente segnalazioni di alcuni

[110] materiali databili fra il VII-VI sec. a.C. dal territorio di Neapolis si veda ora anche Pompianu 2013, 205-207.

Per Neapolis cf. Garau 2006, 160, fig. 90,16, 262, ritenuta di produzione locale ed attribuita al tipo tardo-arcaico Ramon T-1.4.2.2 che presenta, tuttavia, notevole somiglianza con il nostro cat. 186. Per un'anfora arcaica fenicia dal territorio vedi Pompianu 2013, 206-207, fig. 4,15, frammento di spalla con anse di anfora plausibilmente attribuita ad una forma arcaica (qui identificata con una Ramon T-1.4.2.1.)

[111] A questo proposito va ricordato che gli unici due campioni di questo gruppo analizzati archeometricamente sono stati attribuiti in un caso (cat. 194, M 179/18) al gruppo SAR-MS / Sardegna sud-occidentale (vedi cap. 4.2), mentre il secondo campione (cat. 187, M 179/21) rappresenta un loner (vedi cap. 4.3).

[112] Ipotesi espressa precedentemente in Bechtold 2013a, 95.

[113] Vedi Roppa/Hayne/Madrigali 2013, 20-21, figg. 4-5, con una dettagliata descrizione tabellare soprattutto dei fabrics B2-B3; precedentemente cf. van Dommelen/Trapichler 2011b, 1 analisi petrografiche e studi al microscopio di materiali ceramici rinvenuti nelle ricognizioni di Riu Mannu e Terralba hanno permesso di identificare i fabrics W-SARD-A-1 a W-SARD-A-5. Ancora più recentemente, lo studio di anfore rinvenute a Cartagine e Pantelleria ha portato alla definizione dei fabrics W-SARD-A-6 e W-SARD-A-7, cf. Schmidt 2013. Per un'ampia discussione dell'occorrenza di questa classe nella sfera di influenza di Cartagine si rimanda a Bechtold 2013a, 86-92.

[114] Cat. 210-211, 232 sono stati attribuiti a W-SARD-A-7, mentre cat. 213, 220, 226 sono stati riferiti a W-SARD-A-6. Cat. 223, invece, attribuito al fabric W-SARD-A-6, risulta un loner da un punto di vista archeometrico, cf. in dettaglio cap. 4.2.

[115] Cf. cap. 4.2, figg. 46-47, tab. 7. Precedentemente vedi le analisi Castellino 2003/4 confluite in Montana et al. 2006, 152.

[116] Cat. 216 non è stata campionata e solo genericamente riferibile alla cerchia delle officine dell'area di Tharros.

[117] In W-SARD-A-2.

[118] In W-SARD-A-6.

[119] Bechtold 2013a, 90.

[120] Di cui tre in W-SARD-A6 e cinque in W-SARD-A-7. I dati imeresi alzano la diffusione di quest'ultimo fabric fuori dall'area di produzione di ca. un secolo, visto che le più antiche attestazioni di W-SARD-A-7 in area cartaginese si inquadrano fra la fine del V e l'inizio del IV sec. a.C.

[121] Cat. 212 è associato ad un corredo databile fra la fine del VI e il primo ventennio del V sec. a.C.

[122] Tenendo conto sia delle datazioni delle anfore che dei corredi documentati.

[123] Va ricordato, a questo proposito, l'identificazione a Solunto di un'anfora del tipo Sol/Pan 4.4 / Ramon T-4.2.2.6 attribuita ad una produzione della Sardegna sud-occidentale (Alaimo/Montana/Iliopoulos 2003, 6, "impasto B"). Da un punto di vista archeometrico, il campione di cat. 223 / M 179/4 rappresenta un single con possibili confronti nell'ambito produttivo di Cagliari-Assemini, cf. cap. 4.3, fig. 53, tab. 10.

[124] M 165/64 (inedito), in fabric W-SARD-A-2 rinvenuto negli scavi a Porta di Valle a Segesta in un deposito archeologico disturbato: SG 93 US 5817-5.

[125] Quartararo 2015a, 6-7, 18, tab. 1: M 187/6.14.

[126] M 185/29 e M 185/31, entrambi studiati nell'ambito

53

del progetto di FACEM, di tipologia non specificata da contesti stratigrafici non ancora datati.

[127] Bechtold 2013a, 99, nota 246 con ulteriore bibliografia.

[128] Vedi precedentemente Bechtold 2013a, 94, tab. 2.

[129] Per l'uso di questo termine vedi da ultimi Bernal et al. 2016, 364-365, fig. 1 con la localizzazione delle cinquanta officine ceramiche più importanti attualmente conosciuta per la regione (VI a.C.-VII d.C.); 372 con una breve sintesi dei gruppi d'impasto attualmente identificati per l'area. Per l'abbreviazione "CdE", impiegata anche nella banca dati di FACEM, per indicare la regione dello "Circuito del Estrecho de Gibraltar", vedi Docter 2007, 646, nota 93.

[130] Gentilissima comunicazione via email (10.9.2014) di J. Ramon Torres (Barcellona) in base alla visione delle microfoto (x8, x16, x25) di sei campioni relativi ai quattro fabrics CdE-A-2 (M 179/88-89), CdE-A-3 (M 179/107-108), CdE-A-4 (M 179/106) e CdE-A-6 (M 179/90). Nell'ambito delle ricerche eseguite per il progetto di FACEM, fra i ventisei campioni imeresi relativi ad anfore dell'area dello Stretto di Gibilterra, si sono individuati i fabrics CdE-A-2 a CdE-A-5 (cf. Bechtold 2015d e cap. 5.7), nonché almeno altri tre fabrics ancora inediti.

[131] Per la più aggiornata sintesi sul tipo vedi Docter 2007, 648-649. Per una recente discussione del possibile contenuto delle Ramon T-10.1.2.1 vedi Bordignon et al. 2005, 213-215: una buona parte di questa classe avrà trasportato prodotti ittici, ma non vanno esclusi altri alimenti come dimostra il rinvenimento di una T-10.1.2.1 con tracce di olio di oliva sulle pareti interne del recipiente.

[132] Va ricordato, a tale proposito, che anche il corredo associato a cat. 246 data nella prima metà del VI sec. a.C.

[133] Docter 2007, 646. Un confronto diretto al microscopio e tramite microfoto è stato effettuato con il campione M 92/7, un frammento di parete rinvenuto a Cartagine, nel sito di Bir Messaouda, in un contesto urbano (BM05/2534) databile al periodo Early Punic (750-530 a.C.); da ultima vedi ora anche Bechtold 2015d, 3, nota 16. I due campioni relativi al fabric CdE-A-3 analizzati archeometricamente (cat. 245, 249) ricadono entrambi nel microfabric GA, attribuito ad una produzione dell'area di Málaga, a piena conferma della nostra attribuzione geografica del fabric CdE-A-3, cf. cap. 4.2, tab. 9, fig. 52.

[134] Botto et al. 2005, 94, 105: confronti possibili con gli insediamenti di Cerro del Villar e di Toscanos.

[135] Toti 2002, 278 tipo 5, attestato con tre frammenti dalla "zona A" e un frammento dalla "zona E". Per un frammento dalla zona D cf. Nigro 2007, 272-273, tav. LXXIX, MD.04.1111/21). Per un esemplare utilizzato come urna cineraria vedi Docter 1997, tab. 20,28.

[136] Molto interessante è, invece, la segnalazione di una probabile anfora spagnola da un sito indigeno del territorio di Caccamo, in Contrada S. Rosalia (Vallone Piscina), cf. Lauro 2009, 113, tav. VIII,48.1.

[137] Vassallo 2005b, 834.

[138] Docter 2007, 618. fig. 335-336: la classe CdE è attestata con il 14,8% (N 231) nello "Zeitabschnitt 1" (760-675 a.C.) e con l'8,9% (N 192) nello "Zeitabschnitt 2" (675-550 a.C.). Per una sintesi sulla presenza di anfore dall'area dello Stretto di Gibilterra a Cartagine vedi Ramon 2006, 201-202.

[139] Bechtold 2013b, 419, tab. 4.

[140] Per il quadro distributivo più completo si veda tuttora Docter 1997, tabb. 20-26. Per la documentazione della classe in Sardegna cf. ora Finocchi 2009, 375.

[141] Docter 2007, 647.

[142] Docter 1997, 131. Per la presenza molto precoce, a partire dalla metà dell'VIII sec. a.C. o poco dopo, di materiali (soprattutto di anfore) cartaginesi in pressoché tutti i livelli archeologici scavati in Occidente vedi ora Ramon 2010, 190. Per la documentazione di materiali tunisini databili fra la seconda metà dell'VIII-VI sec. a.C. nel santuario di Gorham's Cave (Gibraltar) vedi ora Gutiérrez López et al. 2012, 2950-2963. Esemplare a questo proposito è anche la probabile presenza di anfore cartaginesi del tipo Ramon T-2.1.1.2 a bordo del relitto di Bajo de la Campana, cf. Polzer 2014, 235.

[143] Per la più aggiornata sintesi sul tipo cf. Docter 2007, 650.

[144] Per una sintesi di questo fenomeno vedi Ramon 2006, 199, 208. Precedentemente cf. Docter 1997, 132.

[145] Va ricordato, tuttavia, che le esportazioni cartaginesi registrate in Occidente si fermano proprio nel periodo compreso fra il 550/525 e il 425 a.C., cf. Ramon 2010, 193.

[146] In base ad almeno tre corredi associati a anfore del sottogruppo Ramon SG-11.2.1.0 e databili fra la fine del VI e l'inizio del V sec. a.C.: cat. 251, 265-266. In più, il corredo di cat. 264 data al primo quarto del V sec. a.C.

[147] In fabric CdE-A-3.

[148] In fabric CdE-A-2.

[149] In fabric CdE-A-4.

[150] In fabric CdE-A-4.

[151] In fabric CdE-A-2.

[152] In fabric CdE-A-2.

[153] Per gli inizi della lavorazione del pesce salato nella baia di Cádiz al più tardi alla fine del VI sec. a.C. vedi Sáez Romero/Muños Vicente 2016; Sáez Romero 2014, 163-167; precedentemente Sáez Romero 2010, specialmente 897-903 con ampia bibliografia. Più in generale cf. Campanella/Niveau de Villedary y Mariñas 2005, 51-55 con ampia bibliografia.

[154] Per i centri produttivi delle Ramon T-11.2.1.3 attualmente conosciuti, e cioè Cadice, Cerro del Villar e Kuass, vedi Ramon 2004, 97, nota 3 con bibliografia precedente. Per le numerose officine attive in area gaditana cf. in generale Sáez Romero/Montero Fernández/Díaz Rodríguez 2005; per le botteghe di Camposoto (settore III) vedi Bernal et al. 2016, 367-368 con bibliografia precedente, fig. 2 con la raffigurazione dell'impasto a frattura fresca, purtroppo non ben leggibile nella riproduzione elettronica di questo contributo; per le fornaci di San Fernando vedi Bernal et al. 2007, 311, 315, fig. 9,2-3. Per la produzione del gruppo Ramon G-11 a Kuass cf. Kbiri Alaoui/Mlilou 2007, 97. Per la pluralità di impasti identificati fra i materiali studiati nell'ambito del progetto di FACEM, vedi Bechtold 2015d, 3-4.

[155] Vedi infra, cap. 4.2. In base a delle analisi archeometriche precedenti, cat. 245, 249 erano stati attribuiti da S. Castellino (2003/2004) al suo impasto V, attribuito all'area dell'odierna Andalusia (dati confluiti in Montana et al. 2006, 152).

[156] Bechtold 2015d, 3-5.

[157] Cat. 251, 254-255, 257-258, 260, 262, 264, 267, 270, 272. Va sottolineato che cat. 254-255 (M 179/109 e M 179/89) rientrano nel microfabric AFR-CA, cf. cap. 4.2, tab. 8, fig. 49 per il quale viene proposto una provenienza tunisina in base a somiglianze con un fabric archeometrico cartaginese. Secondo J. Ramon, invece, cat. 251,

255 potrebbero forse provenire dall'area di Málaga/Almería (vedi nota 130).

[158] Cinque esemplari spagnoli di età arcaica su ca. 75 anfore sono databili fra la seconda metà del VII e il VI sec. a.C.

[159] Venticinque esemplari spagnoli di V sec. a.C. su ca. 185 anfore sono databili nel V sec. a.C.

[160] Docter/Bechtold 2011, 104 con una discussione dei sei frammenti del tipo Ramon T-11.2.1.3 noti da Cartagine. La scarsa attestazione delle SG-11.2.1.0 a Cartagine potrebbe, tuttavia, riflettere anche una scelta della committenza cartaginese meno interessata al consumo dei prodotti ittici dall'area andalusina, forse perché questo tipo di mercanzia era ben disponibile sul proprio mercato locale/regionale.

[161] Zimmerman Munn 2003, 209-210, nota 140.

[162] Di contro va ricordato, tuttavia, che al momento la documentazione della famiglia anforica SG-11.2.1.0 in Sardegna è molto rara: all'esemplare di una T-11.2.1.3 da *Sulcis* già riportata dal Ramon (1995, 651, fig. 285, carta 116) è possibile ora aggiungere una sola T-11.2.1.4 da *Neapolis* (Garau 2007b, 36-37, fig. 13,4), mentre la classe sembra mancare del tutto a *Tharros*.

[163] Si ricorda in maniera esemplare il rinvenimento di una Ramon T-11.2.1.3 ad Entella, cf. Corretti/Capelli 2003, 305-306, tav. LIX,66, nonché la recentissima identificazione di una Ramon T-11.2.1.3 a Segesta (Quartararo 2015b, 4, tab. 1, M 165/48). Ringrazio inoltre S. Vassallo (aprile 2014) per la segnalazione di una SG-11.2.1.0 rinvenuta nella necropoli di Palermo (Caserma Tuköry, tomba 87); per la bibliografia completa dell'attestazione del tipo in Sicilia vedi Docter/Bechtold 2011, 104.

[164] Mi sembra particolarmente importante ricordare a questo proposito il rinvenimento a Velia di almeno tre frammenti del tipo Ramon T-11.2.1.3, di cui due provengono da contesti stratigrafici della prima metà del V sec. a.C.: Gassner 2003, 131, IIa.245, secondo quarto del V sec. a.C. FACEM – http://facem.at/cde-a-1, FACEM - http://facem.at/cde-a-2. Per la documentazione della classe in area tirrenica vedi precedentemente Ramon 1995, 651, fig. 285.

[165] A questo più antico gruppo va aggiunta indubbiamente anche l'anfora cat. 277 di produzione non identificata, perché non studiata autopticamente.

[166] In base alle analisi archeometriche, G. Montana propone cautamente una possibile provenienza nordafricana, vedi cap. 4.2, microfabric AFR-PC.

[167] Bechtold 2015a, 92-93.

[168] Per la presenza di anfore sarde nell'insediamento di Cartagine durante la seconda metà del VII sec. a.C. cf. Docter 2007, 617, fig. 334, 652-653; per l'ampia attestazione di anfore cartaginesi databili fra la seconda metà del VII e la prima metà del VI sec. a.C. a Nora vedi Finocchi 2009. S. Finocchi identifica i suoi impasti 5-6 con la produzione di Cartagine (pp. 463-464), per la loro documentazione cf. soprattutto i diagrammi delle figg. 8, 10, 13-14, 17, 19, 22, 26, 28, 33, 36, 38, 40-42, 44.

[169] Per il quadro generale rimane ancora valida l'analisi del Ramon (1995, 281-282).

[170] Per la documentazione di alcune anfore di produzione palermitana databili al VI sec. a.C. in questi due siti cf. Muratore 2015, 8-9, 19-20, tab. 1; Arena 2015, 10-11, 16-19, tab. 1.

[171] Per il reimpiego di diverse classi ceramiche nelle deposizioni funerarie vedi Vassallo 2010, 44; Vassallo 2014, 268-269.

[172] Per le modalità di deposizione funeraria all'interno del

vaso cf. Vassallo/Valentino 2012, 54-55; Vassallo 2014, 269.

[173] Vedi precedentemente Vassallo 2014, 266, fig. 5.

[174] Per una sintesi vedi Pfisterer-Haas 1990, 6-10. L'uso del bronzo è particolarmente ben attestato nei restauri della ceramica attica, soprattutto nei vasi potori, mentre il piombo appare riservato, in genere, alla riparazioni di contenitori dalle dimensioni più grandi.

[175] Per la pratica dei fori vedi Pfisterer-Haas 1990, 8, 10.

[176] Per l'utilizzo del trapano in operazioni di restauro da parte dei vasai pugliesi negli anni Sessanta, cf. Hampe/Winter 1965, 60-62, 198.

[177] Vedi Pfisterer-Haas 1990, 8. L'uso dei canali dovrebbe rendere meno visibile e appariscente le grappe di piombo.

[178] Himera V, 156, isolato II, blocco 3, vano 43 da un livello della fase I, qui definita Ramon T-1.3.2.1, tav. LXIX,172.

[179] Allegro 1993, 78-79, n. 98, dal vano 7, con labbro a cordone rilevato e superiormente appiattito "argilla grezza arancione scura in superficie, grigio-nera al nucleo, con numerosissimi granelli bianchi".

[180] Himera V, 55, n. 193 (dal terreno agricolo), blocco 1, edificio Nord, vano 1, datata alla fine del V sec. a.C., tav. XX,193; 96, isolato II, blocco 2, vano 45, 122, n. 1238, tav. LI,1238, da un contesto contenente del materiale dallo strato di distruzione del 409 a.C.

[181] Vassallo 2005a, 130, fig. 242, trovata in un piccolo magazzino di una casa nell'isolato XIII distrutta nel 409 a.C. (quartiere Cancila); precedentemente cf. Vassallo 1999a, 369, 369, 371-372 n. 68 (HA 852).

[182] Vassallo 1999a, 369, 371-372 n. 68 (HA 399); da ultimo Vassallo 2005a, 130, fig. 242 (quartiere Cancila).

[183] Ringrazio S. Vassallo di queste osservazioni basate sulla sua conoscenza personale di diverse tesi di laurea inedite, discusse all'Università di Palermo e focalizzate su materiali provenienti sia dalla città alta che da scavi sporadici nei quartieri della città bassa.

[184] Per il territorio di Himera vedi Vassallo 2005a, 90-93, fig. 157 con la raffigurazione dei siti archeologici dell'entroterra imerese con ulteriore bibliografia alla p. 157; da ultimo vedi anche Vassallo 2010, 42.

[185] Himera III**, 218, fig. 231, 126.7, frammento attribuito al tipo Ramon T-4.2.1.4, datato fra la seconda metà del V e il IV sec. a.C. L'anfora qui in discussione è stata inoltre menzionata in Spanò Giammellaro/Spatafora 2012, 344; Spanò Giammellaro/Spatafora/van Dommelen 2008, 137; Himera III**, 136, fig. 225, 89.7 e confrontabile con il nostro cat. 178.

[186] Himera III**, 326, fig. 239, n. 173.12 (definita come "olla"); 330, fig. 239, n. 176.13 (definita come "olla"), entrambi confrontabili con delle anfore moziesi o anche sarde rinvenute nelle necropoli, vedi cat. 58, cat. 225-226.

[187] Himera III**, 317, fig. 238, 165.3, considerato un frammento di olla, ma verosimilmente attribuibile alla forma Sol/Pan 4.4 / Ramon T-4.2.2.6, vedi Bechtold 2015f, 15-16, fig. 4,1.

[188] Himera III**, 328, fig. 240, 175.5, Sol/Pan 7.1 / Ramon T-7.1.2.1.

[189] Lauro 1997, 355.

[190] Lauro 1997, 353, fig. 7,33.

[191] Rondinella 2012, 62, tav. 5,30 con alef inciso, confrontabile con cat. 178.

[192] Rondinella 2012, 62, tav. 5,31.

[193] Lauro 2009, 181, tav. XXIII,184.4 (qui attribuita alla forma Ramon T-1.3.2.4) e tav. XXIII,148.5.

[194] Lauro 2009, 113, tav. VIII,48.1, da Contrada S. Rosalia (Vallone Piscina), qui attribuita alla forma Ramon

T-10.2.1.1, ma forse piuttosto pertinente al tipo T-10.1.2.1, attestato anche a Himera, cf. supra, cap. 3.3.7.

[195] Lauro 2009, 102, tav. VI,30.2, da Contrada Monaci (Punto di Valletta).

[196] Lauro 2009, 76, tav. VI,30.1, di probabile produzione moziese (p. 196).

[197] Lauro 2009, 76, tav. II,10.3; per il tipo vedi Bechtold 2015f, 10, tab. 1, fig. 5,4-5.

[198] Lauro 2009, 130, nn. 69.12-13, tav. XII.

[199] Polizzi 1999, 228, n. 221, figg. 222-223, qui definita come Ramon T-4.2.1.4.

[200] Vassallo 1999b, 72 dallo strato di distruzione del vano XI di età tardo-arcaica.

[201] De Simone 1999, 285-286.

[202] Vassallo 1999b, 72.

[203] Burgio 2002, 128, 82.8, tav. XII, da Contrada Ciampanella (sito interpretato come santuario), identificata come Ramon T-1.4.5.1, ma probabilmente attribuibile al sottogruppo SG-4.2 del Ramon; 131, 84.7, tav. XII, da Contrada Ciampanella (area di necropoli), del tipo Ramon-Greco T-4.2.2.7.

[204] Burgio 2008, 66, UT 11, n. 8, da Serra del Gallo del tipo Ramon T-7.3.1.1/7.4.3.1; 105, UT 61, n. 1, da Serra di Bruno, del tipo Ramon T-7.4.2.1/7.5.2.1.

[205] Per una carta di distribuzione dei "materiali punici" che non tiene conto, tuttavia, delle poche anfore puniche rinvenute nel territorio imerese menzionate sopra, vedi anche Spanò Giammellaro/Spatafora 2012, 351, fig. 1b. La circolazione delle anfore puniche nel territorio della Sicilia centro-settentrionale, che sulle basi delle pubblicazioni evidenzia una distribuzione relativamente intensa, è oggetto di una ricerca in corso, da parte di chi scrive. Da un'analisi preliminare dei dati sembra, comunque, che il quadro prospettato sia sostanzialmente confermato, anche se un più puntuale e aggiornato studio sugli esemplari ancora inediti, segnalati in lavori molto recenti, potrà contribuire a dettagliare meglio le modalità della circolazione di questi materiali, e, quindi, a formulare più precise ipotesi sulle forme di scambio tra gli emporia costieri e i centri indigeni dell'entroterra.

[206] Emblematico potrebbe essere, tuttavia, il caso del sacello di Colle Madore costruito nel terzo quarto del VI sec. a.C. e distrutto in età tardo-arcaica che ha restituito molte anfore greche in associazione con numerosi vasi di produzione anche imerese, vedi Polizzi 1999.

[207] Vassallo 2010, 46-52.

[208] Spatafora 2010a, 44. Per "(...) il profondo livello di assimilazione della cultura greca in ambito indigeno (...)." cf. anche Vassallo 2010, 49, 52.

[209] Bechtold 2015f, 97-98.

[210] Per il quadro dettagliato della diffusione delle anfore punico-siciliane fra V-III sec. a.C. vedi ora Bechtold 2015f, in particolare 96-101, figg. 33-34.

[211] Vassallo 2009b, 149.

[212] Infatti, il periodo aurea dell'esportazione delle anfore Ramon T-10.1.2.1 prodotte nell'area di Málaga cade proprio nella seconda metà del VII sec. a.C., cf. Ramon 2006, 190.

[213] Docter 2007, 618, fig. 335-336.

[214] In questo senso vedi anche Ramon 2006, 205 "(...) Cartago debió erigirse en garante y promotor directo de un volumen, tal vez importante, de mercancía fenicio-occidental, al asumir su redistribución comercial y, tanto o más, su consumo directo.", 207-208.

[215] Spatafora 2012a, 256 con ulteriore bibliografia per la documentazione di materiale di produzione fenicio-punica a Zankle, Megara Hyblea e Siracusa; per Zankle (pozzo arcaico dell'isolato Z), vedi da ultime Sciortino/Spatafora 2015, 227, fig. 7; per la possibile presenza di Fenici nelle colonie greche cf. anche l'aggiornata discussione in Albanese Procelli 2009, 431-432.

[216] Bondì 2012, 62.

[217] A questo proposito vedi Vassallo 2009b, 156. Più in generale, per i rapporti della Sicilia con il basso Tirreno, vedi Albanese Procelli 2009, 432-434.

[218] Cf. Bechtold/Docter 2010, 94, tab. 3 con bibliografia precedente.

[219] Bechtold 2013a, 92-93.

[220] Bernardini/Spanu/Zucca 2014, 4; precedentemente Del Vais 2010, 35-36 con ampia bibliografia. Al contrario e di molto recente, A. Roppa (2015, 135) propende per una datazione solo fra la fine del VII e l'inizio del VI sec. a.C. per la più antica fase dell'insediamento fenicio di Othoca.

[221] Da ultimo vedi Roppa 2015, 135, 143 con ulteriore bibliografia. In questo senso si veda anche Bartoloni 2005, 945 che propende per una datazione bassa dell'ultimo quarto del VII sec. a.C., anche se "Non è da escludere, vista la struttura tipicamente precoloniale, che l'insediamento abbia una cronologia di fondazione simile a quella degli altri centri fenici che si affacciano sul golfo (...)." Di contro, per un'ipotetica frequentazione fenicia dell'area a partire dalla fine dell'VIII sec. a.C., cf. Stiglitz 2012, 244, 247. Anche per E. Garau (2007a, 32-33; 2006, 302-303) l'inizio delle frequentazioni "organizzate", a partire dalla seconda metà dell'VIII sec. a.C., del golfo di Oristano - a sud dell'area lagunare di Neapolis e a nord delle aree di Tharros e Othoca - sarebbe, grosso modo, contemporaneo.

[222] Per la documentazione, nel sito nuragico S'Urachi, di anfore dei tipi Ramon T-2.1.1.2. e T-1.4.2.1 prodotte nell'area di Tharros cf. Roppa 2015, 136-138, figg. 6-8; per la recentissima identificazione, in base a ricerche archeometriche, di anfore arcaiche rinvenute nella laguna di S. Giusta ed attribuibili alla produzione di Othoca (Ramon T-1.2.1.2 e T-1.4.2.1) vedi Amadori et al. 2016, specialmente tab. 1.

[223] Ricordiamo per Tharros il lavoro di G. Pisanu (1997) che sembra lasciare aperta la possibilità della documentazione di anfore arcaiche di provenienza cartaginese. Per Othoca, invece, le recenti analisi archeometriche di un piccolo campione di anfore arcaiche hanno escluso la presenza di contenitori nordafricani, vedi Amadori et al. 2016.

[224] Per una dettagliata discussione dei materiali ceramici relativi a questa più antica fase di frequentazione vedi Garau 2007a, 17-28. Va sottolineato che per lo studio di questi materiali non sono state effettuate le analisi dei loro impasti ceramici (nota 8), una mancanza che rende impossibile la distinzione fra prodotti regionali e d'importazione extra-regionale; precedentemente cf. Garau 2006, 299-300 con un'ampia discussione delle evidenze per la frequentazione di Neapolis fra l'VIII e la fine del VI sec. a.C. che ricorda la "presenza di elementi fenici in tre differenti settori dell'area lagunare (...) ipotizzandone la pertinenza a un insediamento (...)."; A. Stiglitz (2012, 247) considera Neapolis perfino "(...) un insediamento stabile fenicio a partire dalla seconda metà dell'VIII sec. a.C.".

[225] Garau 2007a, 48-50, fig. 21.

[226] Garau 2007a, 33; Garau 2006, 304.

[227] Garau 2006, 303-309.

[228] Garau 2006, 308-309; per il quadro delle importazioni anforiche di *Neapolis* nel periodo punico che spaziano dalla Spagna, al Nordafrica, alla Magna Grecia e Grecia continentale fino all'area egea, vedi Garau 2007b, 50-52, fig. 22.

[229] Da ultimo Roppa 2014, 273-275; precedentemente Roppa/van Dommelen 2012 con amplia bibliografia.

[230] Roppa/van Dommelen 2012, particolarmente 64 con bibliografia precedente.

[231] Bechtold 2013a, 81-96.

[232] Vedi nota 229. Più in generale cf. anche Bondì 2009, 461.

[233] A questo proposito è interessante segnalare l'ipotetica presenza di una Ramon T-4.2.1.6 di produzione cartaginese a *Tharros* (vedi Secci 2006, 177, fig. 36,23). La stessa forma di accertata provenienza cartaginese è presente anche nelle necropoli di Himera (cat. 25).

[234] In questo senso vedi precedentemente Bechtold 2013a, 94-98, tab. 2.

[235] Bondì 2006, 133.

[236] Bondì 2010, 106 "(...) avec la défaite de l'armée carthaginoise, la période commence de ce qu'on a défini « la léthargie » de Carthage, pendant laquelle la ville nord africaine est totalment absent de l'échiquier sicilien."

[237] Bondì 2009, 458.

[238] A proposito della "(...) possibile responsabilità della Sicilia nella trasmissione di alcuni materiali (...)" cf. anche Albanese Procelli 2009, 432 che segnala, in particolare, una *kylix* tardo-arcaica di tipo Iato K 480 rinvenuta proprio a Tharros.

[239] Docter/Niemeyer 1994, in particolare vedi 114.

[240] Ricordiamo in questo luogo la – seppur ancora sporadica – documentazione a Velia in Lucania di un'anfora sarda del tipo Ramon T-1.4.4.1 da un contesto della prima metà del V sec. a.C. (FACEM - http://facem.at/ ig-pun-a-1 , a nostro avviso da assimilare al fabric W-SARD-A-7, vedi Bechtold 2013a, 89, qui erroneamente indicato con W-SARD-A-5) che in via d'ipotesi potrebbe essere la spia per una rotta commerciale attraverso l'*emporion* di Himera.

[241] Spanò Giammellaro 2002a, 329.

[242] Spatafora 2012a, 258.

[243] Bechtold 2015c, 17.

[344] Bondì 2006, 132. A proposito dello stesso episodio, L. Nigro, invece, parla di un "(...) passaggio definitivo di Mozia nell'orbita di Cartagine (...)", vedi Nigro 2010, 42; per questo argomento da ultimo cf. Nigro 2015, 228-230.

[245] Bondì 2009, 460.

[246] Spatafora 2012a, 259.

[247] Per un'ipotesi sulla sempre crescente importanza anche della funzione commerciale di Palermo dopo la fine del V sec. a.C. vedi Bechtold 2013a, 98-99.

[248] Spatafora 2012a, 259.

[249] Vassallo 2009b, 149.

[250] Vassallo 2009b, 151.

[251] Vassallo 2009b, 151.

[252] Vassallo 2009b, 156; per i collegamenti fra Himera e l'area basso tirrenica vedi ora anche Vassallo 2015, 155-157, 161.

[253] Albanese Procelli 1996, 121; Vassallo 2009b, 156, nota 34; Polzer 2014; per la Sicilia vedi a mo' di esempio il relitto tardo-arcaico di Gela, cf. Fiorentini 1990.

[254] Più in generale, per la funzione della Sicilia occidentale come anello di congiunzione fra Cartagine e la Sardegna, vedi precedentemente Spanò Giammellaro 2002a, 329.

[255] Una dettagliata discussione in Bechtold 2015f, 42-43, 58.

[256] Del Vais/Sanna 2012, 214-219 con bibliografia precedente.

[257] Roppa 2014, 273-274 con bibliografia precedente.

[258] Sáez Romero 2014, 162-163 con ulteriore bibliografia.

[259] Bechtold/Docter 2010, 102, tab. 4.

[260] Bechtold/Docter 2010, 102-103, tab. 4.

3.8. Tabelle di corrispondenza

Tab. 2. Tabella di corrispondenza in ordine del catalogo.

Cat.	Fig.	Tipo	Provenienza	Gruppo archeo- metrico	Tomba	Datazione anfora
1	15,1	Karthago 1 A2/3 / T-2.1.1.2	Cartagine	*Fabric* A	SK296	650-580
2	15,2	Karthago 1 A2/3 / T-2.1.1.2	Cartagine	*Fabric* A	RA165	650-580
3	15,3	Karthago 1 A2/3 / T-2.1.1.2	Cartagine		W9253	650-580
4	15,4	Karthago 1 A2/3 / T-1.3.2.1	Cartagine	*Fabric* A	W9117	650-580
5	15,5	Karthago 1 A2/3 / T-2.1.1.2	Cartagine	*Fabric* A	W8040	650-580
6	15,6	Karthago 1 A4 / Sourisseau 2a	Cartagine		SK260	600-570
7	15,7	Karthago 1 A4 / Sourisseau 2a	Cartagine		RA39	600-570
8	15,8	Karthago 1 A4 / Sourisseau 2b	Cartagine		SK347	570-530
9	15,9	Karthago 1 A4 / Sourisseau 2b evoluto	Cartagine	*Fabric* A	RO2245	540-520
10	15,10	Karthago 1 A4 / Sourisseau 2b evoluto	Cartagine	*Fabric* A	W7215	540-520
11	15,11	Karthago 1 A4 / T-1.4.2.1 / Sourisseau 3	Cartagine	*Fabric* A	W4476	510-480
12	15,12	Karthago 1 A4 / T-1.4.2.1 / Sourisseau 3	Cartagine		RO1775	510-480
13	15,13	Karthago 1 A4 / T-1.4.2.1	Cartagine	*Fabric* A	RO2125	550-500
14	15,14	Karthago 1 A4 / T-1.4.2.1	Cartagine		RO1507	550-480
15	15,15	Karthago 1 A4 / T-1.4.3.1	Cartagine		RO1517	530-470
16	16,16	Karthago 1 A4 / T-1.4.3.1	Cartagine		W7051	530-470
17	16,17	T-1.4.2.2	Cartagine		W5107	500-450
18	16,18	Karthago 1 A4 / T-1.4.2.2	Cartagine	*Fabric* B	W5855	480-450
19	16,19	Karthago 1 A4 / T-1.4.2.2	Cartagine	*Fabric* B	RO1365	500-480
20	16,20	Karthago 1 A4 / T-1.4.2.2	Cartagine	*Fabric* B	W412	500-450
21		SG-1.4.2.0?	Cartagine		W7368	Indatabile
22		SG-1.4.2.0?	Cartagine		W1478	Indatabile
23	16,23	T-4.1.1.2	Cartagine	*Fabric* B	W8457	450-409
24	16,24	T-2.2.1.2	Cartagine	*Fabric* A	W4769	430-409
25	16,25	T-4.2.1.6/7	Cartagine		B	420-409
26	16,26	T-4.2.1.2	Cartagine		W525	ca. 409
27	16,27	T-4.2.1.2	Cartagine	*Fabric* A	RO1239	ca. 409
28	16,28	Tipo non identificato	Cartagine		RO2207	540-500
29	16,29	Tipo non identificato	Cartagine		RO1204	Indatabile
30	16,30	Tipo non identificato	Cartagine		W9515	Indatabile
31	16,31	Tipo non identificato	Cartagine	*Fabric* A	W8317	Posteriore al VI a.C.
32		Tipo non identificato	Cartagine		W165	Posteriore al VI a.C.
33		Tipo non identificato	Cartagine		SK172	Indatabile
34		G-4.2.0.0?	Cartagine		RO1581	ca. 409
35		Tipo non identificato	Cartagine		L106	V a.C.
36		Tipo non identificato	Cartagine		W444	V a.C.
37		Tipo non identificato	Cartagine		W3643	Indatabile

38		Tipo non identificato	Cartagine		W4747	V a.C.
39		Tipo non identificato	Cartagine		W6233	Indatabile
40		Tipo non identificato	Cartagine		W7229	Indatabile
41		Tipo non identificato	Cartagine		W8378	Indatabile
42	18,42	Toti 3 / T-2.1.1.2	Mozia		RA131	620-580
43	18,43	Toti 3 / T-2.1.1.2	Mozia		RA128	600-570
44	18,44	Toti 3 / T-2.1.1.2	Mozia	ML-I	RO315	620-580
45	18,45	T-13.2.2.1 (ambito)	Mozia	ML-I	W955	620-580
46	18,46	T-1.1.2.1/13.2.1.2	Mozia?		RA35	610-570
47	18,47	T-1.3.2.1	Mozia		RO1180	550-520
48	18,48	Toti 7 / T-1.4.2.1	Mozia		RO592	550-520
49		G-1.4.0.0	Mozia		W249	580-480
50	18,50	T-1.4.2.2 (ambito)	Mozia	SAR-MS	W6515	510-470
51	18,51	Toti 10 / T-1.4.2.2	Mozia	ML-I	W7116	500-450
52	18,52	Toti 10 / T-1.4.2.2	Mozia		W9421	500-450
53	18,53	Toti 9 / T-1.4.4.1 /	Mozia		W4975	480-409
54	19,54	T-1.4.4.1 (ambito)	Mozia		W7409	480-409
55	19,55	T-1.4.4.1 (ambito)	Mozia		W7864	480-409
56		Toti 13 / Sol/Pan 4.1-3	Mozia?		L209	430-409
57	19,57	Toti 13 / Sol/Pan 4.1-3	Mozia	ML-I	W8434	430-409
58	19,58	T-4.1.1.4	Mozia?	AFR-CA	W8790	ca. 409
59	19,59	Toti 19 / T-4.2.1.2	Mozia	ML-I	RO1094	ca. 409
60	19,60	Toti 19 / T-4.2.1.2	Mozia		W383	ca. 409
61	19,61	Tipo non identificato	Mozia		W5773	500-480
62	19,62	Tipo non identificato	Mozia	single	W7378	Indatabile
63	19,63	Tipo non identificato	Mozia		W5297	500-409
64		Tipo non identificato	Mozia		L180	600-480
65		Tipo non identificato	Mozia		RO1139	600-480
66		Tipo non identificato	Mozia		W1944	600-480
67		Tipo non identificato	Mozia		W196	500-409
68		Tipo non identificato	Mozia		W1290	500-409
69		Tipo non identificato	Mozia		W2849	500-409
70		Tipo non identificato	Mozia		W4391	500-409
71		Tipo non identificato	Mozia		W5496	500-409
72		Tipo non identificato	Mozia		W7412	500-409
73		Tipo non identificato	Mozia		W8863	500-409
74	21,74	Sol/Pan 1 / T-2.1.1.2	Solunto		RA124	630-580
75	21,75	Sol/Pan 1 / T-2.1.1.2	Solunto		RO1282	630-580
76	21,76	Sol/Pan 1 / T-2.1.1.2	Solunto		W7725	630-580
77	21,77	Sol/Pan 2.2 / T-1.1.2.1	Solunto		W6984	600-550
78	21,78	Sol/Pan 2.2 / T-1.1.2.1	Solunto		SG70	600-550
79	21,79	Sol/Pan 3.1 / T-1.3.2.1	Solunto	SP-I	W6904	600-550
80	21,80	Sol/Pan 3.1 / T-1.3.2.1	Solunto		SK247	600-550
81	21,81	Sol/Pan 2.1 / T-13.2.2.1	Solunto		W5980	600-550
82	21,82	Sol/Pan 3.2 / T-1.4.1.1/2.1	Solunto	SP-I	RO428	510-470
83		Sol/Pan 3.2 / SG-1.4.2.0?	Solunto		W2174	530-500
84	21,84	Sol/Pan 3.2-3 / T-1.4.2.1/2	Solunto	SP-I	RO1493	540-500

85	22,85	Sol/Pan 3.2 / T-1.4.2.1	Solunto	SP-II	W9514	530-500
86	22,86	Sol/Pan 3.2 / T-1.4.2.1	Solunto		W1403	540-500
87	22,87	Sol/Pan 3.3 / T-1.4.2.2	Solunto	SP-I	W5608	530-500
88	22,88	Sol/Pan 3.2 / T-1.4.2.1/2	Solunto		W7630	520-480
89	22,89	Sol/Pan 3.3 / T-1.4.2.2	Solunto		W2687	520-480
90	22,90	Sol/Pan 3.4 / T-1.4.3.1	Solunto		W1678	510-470
91	22,91	Sol/Pan 3.4 / T-1.4.2.1/2	Solunto	SP-II	W36	520-480
92	22,92	Sol/Pan 3.4 / T-1.4.2.1/2	Solunto		W6462	520-480
93	22,93	Sol/Pan 3.3 / T-1.4.2.2	Solunto		RO1399	500-470
94		SG-1.4.2.0	Solunto		W1460	530-480
95	22,95	Sol/Pan 4.1 / T-1.4.5.1	Solunto		W1352	500-475
96	22,96	Sol/Pan 4.2 / T-1.4.5.1	Solunto	SP-II	W7344	500-450
97	22,97	Sol/Pan 4.1-2 / T-1.4.5.1	Solunto		W9045	500-450
98	22,98	Sol/Pan 4.1-2 / T-1.4.51	Solunto		W6588	500-450
99	23,99	Sol/Pan 4.1-2 / T-1.4.5.1	Solunto		W5288	500-450
100	23,100	Sol/Pan 4.1-2 / T-1.4.5.1	Solunto		W164	500-450
101	23,101	Sol/Pan 4.1-2 / T-1.4.5.1	Solunto		W5326	500-450
102	23,102	Sol/Pan 4.1-2 / T-1.4.5.1	Solunto	SP-II	W2900	500-450
103	23,103	Sol/Pan 4.1-2 / T-1.4.5.1	Solunto		W1504	500-450
104	23,104	Sol/Pan 4.1-2 / T-1.4.5.1	Solunto		W7438	500-450
105	23,105	Sol/Pan 4.2 / T-1.4.5.1	Solunto	SP-II	RO851	475-450
106	23,106	Sol/Pan 4.1-2 / T-1.4.5.1	Solunto		W4866	500-450
107	23,107	Sol/Pan 4.1-2 / T-1.4.51	Solunto		W636	500-450
108	23,108	Sol/Pan 4.1-2 / T-1.4.5.1	Solunto		W1419	500-450
109	23,109	Sol/Pan 4.1-2 / T-1.4.5.1	Solunto		W1279	500-450
110	23,110	Sol/Pan 4.1-2 / T-1.4.5.1	Solunto	SP-II	RO898	500-450
111	23,111	Sol/Pan 4.1-2 / T-1.4.5.1	Solunto		W5964	500-450
112	23,112	Sol/Pan 4.1-2 / T-1.4.5.1	Solunto		W 333	470-430
113	23,113	Sol/Pan 4.1-2 / T-1.4.5.1	Solunto		W 8344	470-430
114	23,114	Sol/Pan 4.1-2 / T-1.4.5.1	Solunto		W 8543	470-430
115	23,115	Sol/Pan 4.3 / T-1.4.5.1	Solunto		W323	430-409
116	23,116	Sol/Pan 4.1-3 / T-1.4.51	Solunto		W8885	500-409
117	24,117	Sol/Pan 4.2-3 / T-1.4.5.1	Solunto		W2676	470-409
118	24,118	Sol/Pan 4.1-3 / T-1.4.5.1	Solunto		W3440	500-450?
119	24,119	Sol/Pan 4.1-3 / T-1.4.5.1	Solunto		W8361	500-409?
120	24,120	Sol/Pan 4.1-3 / T-1.4.5.1	Solunto		W1455	500-450?
121	24,121	Sol/Pan 4.1-3 / T-1.4.5.1	Solunto		W7071	500-450
122	24,122	Sol/Pan 4.1-3 / T-1.4.5.1	Solunto		W5152	475-450
123	24,123	Sol/Pan 4.1-3 / T-1.4.5.1	Solunto		W4746	500-450?
124	24,124	Sol/Pan 4.1-3 / T-1.4.5.1	Solunto		W8159	500-409
125		Sol/Pan 4.1-3 / T-1.4.5.1	Solunto		W8754	500-409
126		Sol/Pan 4.1-3 / T-1.4.5.1	Solunto		W65	500-409
127		Sol/Pan 4.1-3 / T-1.4.5.1	Solunto		W2023	450-409
128		Sol/Pan 4.1-3/T-1.4.5.1	Solunto		W5085	500-409
129		Sol/Pan 4.1-3 / T-1.4.5.1	Solunto		W5533	500-409
130		Sol/Pan 4.1-3 / T-1.4.51	Solunto		W7962	500-409
131		Sol/Pan 4.1-3 / T-1.4.5.1	Solunto		W8853	450-409

132		Sol/Pan 4.1-3 / T-1.4.5.1?	Solunto		W9310	500-409
133	24,133	Sol/Pan 3.6 / Toti 18	Solunto		W1180	430-409
134	24,134	Sol/Pan 3.5 / T-1.4.4.1	Solunto	SP-II	L307	420-409
135	24,135	Sol/Pan 3.5 / T-1.4.4.1	Solunto		W1513	420-409
136	24,136	Sol/Pan 3.5 / T-1.4.4.1	Solunto		W5259	420-409
137	24,137	Sol/Pan 6.2 / T-2.2.1.2	Solunto	SP-I	W296	430-409
138	24,138	Sol/Pan 6.2 / T-2.2.1.2	Solunto	SP-I	W3005	430-409
139		G-1.4.0.0	Solunto		W7426	600-409
140		G-1.4.0.0	Solunto		W8968	500-470
141		G-1.4.0.0	Solunto		W5703	500-409
142		G-1.4.0.0	Solunto		W182	500-409
143		G-1.4.0.0	Solunto		W1122	500-409
144	24,144	G-1.4.0.0	Solunto		W1275	500-409
145		G-1.4.0.0	Solunto		W4019	500-409
146	24,146	G-1.4.0.0	Solunto		W7945	500-409
147		Tipo non identificato	Solunto		RO1643	600-480
148		Tipo non identificato	Solunto		RO162	600-480
149		Tipo non identificato	Solunto		W4480	600-480
150		Tipo non identificato	Solunto		W3010	600-480
151		Tipo non identificato	Solunto		W4507	600-480
152		Tipo non identificato	Solunto		W5070	600-480
153		Tipo non identificato	Solunto		W5813	600-480
154		Tipo non identificato	Solunto		W7041	480-450
155		Tipo non identificato	Solunto		W8061	600-480
156		Tipo non identificato	Solunto		W8563	530-480
157		Tipo non identificato	Solunto		W9345	600-480
158		Tipo non identificato	Solunto		W5610	500-409
159		Tipo non identificato	Solunto		W339	500-409
160		Tipo non identificato	Solunto		W6530	500-409
161		Tipo non identificato	Solunto		W6515A	500-409
162		Tipo non identificato	Solunto		W5549	500-409
163		Tipo non identificato	Solunto		W8846	500-409
164		Tipo non identificato	Solunto		W776	500-409
165		Tipo non identificato	Solunto		W1343	500-409
166		Tipo non identificato	Solunto		W1390	500-409
167		Tipo non identificato	Solunto		W2007	500-409
168		Tipo non identificato	Solunto		W2256	500-409
169		Tipo non identificato	Solunto		W4404	500-409
170		Tipo non identificato	Solunto		W8373	500-409
171	26,171	Sol/Pan 3.2 / T-1.4.2.1	Palermo		W8123	500-480
172	26,172	Sol/Pan 4.1 / T-1.4.5.1	Palermo	SP-II	W5526	500-475
173	26,173	Sol/Pan 4.3 / T-1.4.5.1	Palermo	SP-II	L164	430-409
174	26,174	Sol/Pan 4.3 / T-1.4.5.1	Palermo	SP-II	L253	430-409
175		Sol/Pan 4.3 / T-1.4.5.1	Palermo		L261	500-409
176	26,176	Sol/Pan 4.3 / T-1.4.5.1	Palermo		W8091	450-409
177	26,177	Sol/Pan 5 / T-4.2.1.2	Palermo?		W280	450-409
178	26,178	Sol/Pan 3.7 / T-1.3.2.3	Palermo	SP-II	W5725	430-409

179		Tipo non identificato	Palermo		W2542	indatabile
180	27,180	Sol/Pan 4.1 / T-1.4.5.1	Solunto/Palermo		W7437	500-475
181	27,181	Sol/Pan 4.1 / T-1.4.5.1	Solunto/Palermo		RO602	500-475
182	27,182	Sol/Pan 4.2 / T-1.4.5.1	Solunto/Palermo		W982	475-450
183	27,183	Sol/Pan 4.2 / T-1.4.5.1	Solunto/Palermo		W486	475-450
184	27,184	Sol/Pan 4.2 / T-1.4.5.1	Solunto/Palermo		W5505	500-475
185	27,185	Sol/Pan 6.2 / T-2.2.1.2	Solunto/Palermo		W405	430-409
186	29,186	T-1.2.1.1 (ambito)	Entroterra di *Neapolis*		L64	600-550
187	29,187	T-1.3.2.1	Entroterra di *Neapolis*	single	RO419	560-530
188	29,188	T-1.4.2.2	Entroterra di *Neapolis*		W2260	530-450
189	29,189	T-1.4.4.1	Entroterra di *Neapolis*		W681	500-450
190	29,190	T-1.4.4.1	Entroterra di *Neapolis*		W681A	500-450
191	29,191	T-1.4.4.1	Entroterra di *Neapolis*		W4538	500-450
192	29,192	G-1.4.0.0?	Entroterra di *Neapolis*		W381	480-420
193		G-1.4.0.0	Entroterra di *Neapolis*		W2175	Indatabile
194	29,194	T-4.2.1.3/4 (ambito)	Entroterra di *Neapolis*	SAR-MS	L65	ca. 409
195		Tipo non identificato	Entroterra di *Neapolis*		SK226	Indatabile
196		Tipo non identificato	Entroterra di *Neapolis*		RO1042	Indatabile
197		Tipo non identificato	Entroterra di *Neapolis*		W21	Indatabile
198		Tipo non identificato	Entroterra di *Neapolis*		W285	Posteriore al VI a.C.
199		Tipo non identificato	Entroterra di *Neapolis*		W307	Indatabile
200		Tipo non identificato	Entroterra di *Neapolis*		W1517	Indatabile
201		Tipo non identificato	Entroterra di *Neapolis*		W3183	Indatabile
202		Tipo non identificato	Entroterra di *Neapolis*		W4288	Indatabile
203		Tipo non identificato	Entroterra di *Neapolis*		W4529	Posteriore al VI a.C.
204		Tipo non identificato	Entroterra di *Neapolis*		W7230	Posteriore al VI a.C.
205		Tipo non identificato	Entroterra di *Neapolis*		W8382	V a.C.
206	31,206	T-1.4.2.1	Area di *Tharros*		W617	600-570
207	31,207	T-1.3.2.1	Area di *Tharros*		W827	600-550
208	31,208	T-1.4.2.1/2	Area di *Tharros*		W4458	530-480
209	31,209	T-1.4.2.2	Area di *Tharros*		W8107	530-480
210	31,210	T-1.4.2.2	Area di *Tharros*	SAR-TH	L29	530-480
211	31,211	T-1.4.2.2 (ambito)	Area di *Tharros*	SAR-TH	L68	500-450
212	31,212	T-1.4.2.2	Area di *Tharros*		W1797	500-450
213	31,213	T-1.4.2.2	Area di *Tharros*	SAR-TH	W7372	500-450
214	31,214	T-1.4.2.2	Area di *Tharros*		W8618	500-450
215	31,215	T-1.3.2.5 (ambito)	Area di *Tharros*		W1100	500-430
216	31,216	T-1.4.4.1	Sardegna occidentale?		W1652	500-450
217	31,217	T-1.4.4.1	Area di *Tharros*		L211	450-409
218	32,218	T-1.4.4.1	Area di *Tharros*		W8289	450-409
219	32,219	T-1.4.4.1	Area di *Tharros*		W9073	450-409
220	32,220	T-4.1.1.3	Area di *Tharros*	SAR-TH	RO1035	430-409
221	32,221	T-4.1.1.3	Area di *Tharros*		W2727	430-409
222	32,222	T-4.1.1.3	Area di *Tharros*		W1461	430-409
223	32,223	T-1.4.5.1 (imitazione)	Area di *Tharros*	single	L310	430-409

224	32,224	T-1.4.5.1 (imitazione)	Area di *Tharros*		W8967	430-409
225	32,225	T-4.1.1.4	Area di *Tharros*		W9488	ca. 409
226	32,226	T-4.1.1.4	Area di *Tharros*	SAR-TH	L18	ca. 409
227	32,227	G-4.1.0.0	Area di *Tharros*		W7421	450-409
228	32,228	G-4.1.0.0	Area di *Tharros*		W7470	500-409
229	32,229	G-4.1.0.0	Area di *Tharros*		W8063	450-409
230	32,230	G-4.1.0.0	Area di *Tharros*		W8117	550-450
231	32,231	G-4.1.0.0	Area di *Tharros*		W9441	450-409
232		Tipo non identificato	Area di *Tharros*	SAR-TH	L69	Indatabile
233		Tipo non identificato	Area di *Tharros*		L126	Indatabile
234		Tipo non identificato	Area di *Tharros*		W18	Indatabile
235		Tipo non identificato	Area di *Tharros*		W1535	Indatabile
236		Tipo non identificato	Area di *Tharros*		W1841	Indatabile
237		Tipo non identificato	Area di *Tharros*		W2861	Indatabile
238		Tipo non identificato	Area di *Tharros*		W3761	Indatabile
239		Tipo non identificato	Area di *Tharros*		W4595	Indatabile
240		Tipo non identificato	Area di *Tharros*		W5049	Posteriore al VI a.C.
241		Tipo non identificato	Area di *Tharros*		W5697	V a.C.
242		Tipo non identificato	Area di *Tharros*		W8937	V a.C.
243		Tipo non identificato	Area di *Tharros*		W9220	500-450
244	34,244	T-10.1.2.1 / CdE 1B	Area Stretto di Gibilterra		RO778	650-550
245	34,245	T-10.1.2.1 avanzato? / CdE 1B	Area Stretto di Gibilterra (Málaga?)	GA	RO329	600-550
246		T-10.1.2.1 avanzato?	Area Stretto di Gibilterra (Málaga?)		W7487	600-550
247	34,247	T-10.2.2.1	Area Stretto di Gibilterra		W3336	550-500
248	34,248	T-10.2.2.1 avanzata	Area Stretto di Gibilterra		W854	520-500
249	35,249	T-11.2.1.3	Area Stretto di Gibilterra (Málaga?)	GA	L283	500-409
250	35,250	T-11.2.1.3	Stretto di Gibilterra (Málaga?)		W3736	500-409
251	35,251	T-11.2.1.3	Area Stretto di Gibilterra		W6366	500-409
252	35,252	T-11.2.1.3	Area Stretto di Gibilterra		W7214	500-409
253	35,253	T-11.2.1.3	Area Stretto di Gibilterra		W7245	500-409
254		SG-11.2.1.4?	Area Stretto di Gibilterra	AFR-CA	L216	430-409
255		SG-11.2.1.0	Area Stretto di Gibilterra	AFR-CA	L302	500-409
256		SG-11.2.1.0	Area Stretto di Gibilterra		W133	500-409
257		SG-11.2.1.0	Area Stretto di Gibilterra		W185	500-409
258		SG-11.2.1.0	Area Stretto di Gibilterra		W278	500-409
259	35,259	SG-11.2.1.0	Area Stretto di Gibilterra		W1107	430-409
260		SG-11.2.1.0	Area Stretto di Gibilterra		W1663	500-409
261	35,261	SG-11.2.1.0	Area Stretto di Gibilterra		W2765	500-409
262		SG-11.2.1.0	Area Stretto di Gibilterra		W5302	500-409
263		SG-11.2.1.0	Area Stretto di Gibilterra (Málaga?)		W5418	500-409
264	35,264	SG-11.2.1.0	Area Stretto di Gibilterra		W6447	500-409
265		SG-11.2.1.0	Area Stretto di Gibilterra (Málaga?)		W6469	500-450
266		SG-11.2.1.0	Area Stretto di Gibilterra		W7793	500-409
267		SG-11.2.1.0	Area Stretto di Gibilterra		W8343	500-409
268		SG-11.2.1.0	Area Stretto di Gibilterra		W7050	500-409
269		G-10.1/11.1.0.0	Area Stretto di Gibilterra (Málaga?)		W4420A	Indatabile

270		Tipo non identificato	Area Stretto di Gibilterra		W5152A	Indatabile
271		SG-11.2.1.0	Area Stretto di Gibilterra		W5309	500-409
272		Tipo non identificato	Area Stretto di Gibilterra		W9441A	
273		Tipo non identificato	Produzione non identificata		W8870	500-409
274	36,274	T-2.1.1.2 (ambito)	Produzione non identificata	AFR-PC	SK89	630-580
275	36,275	T-2.1.1.2	Produzione non identificata	AFR-PC	SK132	630-580
276	36,276	T-1.4.2.1	Produzione non identificata	SAR-MS	W8662	550-500
277	Tav. 12,2	T-1.3.2.1 / Sourisseau 2a	Produzione non identificata		SK107	600-570

Tab. 3. Tabella di corrispondenza per tipi morfologici.

Tipo	Altezza totale (cm)	Cat.	Fig.	Tomba	Provenienza	Datazione anfora
T-10.1.2.1 / CdE 1B	68,4	244	34	RO778	Area Stretto di Gibilterra	650-550
T-10.1.2.1 avanzato? / CdE 1B		245	34	RO329	Area Stretto di Gibilterra (Málaga?)	600-550
T-10.1.2.1 avanzato?		246		W7487	Area Stretto di Gibilterra (Málaga?)	600-550
T-2.1.1.2 / Karthago 1 A2/3		1	15	SK296	Cartagine	650-580
T-2.1.1.2 / Karthago 1 A2/3		2	15	RA165	Cartagine	650-580
T-2.1.1.2 / Karthago 1 A2/3		3	15	W9253	Cartagine	650-580
T-2.1.1.2 / Karthago 1 A2/3		4	15	W9117	Cartagine	650-580
T-2.1.1.2 / Karthago 1 A2/3		5	15	W8040	Cartagine	650-580
T-2.1.1.2 / Toti 3	62,2	42	18	RA131	Mozia	620-580
T-2.1.1.2 / Toti 3	68 ca.	43	18	RA128	Mozia	600-570
T-2.1.1.2 / Toti 3		44	18	RO315	Mozia	620-580
T-2.1.1.2 / Sol/Pan 1	66 ca.	74	21	RA124	Solunto	630-580
T-2.1.1.2 / Sol/Pan 1		75	21	RO1282	Solunto	630-580
T-2.1.1.2 / Sol/Pan 1		76	21	W7725	Solunto	630-550
T-2.1.1.2 (ambito)		274	36	SK89	Produzione non identificata	630-580
T-2.1.1.2		275	36	SK132	Produzione non identificata	630-580
Sourisseau 2a / Karthago 1 A4	70,5	6	15	SK260	Cartagine	610-570
Sourisseau 2a / Karthago 1 A4	72,2	7	15	RA39	Cartagine?	600-570
Sourisseau 2a / T-1.3.2.1	70-75 ca.	277		SK107	Produzione non identificata	600-570
T-13.2.2.1	49	45	18	W955	Mozia	620-580
T-13.2.2.1 / Sol/Pan 2.1		81	21	W5980	Solunto	600-550
T-1.1.2.1 / 13.2.1.2	63	46	18	RA35	Mozia	610-570
T-1.4.2.1	63,5	206	31	W617	Area di *Tharros*	600-570
T-1.4.2.1	85 ca.	276	36	W8662	Produzione non identificata	550-500
T-1.1.2.1 / Sol/Pan 2.2		77	21	W6984	Solunto	600-550
T-1.1.2.1 / Sol/Pan 2.2		78	21	SG70	Solunto	600-550
T-1.2.1.1		186	29	L64	Entroterra *Neapolis*	600-550
T-1.3.2.1		207	31	W827	Area di *Tharros*	600-550
T-1.3.2.1 / Sol/Pan 3.1		79	21	W6904	Solunto	600-550
T-1.3.2.1 / Sol/Pan 3.1		80	21	SK247	Solunto	600-550
T-1.3.2.1	78-79	187	29	RO419	Entroterra *Neapolis*	560-530
T-1.3.2.1	79	47	18	RO1180	Mozia	550-520
T-10.2.2.1 (ambito)	76,4	247	34	W3336	Stretto di Gibilterra	550-500
T-10.2.2.1 avanzata	90,5	248	34	W854	Area Stretto di Gibilterra	520-500
Sourisseau 2b / Karthago 1 A4	78 ca.	8	15	SK347	Cartagine	570-530
Sourisseau 2b evoluto / Karthago 1 A4	81	9	15	RO2245	Cartagine	540-520
Sourisseau 2b evoluto / Karthago 1 A4	82,5	10	15	W7215	Cartagine	540-520
T-1.4.2.1 / Toti 7	78	48	18	RO592	Mozia	550-520
T-1.4.2.1 / Karthago 1 A4		13	15	RO1225	Cartagine	550-500
T-1.4.2.1 / Karthago 1 A4		14	15	RO1507	Cartagine	550-480
T-1.4.2.1 / Karthago 1 A4 / Sourisseau 3	89 ca.	11	15	W4476	Cartagine	510-480
T-1.4.2.1 / Karthago 1 A4 / Sourisseau 3	91	12	15	RO1775	Cartagine	510-480

T-1.4.3.1 / Karthago 1 A4		15	15	RO1517	Cartagine	530-470
T-1.4.3.1 / Karthago 1 A4		16	16	W7051	Cartagine	530-470
T-1.4.1.1/2.1 / Sol/Pan 3.2	95 ca.	82	21	RO428	Solunto	510-470
T-1.4.2.1/2 / Sol/Pan 3.2-3	79 ca.	84	21	RO1493	Solunto	540-500
T-1.4.2.1 / Sol/Pan 3.2	80-85 ca.	85	22	W9514	Solunto	530-500
T-1.4.2.1 / Sol/Pan 3.2	82,2	86	22	W1403	Solunto	540-500
T-1.4.2.2 / Sol/Pan 3.3		87	22	W5608	Solunto	530-500
T-1.4.2.1/2 / Sol/Pan 3.2		88	22	W7630	Solunto	520-480
T-1.4.2.2 / Sol/Pan 3.3		89	22	W2687	Solunto	520-480
T-1.4.2.1/2 / Sol/Pan 3.4		91	22	W36	Solunto	520-480
T-1.4.2.1/2 / Sol/Pan 3.4		92	22	W6462	Solunto	520-480
T-1.4.3.1 / Sol/Pan 3.4		90	22	W1678	Solunto	510-470
T-1.4.2.1 / Sol/Pan 3.2	96 ca.	171	26	W8123	Palermo	500-480
T-1.4.2.2		188	29	W2260	Entroterra *Neapolis*	530-450
T-1.4.2.1/2		208	31	W4458	Area di *Tharros*	530-480
T-1.4.2.2		209	31	W8107	Area di *Tharros*	530-480
T-1.4.2.2		210	31	L29	Area di *Tharros*	530-480
T-1.4.2.2		211	31	L68	Area di *Tharros*	500-450
T-1.4.2.2		212	31	W1797	Area di *Tharros*	500-450
T-1.4.2.2	85-90 ca.	213	31	W7372	Area di *Tharros*	500-450
T-1.4.2.2	85 ca.	214	31	W8618	Area di *Tharros*	500-450
T-1.4.2.2	96,5	17	16	W5107	Cartagine	500-450
T-1.4.2.2 / Karthago 1 A4	97 ca.	18	16	W5855	Cartagine	480-450
T-1.4.2.2 / Karthago 1 A4	87 ca.	19	16	RO1365	Cartagine	500-480
T-1.4.2.2 / Karthago 1 A4		20	16	W412	Cartagine	500-450
T-1.4.2.2 (ambito)		50	18	W6515	Mozia	510-470
T-1.4.2.2 / Toti 10	90 ca.	51	18	W7116	Mozia	500-450
T-1.4.2.2 / Toti 10	95 ca.	52	18	W9421	Mozia	500-450
T-1.4.2.2 / Sol/Pan 3.3	78 ca.	93	22	RO1399	Solunto	500-470
T-1.3.2.5 imitazione	67,4	215	31	W1100	Area di *Tharros*	500-430
T-1.4.4.1 / Toti 9		53	18	W4975	Mozia	480-409
T-1.4.4.1 (ambito)		54	19	W7409	Mozia	480-409
T-1.4.4.1	90 ca.	55	19	W7864	Mozia	480-409
T-1.4.4.1		189	29	W681	Entroterra *Neapolis*	500-450
T-1.4.4.1		190	29	W681A	Entroterra *Neapolis*	500-450
T-1.4.4.1		191	29	W4538	Entroterra *Neapolis*	500-450
T-1.4.4.1	89,4	216	31	W1652	Area di *Tharros*?	500-450
T-1.4.4.1		217	31	L211	Area di *Tharros*	450-409
T-1.4.4.1	105-110 ca.	218	32	W8289	Area di *Tharros*	450-409
T-1.4.4.1		219	32	W9073	Area di *Tharros*	450-409
T-11.2.1.3		249	35	L283	Area Stretto di Gibilterra (Málaga?)	500-409
T-11.2.1.3		250	35	W3736	Area Stretto di Gibilterra (Málaga?)	500-409
T-11.2.1.3		251	35	W6366	Area Stretto di Gibilterra	500-409
T-11.2.1.3		252	35	W7214	Area Stretto di Gibilterra	500-409
T-11.2.1.3		253	35	W7245	Area Stretto di Gibilterra	500-409
T-1.4.5.1 / Sol/Pan 4.1	57-58 ca.	95	22	W1352	Solunto	500-475

T-1.4.5.1 / Sol/Pan 4.2		96	22	W7344	Solunto	500-450
T-1.4.5.1 / Sol/Pan 4.1-2		97	22	W9045	Solunto	500-450
T-1.4.5.1 / Sol/Pan 4.1-2		98	22	W6588	Solunto	500-450
T-1.4.5.1 / Sol/Pan 4.1-2		99	23	W5288	Solunto	500-450
T-1.4.5.1 / Sol/Pan 4.1-2	73	100	23	W164	Solunto?	500-450
T-1.4.5.1 / Sol/Pan 4.1-2		101	23	W5326	Solunto	500-450
T-1.4.5.1 / Sol/Pan 4.1-2		102	23	W2900	Solunto	500-450
T-1.4.5.1 / Sol/Pan 4.1-2		103	23	W1504	Solunto	500-450
T-1.4.5.1 / Sol/Pan 4.1-2	70 ca.	104	23	W7438	Solunto	500-450
T-1.4.5.1 / Sol/Pan 4.2	60,9	105	23	RO851	Solunto	475-450
T-1.4.5.1 / Sol/Pan 4.1-2		106	23	W4866	Solunto	500-450
T-1.4.5.1 / Sol/Pan 4.1-2		107	23	W636	Solunto	500-450
T-1.4.5.1 / Sol/Pan 4.1-2		108	23	W1419	Solunto	500-450
T-1.4.5.1 / Sol/Pan 4.1-2		109	23	W1279	Solunto	500-450
T-1.4.5.1 / Sol/Pan 4.1-2		110	23	RO898	Solunto	500-450
T-1.4.5.1 / Sol/Pan 4.1-2		111	23	W5964	Solunto	500-450
T-1.4.5.1 / Sol/Pan 4.1		172	26	W5526	Palermo	500-475
T-1.4.5.1 / Sol/Pan 4.1	61	180	27	W7437	Solunto/Palermo	500-475
T-1.4.5.1 / Sol/Pan 4.1	64,8	181	27	RO602	Solunto/Palermo	500-475
T-1.4.5.1 / Sol/Pan 4.2	66	182	27	W982	Solunto/Palermo	475-450
T-1.4.5.1 / Sol/Pan 4.2/	70	183	27	W486	Solunto/Palermo	475-450
T-1.4.5.1 / Sol/Pan 4.2	70,6	184	27	W5505	Solunto/Palermo	500-475
T-1.4.5.1 / Sol/Pan 4.1-2		112	23	W333	Solunto	470-430
T-1.4.5.1 / Sol/Pan 4.1-2		113	23	W8344	Solunto	470-430
T-1.4.5.1 / Sol/Pan 4.1-2		114	23	W8543	Solunto	470-430
T-1.4.5.1 / Sol/Pan 4.3	68,4	115	23	W323	Solunto	430-409
T-1.4.5.1 / Sol/Pan 4.1-3		116	23	W8885	Solunto	500-409
T-1.4.5.1 / Sol/Pan 4.2-3		117	24	W2676	Solunto	470-409
T-1.4.5.1 / Sol/Pan 4.1-3		118	24	W3440	Solunto	500-450?
T-1.4.5.1 / Sol/Pan 4.1-3		119	24	W8361	Solunto	500-409?
T-1.4.5.1 / Sol/Pan 4.1-3		120	24	W1455	Solunto	500-450?
T-1.4.5.1 / Sol/Pan 4.1-3	65 ca.	121	24	W7071	Solunto	500-450
T-1.4.5.1 / Sol/Pan 4.1-3		122	24	W5152	Solunto	475-450
T-1.4.5.1 / Sol/Pan 4.1-3		123	24	W4746	Solunto	500-450?
T-1.4.5.1 / Sol/Pan 4.1-3		124	24	W8159	Solunto	500-409
T-1.4.5.1 / Sol/Pan 4.1-3		125	24	W8754	Solunto	500-409
T-1.4.5.1 / Sol/Pan 4.1-3		126	24	W65	Solunto	500-409
T-1.4.5.1 / Sol/Pan 4.1-3		127	24	W2023	Solunto	500-409
T-1.4.5.1 / Sol/Pan 4.1-3		128	24	W5085	Solunto	500-409
T-1.4.5.1 / Sol/Pan 4.1-3		129	24	W5533	Solunto	500-409
T-1.4.5.1 / Sol/Pan 4.1-3		130	24	W7962	Solunto	500-409
T-1.4.5.1 / Sol/Pan 4.1-3		131	24	W8853	Solunto	500-409
T-1.4.5.1 / Sol/Pan 4.1-3?		132	24	W9310	Solunto	500-409
T-1.4.5.1 / Sol/Pan 4.3	69	173	26	L164	Palermo	430-409
T-1.4.5.1 / Sol/Pan 4.3	71	174	26	L253	Palermo	430-409
T-1.4.5.1 / Sol/Pan 4.3	71,5	175	26	L261	Palermo	450-409
T-1.4.5.1 / Sol/Pan 4.3		176	26	W8091	Palermo	450-409

T-1.4.5.1?		56	19	L209	Mozia	430-409
T-1.4.5.1 imitazione	100 ca.	57	19	W8434	Mozia	430-409
T-1.4.5.1 imitazione		223	32	L310	Area di *Tharros*	430-409
T-1.4.5.1 imitazione		224	32	W8967	Area di *Tharros*	430-409
T-4.1.1.3		220	32	RO1035	Area di *Tharros*	430-409
T-4.1.1.3		221	32	W2727	Area di *Tharros*	430-409
T-4.1.1.3		222	32	W1461	Area di *Tharros*	430-409
T-4.1.1.4		58	19	W8790	Mozia?	409 ca.
T-4.1.1.4		225	32	W9488	Area di *Tharros*	409 ca.
T-4.1.1.4		226	32	L18	Area di *Tharros*	409 ca.
Sol/Pan 3.6 / Toti 18		133	24	W1180	Solunto	430-409
T-4.2.1.6/7		25	16	W1744	Cartagine	420-409
T-4.2.1.2		26	16	W525	Cartagine	420-409
T-4.2.1.2	105 ca.	27	16	RO1239	Cartagine	409 ca.
Sol/Pan 5 / Toti 19		59	19	RO1094	Mozia	409 ca.
Sol/Pan 5 / Toti 19		60	19	W383	Mozia	409 ca.
Sol/Pan 5 / Toti 19	64,5	177	26	W280	Palermo?	450-409
T-4.2.1.3/4 (ambito)		194	29	L65	Entroterra *Neapolis*	409 ca.
Sol/Pan 3.5 / T-1.4.4.1		134	24	L307	Solunto	420-409
Sol/Pan 3.5 / T-1.4.4.1	77 ca.	135	24	W1513	Solunto	420-409
Sol/Pan 3.5 / T-1.4.4.1		136	24	W5259	Solunto	430-409
Sol/Pan 3.7 / T-1.3.2.3	68 ca.	178	26	W5725	Palermo	430-409
T-2.2.1.2		24	16	W4769	Cartagine	430-409
T-2.2.1.2 / Sol/Pan 6.2		137	24	W296	Solunto	430-409
T-2.2.1.2 / Sol/Pan 6.2	60 ca.	138	24	W3005	Solunto	430-409
T-2.2.1.2 / Sol/Pan 6.2	51,4	185	27	W405	Solunto/Palermo	430-409

4

Analisi archeometriche su anfore fenicio-puniche dal sito di Himera

*Giuseppe Montana, Luciana Randazzo – Dipartimento di Scienze della Terra e del Mare - DiSTeM,
Università di Palermo (Italy)*

Questo contributo presenta i risultati ottenuti da analisi archeometriche effettuate su un gruppo di campioni di anfore fenicio-puniche ritrovate ad Himera, importante insediamento greco-coloniale ubicato nella costa settentrionale della Sicilia occidentale. Il sito di Himera si sviluppa nell'altopiano di San Nicola (Piano di Imera e Piano del Tamburino) sulla sponda sinistra del Fiume Imera Settentrionale, a circa 1,5 Km dalla linea di costa. Esso sovrasta un terrazzo di origine alluvionale compreso tra l'Imera Settentrionale ad est e il Fiume Torto ad ovest.

Le formazioni geologiche che affiorano nell'area circostante il sito archeologico di Himera, in accordo ad Abate/Renda/Tramutoli 1988, dal basso verso l'alto sono rappresentate dalle Unità derivanti dalla deformazione del dominio Sicilide, costituite dalla Formazione delle Argille Variegate auct. (Cretaceo sup. - Oligocene inf.), dai terreni della Formazione Polizzi (Eocene medio - Oligocene), dai depositi sinorogeni della Formazione Terravecchia (Tortoniano sup. - Messiniano inf.), dalle biolititi a coralli (Tortoniano sup. - Messiniano inf.), dai gessi selenitici (Messiniano), dalla Formazione dei Trubi (Pliocene inf. – Pliocene medio) e, infine, dai depositi Quaternari alluvionali (Pleistocene sup. - Olocene).

I campioni ceramici sottoposti a indagine archeometrica[261] sono 44 frammenti prelevati da anfore fenicio-puniche di diversa tipologia, databili dalla fine del VII al V sec. a. C, il cui elenco è riportato in tabella 4, unitamente alla loro classificazione tipologica. La ricerca condotta in questa sede pone particolare attenzione alle produzioni siciliane per le quali, in diversi casi, sono già a disposizione confronti composizionali e tessiturali tra prodotti ceramici, scarti di produzione e materie prime argillose locali sottoposte a cotture sperimentali (vedasi note bibliografiche nei paragrafi successivi). La selezione dei reperti di presunta importazione extra-insulare analizzati in questa sede, effettuata su base autoptica, è volta a fornire soltanto un quadro generale dell'occorrenza delle varie produzioni, attraverso il confronto del dato morfologico-stilistico con quello archeometrico. Il numero esiguo di tali campioni, pertanto, rende talora problematica l'associazione certa a specifiche aree di produzione. Ciò nondimeno, la presentazione dei dati analitici corrispondenti potrebbe risultare utile ai fini di future ricerche anche da parte di altri specialisti nel settore.

Vengono dapprima riportati i risultati delle osservazioni petrografiche, per ciò che riguarda la composizione mineralogica del degrassante sabbioso, la sua distribuzione, la classazione dimensionale e l'addensamento. Tali analisi hanno lo scopo di verificare l'esistenza di "gruppi di impasto" anche attraverso il confronto con dati di simile natura già editi, ed individuare la probabile area di provenienza dei reperti ceramici. Quindi, a seguire, vengono discussi i dati di composizione chimica che permettono di raggruppare i frammenti ceramici analizzati in gruppi composizionali, spesso caratterizzati da *marker* distintivi, interpretabili geologicamente alla luce dei dati mineralogico-petrografici e, pertanto, corroborare le ipotesi di provenienza.

Com'è noto, nel caso specifico delle anfore puniche, Himera rappresenta un mero centro di consumo. Pertanto, tutti i reperti anforici considerati in questa sede dovrebbero essere produzioni provenienti dalle colonie puniche siciliane, ovvero importazioni da contesti produttivi extra-insulari.

4.1 PRODUZIONI SICILIANE

È opinione comune che Solunto e Mozia, in un ampio intervallo di tempo compreso dal VII sino alla fine del V secolo a.C., abbiano svolto un ruolo molto importante nell'economia della Sicilia occidentale. Entrambi i siti, come testimoniato dal ritrovamento di fornaci e scarti, sono stati centri di produzione ceramica molto attivi e ben organizzati. In virtù della considerevole ampiezza dell'area di potenziale diffusione delle manifatture moziesi e soluntine, sia in ambito regionale che nel Mediterraneo occidentale, nell'ultimo ventennio tali produzioni ceramiche sono state oggetto di studi archeometrici condotti attraverso analisi petrografiche e chimiche.[262]

N.	M-no. FACEM	Fabric FACEM	Inv. Himera	Cat.-no.	Tipologia
1	M 179/48	SOL-A-1	W6904	79	T-1.3.2.1
2	M 179/19	SOL-A-1	RO428	82	T-1.4.1.1/2.1
3	M 179/63	SOL-A-2	RO1493	84	T-1.4.2.1/2
4	M 179/84	SOL-A-3	W9514	85	T-1.4.2.1
5	M 179/70	SOL-A-2	W5608	87	T-1.4.2.2
6	M 179/51	SOL-A-3	W36	91	T-1.4.2.1/2
7	M 179/54	SOL-A-2	W7344	96	T-1.4.5.1
8	M 179/74	SOL-A-3 variante	W2900	102	T-1.4.5.1
9	M 179/5	SOL-A-2	RO851	105	T-1.4.5.1
10	M 179/6	SOL-A-2	RO898	110	T-1.4.5.1
11	M 179/3	SOL-A-3	L307	134	T-1.4.4.1
12	M 179/22	SOL-A-2	W296	137	T-2.2.1.2
13	M 179/50	SOL-A-1	W3005	138	T-2.2.1.2
14	M 179/66	PAN-A-1	W5526	172	T-1.4.5.1
15	M 179/1	PAN-A-2	L164	173	T-1.4.5.1
16	M 179/2	PAN-A-1	L253	174	T-1.4.5.1
17	M 179/60	PAN-A-1	W5725	178	T-1.3.2.3
18	M 179/39	PAN-A-1?	W1751	fuori catalogo, appendice	'Western Greek'
19	M 179/20	MOT-A-1	RO315	44	T-2.1.1.2
20	M 179/42	MOT-A-2	W955	45	T-13.2.2.1
21	-	-	RO592	48	T-1.4.2.1
22	M 179/34	MOT-A-1	W6515	50	T-1.4.2.2 ambito
23	M 179/47	MOT-A-2	W7116	51	T-1.4.2.2
24	-	-	L209	56	T-1.4.5.1
25	M 179/40	MOT-A-2	W8334	57	T-1.4.5.1
26	M 179/81	MOT-A-2 variante	W8790	58	T-4.1.1.4
27	M 179/10	MOT-A-2	RO1094	59	T-4.2.1.2/Toti T19
28	M 179/12	MOT-A-2?	W7378	62	Non id.
29	M 179/21	W-CENT-SARD-A-2	RO419	187	T-1.3.2.1
30	M 179/18	W-CENT-SARD-A-1	L65	194	T-4.2.1.3
31	M 179/13	W-SARD-A-7	L29	210	T-1.4.2.2
32	M 179/16	W-SARD-A-7	L68	211	T-1.4.2.2
33	M 179/67	W-SARD-A-6	W7372	213	T-1.4.2.2
34	M 179/17	W-SARD-A-6	RO1035	220	T-4.1.1.3
35	M 179/4	W-SARD-A-6	L310	223	T-1.4.5.1
36	M 179/14	W-SARD-A-6	L18	226	T-4.1.1.4
37	M 179/15	W-SARD-A-7	L29	232	Non id.
38	M 179/108	CdE-A-3	RO329	245	T-10.1.2.1
39	M 179/107	CdE-A-3	L283	249	T-11.2.1.3
40	M 179/109	CdE-A-2	L216	254	T-11.2.1.4?
41	M 179/89	CdE-A-2	L302	255	T-11.2.1.3
42	M 179/78	Sardegna sud-occ.?	SK89	274	T-2.1.1.2
43	M 179/79	Sardegna sud-occ.?	SK132	275	T-2.1.1.2
44	M 179/80	Sardegna sud-occ.?	W8662	276	T-1.4.2.1

Tab. 4. Elenco dei campioni analizzati.

Pertanto, la disponibilità di dati composizionali di confronto, certamente utili nel caso di impasti che non risultino caratterizzati da *marker* mineralogici e chimici univoci o quantomeno distintivi, risulta estremamente utile per l'identificazione di tali manifatture, qualora siano rinvenute nei centri di consumo dell'entroterra siciliano, come ad esempio Entella,[263] ovvero in un importante centro greco coloniale come Himera. Il confronto con i dati ad oggi disponibili ha permesso di attestare che oltre il 50% dei campioni anforici analizzati (24 su un totale di 44) possono essere attribuiti ai sopracitati centri di produzione. In particolare, 17 dei campioni analizzati ricadono nel *microfabric* denominato 'SP', corrispondente alla produzione soluntina. Tale *microfabric* è stato recentemente definito nell'ambito di un precedente saggio redatto dagli stessi autori della presente nota.[264] Il *microfabric SP* è stato ulteriormente suddiviso in tre differenti sottogruppi in base alle diverse caratteristiche tessiturali, ovvero *SP-I*, *SP-Ia* (entrambi corrispondenti alla produzione anforica di età arcaica di Solunto) ed *SP-II* (produzione soluntina classico-ellenistica).[265] Il *microfabric SP-I* risulta essere caratterizzato da una distribuzione dimensionale del degras-

sante eterogenea, talora distintamente bimodale, con mode corrispondenti alle classi della sabbia molto fine (0.125-0.06 mm) e della sabbia media (0.5-0.25 mm). Sono presenti, anche se in quantità relativamente assai più subordinate, granuli di silt grossolano (0.06-0.04 mm) e di sabbia grossolana (0.5-2 mm). L'addensamento degli inclusi sabbiosi è medio-alto, compreso tra il 20 ed il 30% (area). Dal punto di vista composizionale, prevalgono i granuli di quarzo monocristallino sui litoclasti carbonatici di varia natura (frammenti di biocalcareniti quaternarie e calcari compatti mesozoici) e sui bioclasti. Sono state riscontrate anche quantità minori di quarzo policristallino, selce e litoclasti quarzarenitici. Il K-feldspato, il plagioclasio e la mica sono costituenti da sporadici a rari (figg. 42A, B). Mostrano caratteristiche pienamente corrispondenti a questo *microfabric* 6 campioni (M 179/19, M 179/22, M 179/48, M 179/63, M179/50 e M 179/70).

Un solo campione (M 179/39) è stato assegnato alla tipologia di *fabric* microscopico *SP-Ia*, che si differenzia dal *microfabric SP-I* unicamente per caratteristiche tessiturali, ossia una distribuzione dimensionale del degrassante di tipo seriale più che bimodale, con inclusi sabbiosi distribuiti

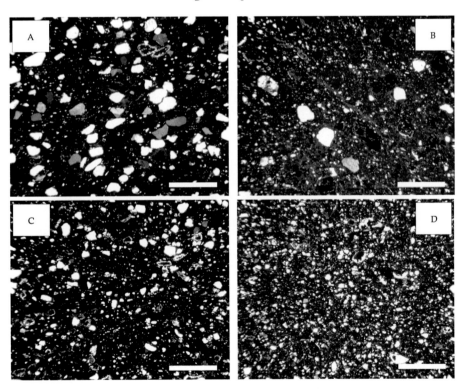

Fig. 42. Microfotografie in sezione sottile (nicol incrociati): (A) e (B) Esempi del microfabric SP-I, barra dimensionale = 0.5 mm; (C) e (D) Esempi del microfabric SP-II, barra dimensionale = 0.5 mm.

dal silt grossolano (0.04-0.06 mm) alla sabbia media (0.25-0.5 mm) e con leggera prevalenza di quelli che ricadono nella classe della sabbia fine (0.25-0.125 mm). Inoltre l'addensamento appare, in genere, relativamente più basso rispetto ad *SP-I* e stimabile intorno al 10-15% (area).[266]

Ben 11 campioni mostrano caratteristiche corrispondenti al *fabric* microscopico *SP-II* (corrispondente al "Fabric Classico-Ellenistico" dei riferimenti bibliografici citati in nota 265). Fanno parte di questa tipologia i campioni M 179/1, M 179/2, M 179/3, M 179/5, M 179/6, M 179/51, M 179/54, M 179/60, M 179/66, M 179/74 e M 179/84. Essi presentano inclusi aplastici ben classati, con distribuzione areale uniforme ed addensamento per lo più compreso tra il 10 ed il 20%. Le dimensioni dei clasti ricadono in grande prevalenza nell'intervallo granulometrico della sabbia molto fine (0.06-0.125 mm) e del silt grossolano (0.04-0.06 mm). Dal punto di vista composizionale, a livello puramente qualitativo, non esistono marcate differenze. Lo scheletro sabbioso risulta costituito da prevalenti granuli di quarzo monocristallino, quindi, da bioclasti e subordinatamente da litoclasti carbonatici di varia natura. Sono presenti anche quarzo policristallino, selce, litoclasti quarzarenitici, feldspato e, raramente, piccole lamelle di mica (figg. 42C, D).

Sempre in base alle osservazioni petrografiche, per 7 campioni (M 179/10, M 179/20, M 179/40, M 179/42, M 179/47, RO592 e L209) è stata ipotizzata una produzione nelle fornaci di Mozia. In particolare essi sono stati accostati al *microfabric* denominato in precedenza *ML-I*.[267] Questa tipologia di impasto è caratterizzata da una distribuzione seriale del degrassante, che si disperde per lo più nelle classi della sabbia fine (0.25-0.125 mm), della sabbia molto fine (0.125-0.06 mm) e del silt grossolano (0.06-0.04 mm). Gli inclusi con dimensioni maggiori (sabbia medio-grossolana) sono relativamente meno rappresentati. L'addensamento risulta essere relativamente alto, compreso tra il 20% ed il 35% (area). Dal punto di vista composizionale, prevale la componente silicoclastica, costituita da granuli di quarzo monocristallino e, subordinatamente, quarzo policristallino, selce e litoclasti quarzarenitici. I feldspati (sia K-feldspato che plagiocla-

Micro-fabric	SP-I				SP-II			
	Media	Min	Max	Mediana	Media	Min	Max	Mediana
	(n=7)	(n=7)	(n=7)	(n=7)	(n=10)	(n=10)	(n=10)	(n=10)
SiO_2	64.98	58.04	68.21	65.70	62.98	59.11	68.77	63.24
Al_2O_3	14.50	12.52	16.23	14.55	16.80	13.16	19.06	17.04
$Fe_2O_3(T)$	6.31	4.76	7.52	6.40	6.77	5.28	7.92	6.51
MnO	0.05	0.03	0.08	0.04	0.05	0.03	0.06	0.05
MgO	1.71	1.32	2.65	1.54	1.92	1.49	2.36	1.87
CaO	8.94	5.20	12.23	8.53	7.68	6.29	9.88	7.38
Na_2O	0.79	0.56	1.11	0.76	0.83	0.50	1.15	0.84
K_2O	1.71	1.03	2.33	1.72	1.85	1.57	2.34	1.85
TiO_2	0.84	0.74	1.00	0.84	0.94	0.79	1.07	0.91
P_2O_5	0.18	0.09	0.28	0.17	0.17	0.08	0.21	0.18
V	108	78	196	86	107	81	129	115
Ba	556	231	1240	441	705	261	2117	589
Sr	420	279	582	400	372	243	470	343
Y	22	20	24	21	26	23	30	26
Zr	224	168	275	231	306	212	385	282
Ni	38	30	50	40	131	70	217	100
Cu	20	10	30	20	38	30	50	38
Zn	80	70	90	80	20	20	20	20
Rb	60	31	79	62	85	70	100	85
Nb	15	12	17	16	80	53	113	80
La	36	26	44	36	18	14	22	18
Ce	74	54	89	72	40	32	48	40

Tabella 5.
Composizione chimica media delle produzioni soluntine/palermitane.

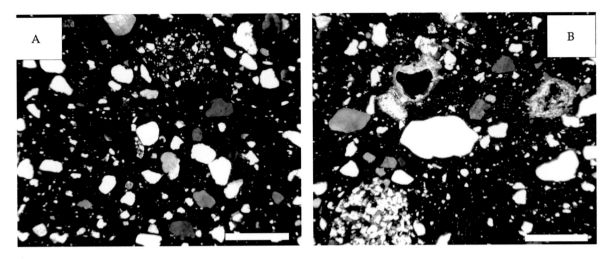

Fig. 43. Microfotografie in sezione sottile (nicol incrociati): (A) e (B) Esempio del microfabric ML-I, barra dimensionale = 0.5 mm.

sio) e la mica sono costituenti da sporadici a rari. Raramente è possibile individuare qualche granulo di clinopirosseno, aspetto questo abbastanza peculiare dei depositi alluvionali dell'area compresa tra la foce del Torrente Forgia (che nel tratto terminale incide affioramenti di basalti) e quella del Birgi. Pori da impronta o grumi micritici derivanti dalla decomposizione termica di frammenti di biocalcareniti e/o di bioclasti testimoniano la presenza una componente carbonatica (subordinata) nella materia prima utilizzata (figg. 43A, B).

Dal punto di vista della composizione chimica,

per la produzione Solunto/Palermo (SP) valgono le stesse considerazioni riportate dagli autori nel contributo citato (nota 264), ovvero una "(…) sostanziale omogeneità interrotta soltanto da differenze appena percepibili tra taluni elementi maggiori ed in traccia (…)". La cosiddetta "produzione arcaica" (microfabric SP-I e SP-Ia), che, come visto, possiede una componente silicoclastica relativamente più rappresentata e ricadente nell'ambito dimensionale della sabbia mediogrossolana (0.3-1 mm), è caratterizzata da campi di variazione degli ossidi degli elementi maggiori

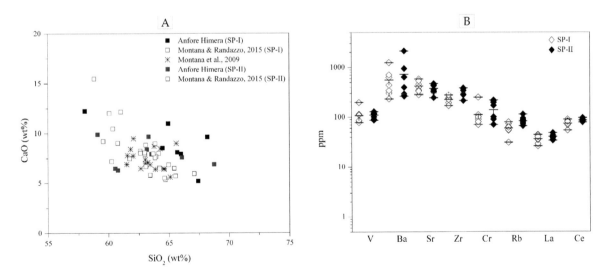

Fig. 44. (A) Diagramma binario SiO₂-CaO riguardante i due microfabric SP-I e SP-II (per confronto sono altresì riportati i dati di letteratura); (B) Box plot degli elementi in traccia relativi ai due microfabric SP-I e SP-II. In figura sono riportati i valori minimi, massimi e i valori medi dei due impasti.

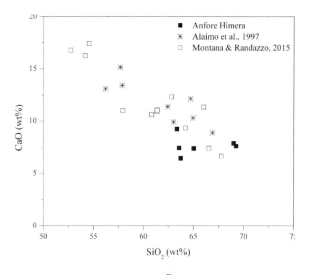

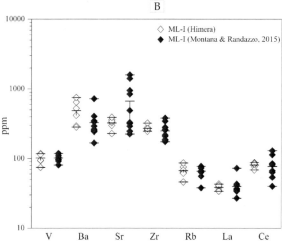

Fig. 45. (A) Diagramma binario SiO₂-CaO concernente il microfabric ML-I e confronto con i dati di letteratura; (B) Box plot degli elementi in traccia relativi al microfabric ML-I e confronto con i dati di letteratura. In figura sono riportati i valori minimi, massimi e i valori medi dei due impasti.

più ampi rispetto alla produzione "classico/ellenistica" (*microfabric SP-II*) e, in particolare, da valori medi leggermente più alti di SiO.² Per ciò che concerne gli elementi in traccia è stata riscontrata la stessa omogeneità composizionale tra le differenti tipologie di impasto. In tabella 5 sono riportati i valori medi di composizione chimica dei campioni analizzati suddivisi in base ai gruppi petrografici individuati.

Dai grafici di fig. 44 è possibile riscontrare una buona corrispondenza tra i campioni analizzati in questa sede ed i campi di dispersione degli impasti *SP-I* e *SP-II* definiti negli studi precedente-

mente citati (sulla base delle analisi condotte su altri reperti: n = 43), relativamente ad alcuni tra i più significativi elementi maggiori ed in traccia. Alcuni campioni di questo *microfabric*, come degli altri discussi in seguito, mostrano concentrazioni di Ba ingiustificatamente elevate, se considerate in rapporto ai corrispondenti valori di K_2O (il Ba sostituisce isomorficamente il K nel feldspato alcalino). Tali valori anomali, da considerare come *outlier* (non rappresentativi) potrebbero derivare da contaminazioni casuali apportate da acque sotterranee circolanti nell'ambiente di seppellimento. Infatti nei rilievi calcarei circostanti il sito di Himera sono diffuse mineralizzazioni a fluorite (CaF_2) e barite ($BaSO_4$) di origine idrotermale.

Anche nel caso della produzione di Mozia (*ML-I*), in accordo con le caratteristiche mineralogiche e tessiturali, si denota una più che accettabile corrispondenza della composizione chimica dei 7 campioni oggetto di questo studio, sia per gli elementi maggiori che per quelli in traccia, con quanto definito negli studi precedenti sulle produzioni moziesi, che comprendono anche diversi scarti di produzione rinvenuti in loco (tab. 6 e fig. 45).

4.2 Produzioni extra-insulari

Lo studio microscopico delle anfore fenicio-puniche ritrovate ad Himera ha consentito di individuare alcuni *microfabric* che, in base alle loro caratteristiche mineralogiche e tessiturali, non possono essere attribuiti ai due centri di produzione siciliani descritti in precedenza e, pertanto, sono verosimilmente da considerare importazioni extra-insulari. Per avanzare delle ipotesi sull'area di provenienza di tali impasti (di seguito descritti sia petrograficamente che chimicamente) è stato effettuato un confronto con dati petrografici e chimici disponibili in letteratura.[268] È doveroso sottolineare, tuttavia, che tali ipotesi di attribuzione soffrono dell'assenza di dati composizionali e tessiturali riguardanti le argille (materia prima) localmente sfruttate nei rispettivi centri di produzione (con l'eccezione di alcune località della Sardegna per cui sono in corso di pubblicazione studi in tal senso[269]), al contrario delle manifatture anforiche siciliane precedentemente commentate. Conseguentemente, le attribuzioni proposte potrebbero in futuro essere riviste di pari passo con l'incremento delle conoscenze petrografiche e chimiche sia sui prodotti ceramici (scarti di produzione di certa manifattura locale ritrovati in prossimità delle fornaci) che sulle materie prime argillose.

Il primo *microfabric*, arbitrariamente denominato SAR-TH, accomuna in totale 6 campioni (M 179/13, M 179/14, M 179/15, M 179/16, M 179/17, M179/67). Esso è caratterizzato da una distribuzione mediamente uniforme del degrassante sabbioso con addensamento medio-basso compreso tra il 10-15% (area). La classazione è di tipo bimodale, prevalgono, da un lato, le classi del silt grossolano (0.06-0.04 mm) e la sabbia molto fine (0.125-0.06 mm), mentre la seconda moda è rappresentata dalla sabbia media (0.5-0.25 mm). Dal punto di vista composizionale il degrassante sabbioso è per lo più costituito da granuli angolosi o subangolosi di quarzo monocristallino, quarzo policristallino e subordinatamente da K-feldspato, plagioclasio e minute lamelle di mica. Comuni i microfossili calcarei (in parte parzialmente decomposti), mentre da comuni a sporadici sono i frammenti litici cristallino-acidi e metamorfici (figg. 46A, B, C, D). La massa di fondo presenta una discreta birifrangenza d'aggregato. La macroporosità è inferiore

al 10% e i pori hanno forma per lo più sub-arrotondata o irregolare.

Dal confronto con i dati di letteratura è stato possibile appurare una buona convergenza tra le caratteristiche mineralogiche e tessiturali sopra descritte e la ceramica comune (da mensa e dispensa) attestata come produzione del sito di Tharros (Sardegna centro-occidentale), accuratamente caratterizzata da Amadori e Fabbri.[270] Anche dal punto di vista chimico, il confronto con i dati editi dai suddetti autori (disponibili solo per gli elementi maggiori) conferma questa ipotesi di provenienza. Si tratta di un impasto calcareo, con un contenuto medio di CaO pari a circa il 15% in peso, caratterizzato nel contempo

Microfabric	ML-I			
	Media	Min	Max	Mediana
	(n=6)	(n=6)	(n=6)	(n=6)
SiO_2	65.65	63.35	69.24	64.37
Al_2O_3	14.92	12.70	16.75	15.73
$Fe_2O_3(T)$	6.38	5.17	7.18	6.66
MnO	0.06	0.04	0.08	0.07
MgO	1.49	1.17	1.91	1.47
CaO	7.67	6.45	9.24	7.52
Na_2O	1.15	0.64	1.68	1.14
K_2O	1.68	1.44	1.89	1.69
TiO_2	0.85	0.72	0.93	0.89
P_2O_5	0.15	0.12	0.20	0.15
V	102	75	118	105
Ba	487	283	754	471
Sr	325	229	390	336
Y	21	19	23	20
Zr	272	247	323	265
Ni	38	30	50	38
Cu	18	10	20	20
Zn	80	60	90	85
Rb	67	46	87	66
Nb	16	12	21	16
La	39	34	43	39
Ce	81	69	88	84

Tabella 6. Composizione chimica media della produzione anforica di Mozia.

Microfabric	SAR-TH	SAR-MS
	Media	Media
	(n=3)	(n=3)
SiO_2	55.20	67.14
Al_2O_3	16.59	18.96
$Fe_2O_3(T)$	5.85	5.97
MnO	0.08	0.09
MgO	2.28	1.14
CaO	14.75	1.24
Na_2O	1.41	1.41
K_2O	2.81	3.31
TiO_2	0.80	0.65
P_2O_5	0.23	0.05
V	62	74
Ba	975	785
Sr	581	160
Y	27	23
Zr	287	169
Co	5	12
Ni	31	28
Cu	20	80
Zn	80	200
Rb	116	130
Nb	12	12
Cs	5	7
La	32	27
Ce	69	68
Pb	26	88
Th	14	15
U	3	3

Tabella 7. Composizione chimica media delle produzioni sarde (Tharros = SAR-TH e Monte Sirai = SAR-MS)

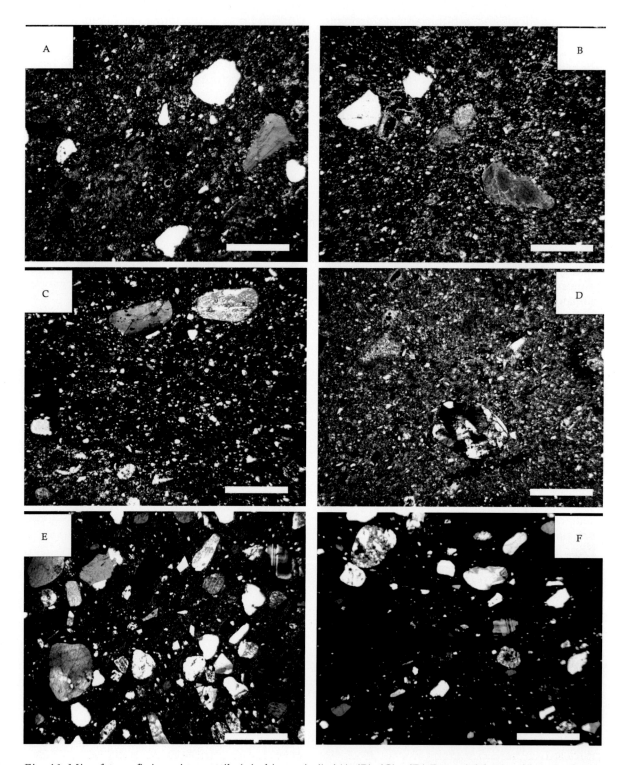

Fig. 46. Microfotografie in sezione sottile (nicol incrociati): (A), (B), (C) e (D) Esempi del microfabric SAR-TH, barra dimensionale = 0.5 mm; (E) e (F) Esempi del microfabric SAR-MS, barra dimensionale = 0.5 mm.

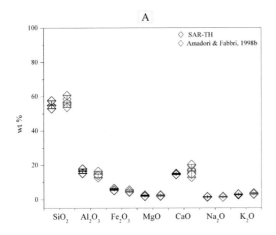 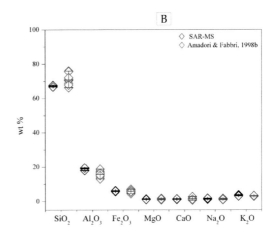

Fig. 47. (A) Box plot degli ossidi degli elementi maggiori relativi al microfabric SAR-TH (in nero) e ai reperti (in rosso) provenienti dal sito archeologico di Tharros (tratti da Amadori/Fabbri 1998b). (B) Box plot degli ossidi degli elementi maggiori relativi al microfabric SAR-MS (in nero) e ai reperti (in rosso) provenienti dal sito archeologico di Monte Sirai (tratti da Amadori/Fabbri 1998b). In figura sono riportati i valori minimi, massimi e i valori medi dei due impasti.

da concentrazioni medie relativamente elevate di K_2O (correlato alla presenza di feldspati e mica), e tra gli elementi in traccia di Ba e Rb (geochimicamente affini al potassio), (tab. 7, fig. 47A). Da sottolineare un'ottima corrispondenza tra il gruppo SAR-TH circoscritto mediante i dati archeometrici ed il *fabric* FACEM definito W-SARD (vedi cap. 5.6 e tab. 4).

Un secondo *microfabric*, arbitrariamente denominato SAR-MS, accomuna 3 campioni con sigla M179/18, M179/34 ed M179/80. L'impasto ceramico in oggetto è caratterizzato da un addensamento relativamente alto, intorno al 25-30% (area) e da una distribuzione dei granuli del degrassante di tipo seriale. I granuli sono distribuiti dalla classe del silt grossolano (0.04-0.06 mm) sino alla classe della sabbia grossolana (0.5 1 mm), con una frequenza relativamente più alta dei granuli con diametro maggiore di 0.3 mm. Il costituente mineralogico più rappresentato è il quarzo monocristallino con granuli che presentano morfologia da angolosa a subarrotondata. Componenti comuni, anche se certamente meno abbondanti, sono il quarzo policristallino, i feldspati (K-feldspato e plagioclasio, talora visibilmente alterati e sericizzati) ed i frammenti litici derivanti dalla disgregazione di rocce metamorfiche di grado medio-alto (figg. 46E, F). Costituenti da meno comuni a sporadici le lamelle di mica (muscovite), minerali opachi, selce e frammenti di arenarie quarzose. La massa di fondo si presenta otticamente inattiva (isotropa). La macroporosità è compresa tra il 10-30%, con pori per lo più irregolari con dimen-

sioni comprese tra 0.1 e 1 mm. Dal punto di vista della composizione chimica, tali campioni si distinguono in primo luogo per il contenuto in CaO molto basso ed inferiore al 2% in peso (tab. 7), associato a concentrazioni distintamente alte di SiO_2 (intorno al 67% in peso) e, soprattutto, di Al_2O_3 (circa 18-19% in peso), Na_2O (in media 1.41% in peso) e K_2O (in media 3,31% in peso). Per ciò che riguarda le concentrazioni degli elementi in traccia (disponibili solo per i campioni M179/80 e M179/34) risaltano i valori di concentrazione decisamente più elevati di Zn (in media 200 ppm), Rb (in media 130 ppm) e Pb (in media 88 ppm) rispetto a tutti i campioni analizzati. La buona convergenza sia petrografica che chimica (verificabile solo per gli elementi maggiori) con i materiali fenicio-punici prodotti nel sito di Monte Sirai ed analizzati da Amadori e Fabbri[271] consente di sostenere con un buon margine di sicurezza la provenienza dalla Sardegna sud-occidentale per le tre anfore in oggetto (fig. 47B). A corroborare quanto appena affermato contribuiscono anche le concentrazioni anomale di Zn e Pb riscontrate nei materiali ceramici classificati in questo *microfabric* e chiaramente derivanti dalle materie prime argillose utilizzate. Infatti, è ben noto che il territorio dell'Iglesiente sia sede di estese mineralizzazioni di Pb, Ag e Zn intensamente sfruttate nel corso dei secoli.

Il terzo *microfabric* circoscritto, qui denominato AFR, raggruppa 5 campioni che, in realtà, sulla base delle osservazioni mineralogico-petrografiche e delle analisi chimiche possono essere ulteriormente suddivisi in un "impasto eminentemente calcareo" (AFR-CA) con concentrazione di CaO compresa tra 12% e 17% (in peso) ed un "impasto poco calcareo" (AFR-PC) con CaO attorno al 6% (tab. 8, fig. 49). In base alle osservazioni petrografiche e chimiche sono stati assegnati alla tipologia di impasto denominata AFR-CA i campioni M 179/81, M179/89 e M179/109, mentre i campioni M 179/78 e M 179/79 appartengono alla tipologia di impasto AFR-PC. Le caratteristiche peculiari del *microfabric* AFR-CA sono l'addensamento del degrassante sabbioso che è piuttosto variabile dal 20% al 30% (area) e la distribuzione distintamente seriale dei granuli aplastici, con dimensioni disperse dal silt grossolano (0.04-0.06 mm) alla sabbia media (0.25-0.05 mm) e rari granuli con diametro maggiore di 0.5 mm. Fa eccezione a questa tessitura il solo campione M179/74 che, a parità di addensamento, mostra una dimensione media dei granuli aplastici relativamente minore (rara la sabbia media). Composizionalmente, il quarzo monocristallino è il componente principale (con i granuli di maggiore dimensione talora ben arrotondati) seguito da abbondanti frammenti litici e microfossili cal-

carei che risultano in varia misura decomposti in seguito al processo di cottura. Subordinatamente, si rinvengono frammenti di arenarie quarzose, quarzo policristallino, K-feldspato (talora sericitizzato), plagioclasio e più raramente litici cristallini acidi con morfologia da angolosa a subarrotondata (solo i clasti con dimensione maggiore di 0.3 mm). La massa di fondo presenta una certa attività ottica (birifrangenza d'aggregato), grossomodo indicativa di una temperatura di cottura tra 700 ed 800°C (figg. 48A, B).

La macroporosità è intorno al 10%, i pori hanno forma per lo più pseudoarrotondata e sono presenti dei canali orientati in modo subparallelo alla superficie esterna. Le dimensioni dei pori sono comprese tra lo 0.1-1 mm. Per questo impasto il confronto con i dati di letteratura sembra supportare un'ipotesi di "provenienza nord-africana". Infatti, in base alle caratteristiche mineralogiche e tessiturali, i reperti sopra descritti mostrano una più che buona sovrapposizione con la produzione di Cartagine ben descritta da Amadori e Fabbri, in particolare, al gruppo da loro denominato L2.[272] Anche dal punto di vista chimico, il confronto, relativamente ai soli ele-

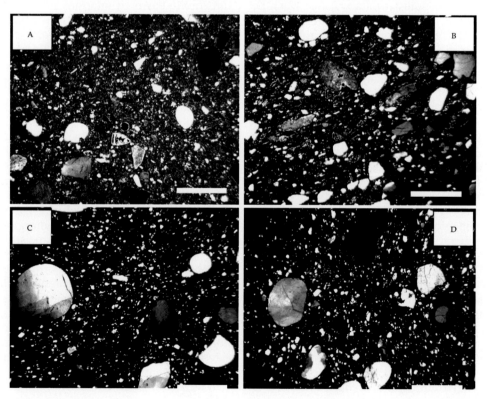

Fig. 48. Microfotografie in sezione sottile (nicol incrociati): (A e B) Esempi del microfabric AFR-CA, barra dimensionale = 0.5 mm; (C e D) Esempi del microfabric AFR-PC, barra dimensionale = 0.5 mm.

menti maggiori, mette in evidenza una più che buona corrispondenza degli intervalli di composizione che caratterizzano il gruppo L2 di Amadori e Fabbri e, che, tuttavia, è costituito da ceramica fenicio-punica di uso comune prodotta a Cartagine e non da anfore. Inoltre è doveroso mettere in evidenza un'incongruità tra i dati archeometrici precedentemente discussi e l'attribuzione archeologica dei tipi anforici relativamente ai campioni siglati M 179/89 e M 179/109, che, da questo punto di vista, invece corrispondono a tipi morfologici caratteristici dell'area dello Stretto di Gibilterra (tab. 4). Tuttavia, si ribadisce che i due campioni sopracitati mostrano caratteristiche petrografiche identiche al campione M 179/81 che, invece, è riferibile ad una tipologia attestata anche a Cartagine (oltre che a Mozia) e, soprattutto, non possiedono nessuno dei *marker* petrografici noti per le produzioni andaluse (vedi microfabric GA).

Per ciò che concerne il sottogruppo qui denominato AFR-PC (campioni M 179/78, M 179/79), come già detto caratterizzato da un contenuto in CaO decisamente inferiore, si sottolinea una caratteristica tessiturale distintiva, consistente in una esplicita bimodalità dimensionale dello scheletro aplastico, che vede prevalere le classi del silt grossolano (0.04-0.06 mm) e della sabbia molto fine (0.06-0.125 mm) da un lato e della sabbia medio-grossolana (0.25-1 mm) dall'altro. L'addensamento è medio-alto, stimabile attorno al 20-25% (area). Dal punto di vista composizionale prevalgono quarzo mono e policristallino, con i granuli di maggiore dimensione distintivamente subarrotondati o ben arrotondati, mentre, sono costituenti da subordinati a rari il K-feldspato, i frammenti litici (arenarie quarzose e rocce cristalline acide), la mica ed i grumi micritici derivanti dalla decomposizione termica degli sporadici microfossili calcarei presenti originariamente nella materia prima argillosa (figg. 48C, D). L'attribuzione al nord Africa, ed in particolare alla Tunisia, sembrerebbe supportata, in primo luogo, da studi archeometrici che descrivono petrograficamente le caratteristiche degli impasti di diversi centri di produzione ceramica attivi nell'area, i quali, però, non riportano anche i corrispondenti dati di composizione chimica.[273] La presenza di granuli di quarzo mono o policristallino ben arrotondati ed opachi (*dull*) all'osservazione macroscopica, considerati di origine eolica (dune sahariane) qualora rinvenuti negli impasti magrebini, a detta degli autori precedentemente citati costituisce un *marker* di provenienza per molte delle produzioni nord africane occidentali. Tuttavia, tale aspetto dovrebbe

essere utilizzato con cautela considerando che buona parte delle formazioni flyschoidi della catena appenninico-maghrebide, estesamente affioranti anche in Sicilia, sono caratterizzate dalla stessa tipologia di quarzo (talora policiclico), presente sia nei depositi sabbiosi incoerenti di natura alluvionale o eolica che nei banchi di arenaria. Tali granuli costituiscono talora la frazione sabbiosa dei depositi argillosi siciliani utilizzati come materia prima ceramica, ovvero sono stati arbitrariamente aggiunti dagli artigiani in qualità di degrassante durante la preparazione dell'impasto, come, ad esempio, nel caso della produzione arcaica di Solunto (SP-I). Un confronto chimico, sempre per i due reperti classificati come AFR-PC, è stato invece possibile con i dati pubblicati recen-

Microfabric	AFR-CA	AFR-PC
	Media	Media
	(n=3)	(n=2)
SiO_2	61.22	68.35
Al_2O_3	14.10	14.36
$Fe_2O_3(T)$	5.83	5.56
MnO	0.06	0.04
MgO	2.09	2.07
CaO	13.40	5.76
Na_2O	0.66	0.55
K_2O	1,70	2.20
TiO_2	0.81	0.83
P_2O_5	0.16	0.14
V	75	85
Ba	1011	1938
Sr	526	347
Y	20	22
Zr	260	242
Co	140	11
Ni	5	30
Cu	34	25
Zn	10	75
Rb	50	54
Nb	59	14
Cs	11	3
La	2	32
Ce	24	67
Pb	58	17
Th	14	10
U	8	2

Tabella 8. Composizione chimica media della produzione africana (AFR-CA e AFR-PC)

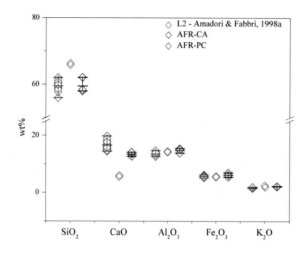

Fig. 49. Box plot degli ossidi degli elementi maggiori relativi ai microfabric AFR-CA (in nero), AFR-PC (in blu) e ai reperti analizzati da Amadori/Fabbri 1998a (in rosso). In figura sono riportati i valori minimi, massimi e i valori medi dei due impasti.

temente da Miguel Gascón e coautori relativamente ad anfore puniche di produzione cartaginese importate in siti della Spagna nord occidentale.[274] Il soddisfacente riscontro chimico (contenuto in CaO intorno al 9% in peso, quindi relativamente più basso rispetto alla norma degli impasti ceramici di produzione cartaginese) e petrografico con i due campioni raggruppati in CARa da Miguel Gascón e coautori, sembra supportare le precedenti considerazioni, anche se dal testo in questione non si evince a quali tipologie anforiche, a livello classificativo, siano effettivamente riferiti i dati composizionali presentati. Inoltre, sempre nello stesso lavoro, un evidente errore nella descrizione petrografica degli impasti di produzione soluntina (Group 5), per i quali viene indicata come caratterizzante la presenza di "serpentiniti" (p. 243) che sono litologie del tutto assenti nei depositi geologici dell'area di Solunto, Palermo e dell'intera Sicilia, induce a considerare l'affidabilità di questi dati archeometrici con molta prudenza.

Infine, una quarta tipologia di *microfabric*, arbitrariamente denominata GA, è rappresentata soltanto da 2 reperti (M 179/107 e M 179/108), peraltro classificati secondo due diverse tipologie anforiche (rispettivamente, Ramon T-11.2.1.3 e T-10.1.2.1). Caratteristiche peculiari dell'impasto sono un addensamento medio-alto (15-25%) ed una scarsa classazione, con spiccata bimodalità nel caso del campione M 179/107 (in cui le mode ricadono nella classe della sabbia molto fine e

della sabbia medio-grossolana), ovvero seriale (dalla classe della sabbia molto fine a quella della sabbia grossolana) nel caso del campione M 179/108. Dal punto di vista composizionale invece sussistono delle buone analogie tra i due campioni. Il quarzo monocristallino (frammenti da subangolosi a subarrotondati), il quarzo policristallino ed frammenti litici derivanti da rocce metamorfiche di grado medio-alto sono i costituenti principali del degrassante. Sono costituenti sporadici il K-feldspato (talora alterato), la mica (in prevalenza muscovite), il granato e la cianite. Presente anche una componente sedimentaria detritica composta da bioclasti, frammenti di rocce carbonatiche (talora in stato di incipiente decomposizione termica), arenarie a grana fine e

M-no. FACEM	M 179/108	M 179/107
Inv. Himera	RO329	L283
Microfabric	GA	GA
SiO$_2$	58.43	59.51
Al$_2$O$_3$	21.14	18.81
Fe$_2$O$_3$(T)	8.37	7.79
MnO	0.22	0.2
MgO	2.94	3.24
CaO	4.35	6.8
Na$_2$O	0.68	0.84
K$_2$O	2.71	1.6
TiO$_2$	1.01	1.03
P$_2$O$_5$	0.15	0.19
V	126	130
Ba	1857	947
Sr	379	497
Y	27	26
Zr	261	277
Co	-	-
Ni	85	120
Cu	-	-
Zn	-	-
Rb	114	66
Nb	15	19
Cs	-	-
La	25	47
Ce	69	93
Pb	-	-
Th	-	-
U	-	-

Tabella 9. Composizione chimica dei reperti di produzione spagnola

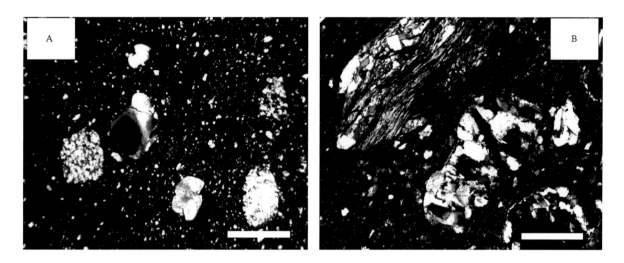

Fig. 50. Microfotografie in sezione sottile (nicol incrociati): (A) Esempio del microfabric GA, reperto M 179/107, barra dimensionale = 0.5 mm; (B) Esempio del microfabric GA, reperto M 179/108, barra dimensionale = 0.2 mm.

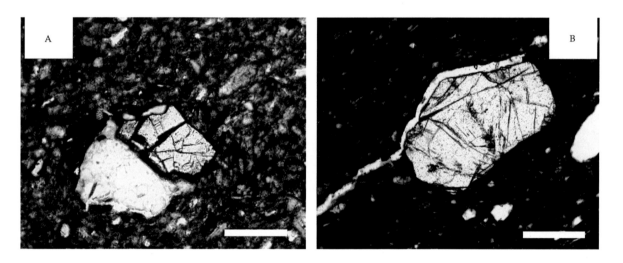

Fig. 51. Microfotografie in sezione sottile (nicol paralleli): (A) Cristallo di granato individuato nel microfabric GA, reperto M 179/107, barra dimensionale = 0.1 mm; (B) Cristallo di granato individuato nel microfabric GA, reperto M 179/108, barra dimensionale = 0.2 mm.

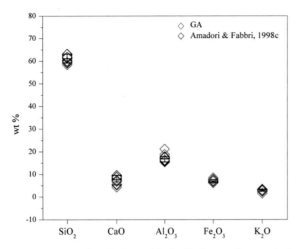

Fig. 52. Box plot degli ossidi degli elementi maggiori relativi ai reperti analizzati da Amadori/Fabbri 1998c (in nero) cui sono sovrapposti i valori relativi ai due reperti del microfabric GA (in rosso).

selce (figg. 50-51). La massa di fondo presenta una lieve birifrangenza d'aggregato. La macroporosità è pari circa al 10%. I pori risultano isoorientati (canali) o da impronta e le loro dimensioni sono molto variabili e comprese tra 0.01 e anche oltre 1 mm.

Il *microfabric* appena descritto, molto peculiare per composizione mineralogica (abbondanza di minerali e litici metamorfici) mostra un'ottima corrispondenza con quanto riportato da Amadori e Fabbri[275] per le produzioni di ceramica fenicio-punica da mensa di Toscanos (Andalusia). Anche il confronto dei dati di composizione chimica corrobora pienamente questa ipotesi di provenienza (tab. 9, fig. 52). Ad ulteriore sostegno di questa ipotesi, occorre sottolineare che entrambi i campioni del *microfabric* GA sono stati indipendentemente attribuiti al fabric FACEM CdE-A-3 (vedi cap. 5.7), corrispondente a produzioni di area Baetica (Málaga, vedi cap. 3.3.7, nota 133). Tuttavia, impasti con una composizione mineralogico-petrografica molto simile sono stati descritti anche per il sito di Ceuta, città autonoma spagnola in Marocco, che sorge in un territorio con caratteristiche geolitologiche affini a quelle della regione andalusa (rocce cristalline acide, metamorfiti di grado da medio ad alto, arenarie, calcari, sporadicamente rocce magmatiche basiche e ultabasiche).[276]

4.3 Produzioni non identificate

Appena 3 reperti possiedono caratteri composizionali e/o tessiturali tali da non ricadere in nes-suno dei gruppi di impasto precedentemente descritti. Questi campioni (con sigla: M 179/21; M179/12; M 179/4) dal punto di vista petrografico e chimico (tab. 10) possono, a tutti gli effetti, essere considerati come "impasti singoli" (*loner*).

Il campione M 179/21, per il quale non è disponibile l'analisi chimica, è caratterizzato da addensamento molto basso (< 5%), ed è contraddistinto da poco degrassante sabbioso molto fine (0.06-0.125 mm) distribuito abbastanza omogeneamente. I pochi inclusi aplastici risultano composti da granuli angolosi di quarzo e da piccoli cristalli di mica bianca (muscovite) con morfologia lamellare e, talora, con evidenti tracce di sfaldatura. Rari i granuli di feldspato, talora sericitizzato, e minuti frammenti litici contenenti quarzo e mica (figg. 53A-53B). Il cam-

M-no. FACEM	M 179/12	M 179/4
Inv. Himera	W7378	L310
SiO$_2$	63.00	57.5
Al$_2$O$_3$	17.11	19.2
Fe$_2$O$_3$(T)	6.69	8.08
MnO	0.05	0.14
MgO	1.84	2.62
CaO	7.32	8.46
Na$_2$O	1.39	0.99
K$_2$O	1.63	1.81
TiO$_2$	0.82	0.97
P$_2$O$_5$	0.15	0.22
V	119	125
Ba	246	989
Sr	288	687
Y	19	23
Zr	160	229
Co	13	-
Ni	40	80
Cu	20	-
Zn	80	-
Rb	57	109
Nb	16	15
Cs	3	-
La	46	37
Ce	90	80
Pb	10	-
Th	12	-
U	2	-

Tabella 10. Composizione chimica dei reperti di provenienza non identificata.

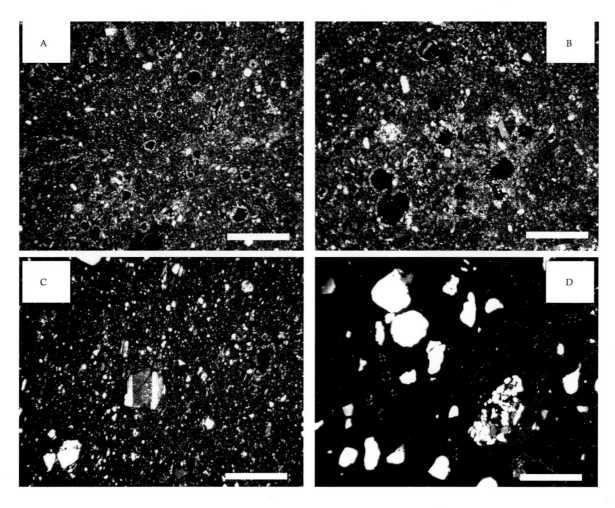

Fig. 53. Microfotografie in sezione sottile (nicol incrociati): (A e B) reperto M 179/21 (single), barra dimensionale 0.5 mm e 0.2 mm; (C) reperto M 179/4 (single), barra dimensionale 0.5 mm; (D) reperto M 179/12 (single), barra dimensionale 0.5 mm.

pione è caratterizzato anche da una abbondante componente carbonatica bioclastica, decomposta in seguito al processo di cottura, tuttavia testimoniata da numerosi pori subcircolari e da grumi micritici. La massa di fondo presenta una lieve birifrangenza d'aggregato, dovuta soprattutto ad una estesa impregnazione di calcite secondaria. La macroporosità è stimabile intorno al 15% ed i pori non presentano orientazioni preferenziali. Le dimensioni dei pori sono comprese tra lo 0.1-1 mm.

Il campione M 179/4 possiede una distribuzione disomogenea del degrassante con addensamento compreso tra il 10-15% (area). La classazione appare moderata, maggiormente rappresentate, sono le classi del silt grossolano (0.06-0.04 mm), della sabbia molto fine (0.06-0.125 mm) e della sabbia fine (0.125-0.250 mm). Rari sono i granuli

ricadenti nella sabbia media (0.25-0.5 mm). Il costituente più rappresentativo è il quarzo monocristallino con granuli che si presentano in prevalenza subangolosi. Componenti subordinati sono il quarzo policristallino, la mica, il K-feldspato (per lo più alterato in sericite) e il microclino (fig. 53C). La massa di fondo si presenta otticamente isotropa. La macroporosità è inferiore al 10%; i pori sono di forma irregolare con dimensioni comprese tra lo 0.1-1 mm. In base a dati in possesso degli autori di questa nota ed ancora in corso di pubblicazione sono state riscontrate delle interessanti analogie tra l'impasto di questo campione e le produzioni ceramiche che utilizzavano le materie prime argillose affioranti in prossimità dello Stagno di Cagliari-Assemini (Laguna di Santa Gilla) ed estesamente usate ancora oggi per produzioni ceramiche tradizionali.

Il campione M 179/12 presenta una distribuzione del degrassante sabbioso non omogenea con un addensamento intorno al 20-25% (area) ed una classazione seriale con dimensioni dei granuli distribuite dal silt grossolano (0.06-0.04 mm) alla sabbia grossolana (0.05-2 mm). Composizionalmente, il quarzo monocristallino è il componente principale seguito da quarzo policristallino, sporadico K-feldspato e raro plagioclasio. Subordinatamente si rinvengono frammenti di quarzareniti e di rocce cristalline acide (fig. 53D). La massa di fondo appare otticamente isotropa. La macroporosità è intorno al 20%, i pori hanno forma per lo più irregolare e ad impronta con dimensioni variabili da 0.1-1 mm.

4.4 Productions of the area of Carthage

Dennis Braekmans – Laboratory for Ceramic Studies, Faculty of Archaeology, Leiden University and Materials in Art and Archaeology, Laboratory of Materials Science, Delft University of Technology (The Netherlands), Cranfield Forensic Institute, Cranfield University, Defense Academy of the United Kingdom, (United Kingdom) Spriha Gupta – Laboratory for Ceramic Studies, Faculty of Archaeology, Leiden University (The Netherlands)

Introduction

Perhaps one of the most important regions in the Mediterranean area in terms of amphora production, is the North African coast and hinterland. This large region is arguably of pivotal importance in the development of the Mediterranean during the 1st Millennium BCE as a globalized exchange and trade system. Various goods and foodstuffs traveled large distances and are crucial for the emergence and economic stability of the Punic world. Based on both historical and archaeological sources, the type of materials that were traded are well known, but the impact of production on local and regional resources remains to be documented carefully. One of the key sites in this region is the ancient city of Carthage. From its establishment in roughly 800 BCE, Carthage developed into a hub for Mediterranean trade by the end of the 6th century BCE. It immediately became the centre of commerce for a large network of colonies in the Western Mediterranean.[277] Not only at Carthage, but along the North African coast several ceramic and metal producing workshops emerged, specifically geared toward transport amphora production. Important later Roman productions of African Red Slip Wares (ARS), amphora and various mould-made ceramics exploited the available raw materials and were produced on a massive scale and distributed over the entire Mediterranean.[278]

This chapter forms part of a collaborative project[279] that wishes to identify the mechanisms of the diachronic adaptation of new technologies for ceramic production from the Punic period until the established mass production in Roman periods in North Africa itself. Therefore an analysis of the entire spectrum of pottery produced at Carthage and other site in North Africa is envisaged. Up till now, various reference analytical studies have been carried out on small sample sets of very specific materials from Carthage (such as amphora and fine table wares) for comparison.[280] This information is essential to reconstruct the local economic history in individual 'regions' by addressing the ubiquitous ceramic evidence, which makes identifying an exact provenance analysis of these objects a pivotal piece of information. Another major challenge in African pottery studies relates to pinpointing the exact origin of the clay raw materials, and additionally the location of production. Because of their richness in quartz and calcareous content, tracing African ceramics is however often problematic and needs a multidisciplinary and large scale geochemical and mineralogical approach.

In this chapter, the Carthaginian origin of a set of Punic amphora attested at Himera will be validated through petrographic analysis. This contributes to the discussion on the development and mechanisms of these trade networks. Sixteen archaeological samples from Himera (tab. 11), provided within the framework of the FACEM project, were submitted for analysis.

Methodological Framework

Ceramic petrography and provenance studies have been reviewed multiple times by various scholars in multiple laboratories.[281] Through the use of thin sections (30μm thickness) slices of artifacts are prepared for transmitted light optical microscopy. This method enables the identification of rocks, minerals and microfossils in the sample. Thin sections of the samples were analyzed, described and documented with the aid of mineral atlases,[282] guides to mineralogy in archaeology[283] and ceramic petrography handbooks.[284] Patterns of plastics (clay matrices), and aplastic inclusions (such as grog, minerals, rocks and microfossil content) were viewed under Plane Polarised (PPL) and Crossed Polarised Light (XPL), observations based on crystallinity, orientation, cleavage, twinning, pleochroism, birefringence, anisotropy, grain size, distribution, frequency, sphericity and roundness. Petrographic descriptions were recorded for the clay fraction, or matrix, as well the inclusions. The clay matrix provides clues to the firing atmosphere of the ceramics. Factors such as the supply of air and oxygen, presence of iron and carbonaceous organic matter alter both the hand specimen as well as the inclusions visible in a thin section. The fine clay fraction is described in terms of its optical activity (or isotropy) and porosity. These inferences, when combined with geochemical data provide a sound foundation to interpret provenance of a ceramic. The clay mineralogy of the ceramic paste can be measured through geochemistry and the physical properties of the fabric often encode the manufacturing process, involving mixing different clays, and tempers alongside moistening and binding agents. The purpose of paste preparation is to ensure the pliability and workability of the paste. This process is also influenced by the desired performance characteristics of the finished vessel. For example, the addition of granite in a pulverized form is known to improve the thermal conductivity of pots, making them particularly amenable to use as cooking pots. The intentionality of addition is inferred based on some assumptions that tie in with the manufacturing process. Porosity is described in terms of shape, size and distribution frequency in thin section. It is often related to the manufacturing technique of the pot, firing conditions and its intended function. For instance, mould-pressed and wheel-thrown pottery often display particular forms of lamellar voids. These are frequently filled with secondary cementations related primarily to its drying, firing, use, discard and deposition. For instance, in cooking pots partially vitrified organic matter makes a frequent appearance, filling up pores. A mottled, overfired fabric in this section is indicative of frequent use with fire. Micrite (microcrystalline calcite cement) filling voids is abundant in the limestone and calcite tempered coarse wares.[285] Sodium zeolites and phosphates can also be discerned precipitating in voids and lining mineral inclusions, indicating post-depositional attrition. Iron and halite reaction rims in pores, clay nodules and vesicles are often related to alterations that can be traced back to mixing a ceramic paste, firing to possible post-depositional changes. Inclusions in the clay fabric may represent either the intentional addition of temper to improve the workability of the clay and reduce shrinkage upon firing, or natural diagenetic material. To distinguish between the two, parameters such as grain size, sphericity, roundness, sorting and frequency can indicate whether they were intentionally added or formed part of the raw clay. For instance, angular grains, from being freshly crushed or ground that are well sorted in the clay matrix, indicate intentional use of temper whereas more rounded and ill-sorted grains point to a natural diagenetic source. The aplastic inclusions may be naturally occurring in the clay. Grains of sand, silt or coarser minerals and rocks are often present in clay deposits. The intentional addition of aplastics to strengthen the pottery (or temper) may be discernable from the thin section based on the sphericity and roundness of the grains.[286] These descriptions form the basis of petrographic groupings of the ceramics. The sorting, size, frequency and angularity of inclusions can help infer intentionality of addition. Rounded, weathered grains may indicate natural silt or sediment, although the presence of more than one orientation can make it difficult to confidently assert.

The geology of Northern Tunisia

Knowledge of local and regional geology is fundamental to obtain observation regarding ceramic provenance. Geological maps present information on surface geology, but present a challenge in the identification of levels of mineralogical and lithological variation that could have been of interest to ancient potters, and thus extremely relevant to the search for the raw material sources for archaeological ceramics.[287] For example, clastic sedimentary units may be composed of alternating sandstone, siltstone and mudstone layers. The geological backdrop outlined in this chapter informs the classification of possible sources of aplastic inclusions (e. g. mineral temper, grog, microfossils) and their diagenetic condition as well as alterations to clay matrices that are inferred from the petrographic examination.

An overview of potential significant geology relevant to Carthage is provided in this section. Firstly, the relative abundance of gypsum its pure form is notable in around the mountainous massifs of Jurassic strata. The ones in the vicinity of Carthage are Jebel bou-Kournine, across the Bay of Tunis, and Jebel Resas; and to the south Jebel Zaghouan Oust, Aziz, Rouas and Ben Klab emerge as prominent in the topography. To the north, the highly deformed early Mesozoic strata of northern Tunisia with anhydrite, local dolomite and gypsum constitute surface outcrops in the mountainous terrain of Jebel Ammar, where large selenite crystals precipitate along the sides of the Triassic age deformed strata. This site is expected to have been a prime source of gypsum, given its proximity to Carthage. Second, the Jurassic mountain range north of Medjerda plains is made of the same Jurassic submarmorized carbonate. These facies are punctuated by white veins of calcite and occasional mylonitized zones of hematite-rich cataclasites. In thin section, these lithics appear to have recrystallised dolomitic limestone, with local pelletal microstructures. In certain instances, diagnostic fossils are reported that are intact, such as algae and foraminifera.[288] Third, Cretaceous through Eocene sediments in the eastern region of the Mediterranean basin, in contrast to the Jurassic sediments, include abundant microfauna, including but not limited to foraminifera. The topographic heights in the northeastern part of Tunisia are comprised of thin to moderately thick bedded limestone sequences which are locally abundant in foraminifera-forming biosparites. The biomicritic limestones are interspersed with clay-rich, and often iron-stained beds in the same outcrop sequence. The microfaunal rich carbonate mountain sources flank Carthage to the west along the Medjerda and the south, across the Bay of Tunis. Lithic sources for Carthage are moreover from the Upper Cretaceous to Eocene age foothills of Jebel er Rorouf along the northern slopes of the Jebel bou Kournine and Jebel Djelloud, gentle swell of the topographic landscape southeast of Tunis. A distinction between the geological constitution of the north of Tunisia and the south is evident. The region around Carthage and present day Tunis holds special interest for identifying a "local" source of production, stretching roughly the area bounded by the Gulf of Tunis. This area encompasses marine sediments from the Neogene, Oligocene, Eocene and Upper Cretaceous in the form of sandstones, limestones, clays and terrestrial intercalations from the Lower Cretaceous, sandy argillaceous fluviatile sediments belonging to the Permian-Triassic and Quaternary marine, lake and *sebkha* sediments. Further south along the coast, this combination is found abundantly alongside limestones, clays and sandstones from the Upper Jurassic as well as calcareous marls and limestones from the Lower Jurassic.[289]

500 μm

Fig. 54. Micrograph of petrographic group A (M179/121), taken under crossed polarisation. Field is approx. 2.5 mm across.

Petrographic result of Carthaginian amphora from Himera

A major challenge in North African context relates to pinpointing the exact origin of the clay raw materials, and additionally the location of production, which remains at the moment problematic to trace. Most African ceramics are rich in quartz and calcareous content which hampers an exact provenance analysis with established techniques.

The mineral content of the fired clay samples were analysed under a Lecia polarising light microscope at the Laboratory of Ceramic Studies at Leiden University. Two main groups are detected and described in this paper, mainly based on the presence of a calcareous matrix, the porosity network and general characteristics of abundantly present quartz grains (tab. 12). Fabric group A (fig. 54) is characterized by the dominant sub-rounded quartz. A main characteristic of this fabric group A is the high-fired, non-calcareous clay matrix. Frequently attested are (micritic) calcite and dispersed inclusions of limestone, calcite and (weathered) feldspar are also present. The colour of the micromass is reddish brown to grayish olive, under crossed polars and light gray to light reddish brown, under plane polarized light and is sporadically only slightly active. The mean particle size is 0.35mm (medium sand), while the general size of the inclusions is on average 0.85mm (up to 1 mm) (coarse - very coarse sand). The sorting is moderate and the inclusions exhibit a close- to single- porphyric distribution. The ratio coarse:fine:voids is 20:60:20. Porosity is represented by orientated voids (planars and vughs). Micromass is characterized also by a striated b- fabric (porostriated).

The second group, microfabric B, is characterized by bimodal distribution of the inclusions (fig. 55). The coarse fraction is constituted by subangular to subrounded quartz and few rounded to angular fragments of limestone and calcite. The mean particle size is 0.20mm (medium sand) and the largest particle size up to very coarse sand size class. The fine fraction is constituted by calcareous inclusions with size under the coarse silt size class. The ratio coarse:fine:voids is 40:50:10 and the porosity is mainly represented by orientated planar voids. The colour of the micromass ranges from red to brown, under crossed polars and from yellow-brown to light brown under plane polarized light. Optical activity is significantly higher than in microfabric A and mainly at

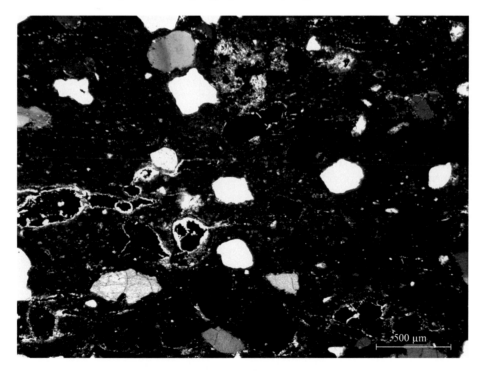

Fig. 55. Micrograph of petrographic group B (M179/114), taken under crossed polarisation. Field is approx. 2.5 mm across.

the margins of the vessel. It exhibits close- to single porphyric related distribution and a crystallitic, speckled and porostriated b- fabric.

DISCUSSION AND ARCHAEOLOGICAL IMPLICATIONS

Many scholars already provided important information regarding the determination of Punic and Roman production at Carthage and the Tunisian coastal area.[290] The observations discussed here therefore placed in this context.

Within this assemblage two main groups can be identified, characterized by mainly a quartz rich high-fired fabric (A) and a quartz-calcite tempered fabric (B). Both represent different source materials as well as a different technological background. Attributing a high resolution provenance of ceramics in North Africa is complicated by the uniformity of the geology in this region. This results in rather homogeneous raw materials and thus fabric types. This uniformity results in a series of fabrics which are enriched in various amounts in quartz and limestone grains. Past research has therefore already determined that the area around Carthage and Nabeul is very difficult to specify further, but what is clear, is that the products produced here are fairly distinct from other productions in Tunisia. As an example, the ceramic productions in the coastal areas of Central Tunisia seem to contain much more limestone fragments, as a direct result of the sand that present as non-plastic material in the ceramics.

Characteristic for microfabric A is the abundant amount of (subrounded) quartz grains in a low optical active matrix. A minor carbonate content is on the other hand rarely attested. This fabric is consisted with petrographic groups that are earlier for the Carthage-Nabeul area. This particular group is frequently encountered and little doubt remains this concerns a local production.

Microfabric group B reveals both numerous quartz and calcite grains of variable size. In addition some laminated argillaceous materials, such as shale, was identified. All the attested inclusions are sedimentary in origin and therefore exceedingly difficult to suggest a detailed source. What is confidently suggested, is the considerable compositional and technological differentiation from group A, and therefore the use of a different, more calcareous outcrop, perhaps within the same geological zone, seems to have been used.

With the analysis conducted here two main groups are clearly identified. However, it remains difficult to pinpoint these quartz and limestone rich fabrics to a detailed particular source.

While these observations are useful characterization tools, a detailed comparison is required with the archaeological and stereoscopic data of these fabrics (cf. also especially chap. 5). Regarding the previous established macroscopic groups CAR-REG-A-1, CAR-REG-A-3 and CAR-REG-A-4 these are not entirely replicated by the aforementioned petrographic analysis. In many archaeometric studies this is often the case and is not necessarily contradictory. However, what is required is a careful integration of all available data. What is clear is that all analyzed samples are clearly consistent with what is known from previous geological and archaeometric studies from the region. As such, it can be concluded all these samples have been produced with raw materials derived from the region of Carthage. Microfabric group A entails all macroscopic variations of fabrics, while microfabric group B only includes materials from CAR-REG-A-3 (except for one sample). An additional interesting observation is the chronology of the samples analysed. While the samples studied consist of a relatively small set of materials, ceramics attributed to microfabric A can be attributed to a longterm production (from 7th-6th centuries BCE onwards to at least 410 BCE), while microfabric B seems to be consistent with a later date of production (from the 5th century BCE onwards). It seems valid to hypothesize that during this period a diversification in production locations and/or raw materials recipes occurred.

To conclude, additional archaeometric work, especially integrated with detailed archaeological fabric databases such as FACEM, is required on the elucidation of the various productions and their developments at Carthage. What is especially needed at this point is a high resolution mapping of the available clay sources for mineralogical analysis.

NOTE

[261] In particolare, sono state eseguite indagini mineralogico-petrografiche mediante osservazioni al microscopio polarizzatore in luce trasmessa ed analisi chimiche. Le sezioni sottili per la microscopia a luce trasmessa (spessore 0.03 mm) sono state realizzate dopo il consolidamento preliminare dei frammenti in resina epossidica. Le osservazioni sono state effettuate attraverso un microscopio polarizzatore Leica DM LSP dotato di un sistema di *imaging* digitale (Leica DC200). I campioni per l'analisi chimica sono stati dapprima essiccati, ridotti in fine polvere e omogeneizzati mediante un mulino automatico con tazze e biglie in agata (Retsch PM100). Le analisi sono state effettuate presso i laboratori Actlabs Ltd (Ontario, Canada) mediante l'accop-

piamento della spettrometria di massa a emissione ottica (ICP-OES) e della spettrometria di massa a plasma accoppiato induttivamente (ICP-MS), rispettivamente per la determinazione degli ossidi degli elementi maggiori e degli elementi in traccia (Thermo Jarrell-Ash ENVIRO II ICP-OES e Varian Vista 735 ICP-MS). I campioni sono stati preliminarmente miscelati con metaborato e tetraborato di litio e fusi in un forno ad induzione. Il campione fuso viene immediatamente versato in una soluzione al 5% di acido nitrico contenente uno standard interno, e mescolato continuamente fino a completa dissoluzione (circa 30 minuti). La calibrazione è stata eseguita utilizzando 7 materiali di riferimento certificati (standard USGS). È stata altresì effettuata una calibrazione con alcuni campioni precedentemente analizzati mediante tecnica XRF (spettrometro Rigaku ZSX Primus, *powder pellets* su base di H_3BO_3) per controllare specificamente la sensibilità di rilevazione di alcuni ossidi degli elementi maggiori (CaO, MgO, $Al_2O,^3$ Fe_2O_3 ed SiO_2).

[262] Alaimo/Montana/Palumbo 1997; Alaimo et al. 1998; Alaimo et al. 2002; Alaimo/Montana/Iliopoulos 2003.

[263] Montana/Polito/Quartararo 2015.

[264] Montana/Randazzo 2015.

[265] Alaimo et al. 1998; Alaimo/Greco/Montana 1998; Alaimo/Montana/Iliopoulos 2003; Alaimo/Montana/Iliopoulos 2005; Montana et al. 2009a; Montana et al. 2009b.

[266] Montana/Randazzo 2015.

[267] Montana/Randazzo 2015.

[268] Amadori/Fabbri 1998a; 1998b; 1998c; Bonifay et al. 2002-2003; Duperron/Capelli 2015.

[269] Cau Ontiveros et al. 2015; Tsantini et al. 2017; Cau Ontiveros et al. in preparazione.

[270] Amadori/Fabbri 1998b.

[271] Amadori/Fabbri 1998b.

[272] Amadori/Fabbri 1998a.

[273] Bonifay et al. 2002-2003; Duperron/Capelli 2015.

[274] Miguel Gascón/Buxeda e Garrigós/Day 2015.

[275] Amadori/Fabbri 1998c.

[276] Cau Ontiveros/Iliopoulos/Montana 2010.

[277] Stager 1977; Rakob 2000; Docter et al. 2006.

[278] Mackensen/Schneider 2006; Capelli/Leitch 2011; Leitch 2013; Baklouti et al. 2015.

[279] Collaboration between B. Bechtold (within the wider framework of the FACEM project mentioned above), Leiden University, Delft University of Technology, Cranfield University and Harvard University which wishes to determine robust provenance markers for North African ceramics, and in particular in the region of modern-day Tunisia.

[280] Pike/Fulford 1983; Mackensen/Schneider 2006; Bonifay et al. 2010.

[281] Bronitsky 1986; Stoltman 2001; Josephs 2005; Pollard 2007; Pollard/Heron 2008; Braun 2012; Quinn 2013; Braekmans/Degryse 2016; Whitbread 1989.

[282] Adams/MacKenzie/Guilford 1984; Adams/MacKenzie 1998.

[283] Rapp/Wagner/Herrmann 2009.

[284] Reedy 2008; Quinn 2013.

[285] Braekmans/Degryse 2016.

[286] Braekmans/Degryse 2016.

[287] Quinn 2013.

[288] Bullard 1985.

[289] Bullard 1985; Bishop 1975; Schluter 2008.

[290] A.o. Bechtold 2010; Bechtold/Docter 2010; Bonifay et al. 2002-2003; Fulford/Peacock 1984.

Sample no. Facem	Catalogue/ Tomb no.	Fabric	Type	Chronology	Petrographic classification
M 179/38	Cat. 2/RA165	CAR-REG-A-1	Karthago 1 A2/3/T-2.1.1.2	650-580	A
M 179/111	Cat. 10/W7215	CAR-REG-A-3	Karthago 1 A 4	540-520	A
M 179/112	Cat. 5/W8040	CAR-REG-A-3	Karthago 1 A2/3/T-2.1.1.2	650-580	A
M 179/113	Cat. 31/W8317	CAR-REG-A-3	not id.	5th c. BCE	A
M 179/114	Cat. 23/W8457	CAR-REG-A-3	T-4.1.1.2	450-409	B
M 179/115	Cat. 4/W9117	CAR-REG-A-3	Karthago 1 A2/3/T-1.3.2.1	650-580	A
M 179/116	Cat.1/SK296	CAR-REG-A-3	Karthago 1 A2/3/T-2.1.1.2	650-580	A
M 179/117	Cat. 19/RO1365	CAR-REG-A-4	Karthago 1 A4/T-1.4.2.2	500-480	B
M 179/118	Cat. 13/RO2125	CAR-REG-A-3	Karthago 1A4/T-1.4.2.1	550-500	A
M 179/119	Cat. 9/RO2245	CAR-REG-A-4	Karthago 1 A4/Sourisseau 2b	540-520	A
M 179/120	Cat. 20/W412	CAR-REG-A-3	T-1.4.2.2	500-480	B
M 179/121	Cat. 11/W4476	CAR-REG-A-3	Karthago 1 A4/T-1.4.2.1	510-490	A
M 179/122	Cat. 24/W4769	CAR-REG-A-4	T-2.2.1.2	430-409	A
M 179/123	Cat. 18/W5855	CAR-REG-A-3	Karthago 1 A4/T-1.4.2.2	480-450	B
M 179/124	Cat. 25/W1744	CAR-REG-A -3	T-4.2.1.6/7	420-409	B
M 179/125	Cat. 27/RO1239	CAR-REG-A-4	T-4.2.1.2	409 c. BCE	A

Tab. 11. Overview of Carthaginian amphora samples from Himera for petrographic analysis.

	no.	1	2
	Petrographic fabric	Carthage A	Carthage B
	Sample (n=)	11	5
	Sample no.	M179/111; M179/112; M179/113; M179/115; M179/116 M179/118; M179/119; M179/121; M179/122; M179/125; M 179/38	M179/114; M179/117; M179/120; M179/123; M179/124
	Ware groups	Punic amphora: CAR-REG-A-1; CAR-REG-A-3; CAR-REG-A-4	Punic Amphora; CAR-REG-A-3; CAR-REG-A-4
	Site	Himera	Himera
Matrix	Matrix (PPL)	grey to yellow; orange and brown	yellow-reddish brown
	Matrix (XP)	fine-grained, non-calcareous, grey olive or reddish brown to dark red	Fine-grained, calcareous, light brown - red
Inclusions	Inclusions	mono- and polycrystalline quartz, feldspar, calcite, clay nodules	mono- and polycrystalline quartz, feldspar, calcite, micrite, clay nodules, shale
	Abundance	20%-30%	25%-40%
	Size	0.1-1.2 mm (up to 2.7mm)	0.1-0.8 mm
	Roundness/Angularity	elongated, angular to rounded grains	(very) angular to elongate subrounded
	Sorting	poorly to moderately sorted	moderately sorted
Porosity	Porosity	vughs, planar and vesicle, parallel orientation	vesicle, planar orientated horizontally
	Approx. Void Size (μm)	0.2-1.8 mm	0.1-1.2 mm
	%Porosity	15-25%	15%
	Porosity sorting	moderately to well sorted	well sorted

Tab. 12. Petrographic results of two main petrographic groups.

5

La descrizione microscopica dei *fabrics* identificati fra le anfore fenicio-puniche di Himera

Karin Schmidt – Hamburg (Germany)

I *fabrics*[291] delle produzioni dell'area di Cartagine, della Sardegna centro-occidentale e occidentale sono stati presentati nella prima edizione di FACEM del 2011, mentre le serie siciliane di Mozia, Solunto e Palermo e alcune produzioni dell'area dello Stretto di Gibilterra sono state pubblicate nella quarta edizione della banca dati del 2015. Il seguente testo rappresenta il riassunto in lingua italiana delle ricerche precedenti, limitato, ovviamente, ai *fabrics* individuati a Himera.

5.1 FABRICS DALL'AREA DI CARTAGINE

I *fabrics* della regione di Cartagine[292] si contraddistinguono per una matrice porosa dal degrassante sabbioso, grossolano, con molti vacuoli, tipicamente disposti in modo lamellare. L'alta percentuale di particelle di quarzo tondeggianti, ma anche angolose conferisce alla frattura il caratteristico aspetto granuloso. Carbonati di calcio e grumi di micrite[293] sono presenti in quantità diverse. Va sottolineato che al momento non è possibile osservare una buona sovrapposizione fra i *fabrics* archeologici CAR-REG-A-1, CAR-REG-A-3 e CAR-REG-A-4 individuati fra le anfore fenicio-puniche di Himera ed i due *micro-fabrics* A e B distinti nell'ambito delle analisi archeometriche esposte nel cap. 4.4.

Il *fabric* **CAR-REG-A-1** (tav. 8,1) presenta una matrice fine e porosa, a volte anche compatta.[294] Il degrassante consiste in una sabbia grossolana di taglia medio-fine, rappresentata quasi esclusivamente da granuli di quarzo (soprattutto 0,04-1,2 mm) trasparenti, grigi o rossicci, tondeggianti, sub-tondeggianti o angolosi e spesso fratturati.[295] In quantità minori si notano inclusi rosso-bruni o neri. Diversamente da quanto sostenuto nella prima edizione di FACEM,[296] carbonati di calcio e grumi di micrite si trovano sporadicamente (0,1-2,2 mm). Grumi di chamotte di grandi dimensioni, in genere di colore marrone chiaro, sono rari (3 mm e oltre). L'addensamento di CAR-REG-A-1 oscilla dal 20% al 30%. L'alta quantità di vacuoli grandi, disposti in modo lamellare, comporta una porosità normalmente compresa fra il 15% e il 20%. La matrice

presenta colori che variano dal rosso, anche chiaro, all'arancione o anche al marrone chiaro. Il fabric **CAR-REG-A-3** (tav. 8,2) si distingue dal precedente impasto CAR-REG-A-1 per la presenza di una quantità più alta di carbonato di calcio e di grumi di micrite (3 mm o oltre). Anche le particelle rosso-brune o rosse sono a volte in dimensioni maggiori (max. 1,2 mm). L'addensamento varia ugualmente fra il 20% e il 30%. Una grande quantità di vacuoli di forma allungata o vescicolare, disposti in maniera pressoché parallela, porta ad una porosità compresa fra il 10%-20%. La matrice è rossa o rosso chiara, arancione, spesso dal nucleo grigio o marrone chiaro. Il fabric **CAR-REG-A-4** (tav. 8,3) si distingue dal precedente CAR-REG-A-3 per il colore rosso-bruno, rosso o anche giallastro dei grumi di micrite che sembrano spesso riempiti di particelle porose di colore rossastro o giallastro. Il colore della matrice è più chiaro che negli altri impasti e varia dal verde, verde-giallo al marrone chiaro.

5.2 FABRICS DI MOZIA

I *fabrics* MOT-A-1 e MOT-A-2,[297] impiegati per la produzione di anfore commerciali, si contraddistinguono per uno scheletro denso e sabbioso, caratterizzato da un'alta percentuale carbonatica.[298] A frattura fresca sono particolarmente ben visibili e frequenti particelle di carbonato di calcio e grumi di micrite di colore giallo o biancastro. **MOT-A-1** (tav. 8,4) corrisponde all'"impasto A" di età arcaica delle precedenti ricerche archeometriche.[299] La matrice è di colore rosso o anche arancione, spesso dal nucleo grigio, rosso-bruno, grigio-bruno o anche grigio scuro o nero. La tessitura è grossolana con uno scheletro molto denso e dalla distribuzione areale eterogenea, composta da numerosi granuli di taglia piccola e grande di forma sferica, sub-angolare ed angolare (0,04-1 mm, sporadicamente fino a 2,1 mm) di colore bianco, giallastro, brunastro e trasparente. La componente di carbonato di calcio di color bianco o giallo, nonché di grumi di micrite di forma vescicolare e soprattutto irregolare (da 0,04 fino a 1,6 mm, raramente fino a 2,4 mm) è molto alta.

Inclusi rossi o rosso-bruni o anche particelle arancioni o nere (concrezioni di ferro e altro) sono infrequenti e la mica è rara. L'addensamento varia fra il 10% e il 20%.[300] La presenza di vacuoli di forma allungata comporta una porosità compresa fra il 7,5% e il 12,5%. Il più fine *fabric* **MOT-A-2** (tav. 8,5) corrisponde al più recente "impasto B" delle analisi archeometriche la cui produzione inizia non prima del V sec. a.C.[301] Anche MOT-A-2 è caratterizzato da uno scheletro di distribuzione areale eterogenea dalla medesima composizione di MOT-A-1, ma più denso. La matrice è di colore rosso, rosso-bruno, brunastro-rosso o anche grigio scuro fino a nero. La maggior differenza con MOT-A-1 consiste in una taglia minore dei granuli sabbiosi, soprattutto delle particelle di quarzo, dei carbonati di calcio, nonché dei grumi di micrite (0,04 fino a 1-1,1 mm, raramente fino a 1,8 mm).[302] Di conseguenza, l'addensamento è leggermente più alto (17,5% fino a 25%), mentre la porosità assomiglia a quella di MOT-A-1. Sporadicamente, si trovano grumi argillosi di colore arancione.

5.3 *Fabrics* di Soлunto

A conferma delle precedenti analisi archeometriche[303] e in base alle osservazioni al microscopio,[304] abbiamo distinto un *fabric* arcaico (SOL-A-1) e un gruppo di impasti in uso in età classico-ellenistica (SOL-A-3 a SOL-A-5), nonché un gruppo intermedio SOL-A-2. La caratteristica maggiore degli impasti anforici di *Solus* consiste nella presenza di una quantità più o meno alta di granuli di quarzo e di particelle di carbonato di calcio, ma anche di grumi di micrite. Il *fabric* **SOL-A-1** (tav. 8,6), l'impasto archeometrico *SP-I,*[305] presenta una matrice mediamente fine o anche grossolana con un degrassante dalla distribuzione areale non uniforme, composto prevalentemente da quarzo, in parte probabilmente aggiunto artificialmente,[306] da carbonato di calcio e da grumi di micrite dalle dimensioni medio-fini (<0,04-1,8 mm). L'addensamento è compreso tra il 15% e il 20%, mentre la porosità varia fra il 5% e il 7,5%. Le particelle di quarzo sono di colore grigio trasparente o raramente bruno e di forma sferica o sub-allungata, tondeggianti o leggermente squadrate (0,06-1 mm). Le particelle di carbonato di calcio ed i grumi di micrite sono bianchi o giallastri, di forma sferica o sub-sferica o anche sub-allungata (0,04-1,8 mm). In genere, inclusi rossi, rosso-bruni o anche nerastri sono rari o poco frequenti e semmai di taglia piccola (<0,04-0,2 mm, raramente

maggiori di 1 mm). Anche la mica è rara. Il colore degli impasti varia da rosso a rosso chiaro, all'arancione (spesso con nucleo grigio o bruno) o al bruno-grigiastro. Il *fabric* **SOL-A-2** (tav. 8,7) presenta una frequenza maggiore di particelle di taglia fine (<0,04-0,2 mm, non frequentemente o sporadicamente fino a 2,5 mm). Predominano i carbonati di calcio ed i grumi di micrite bianchi o giallastri. Inclusi rossi, rosso-bruni o anche neri sono rari o poco frequenti. Sporadicamente sono presenti foraminifera e particelle rossastre o giallastre. L'addensamento varia fra il 12,5% e il 15%, occasionalmente fino al 25%, mentre la porosità è compresa fra il 5% e il 10%. Il colore della matrice argillosa si presenta rosso, rosso chiaro, arancione, grigio o anche bruno pallido. **SOL-A-3** (tav. 8,8) è caratterizzato da uno scheletro più o meno denso, molto fine, con inclusi prevalentemente dalle dimensioni compresi fra il <0,04-0,125 mm, infrequentemente fino a 1 mm ed eccezionalmente fino a 3,4 mm. Predominano particelle di carbonato di calcio e grumi di micrite bianchi o giallastri. Anche granuli di quarzo molto piccoli e di colore grigio, trasparente o bruno sono presenti in grandi quantità (<0,04-0,06 mm) che non si apprezzano facilmente neanche all'ingrandimento x25. Inclusi rossi, rosso-bruni e neri sono generalmente di taglia piccola e variano da molto frequenti a rari. Sporadicamente si notano foraminifera. La matrice compatta è di colore rosso, rosso-chiaro o anche arancione (spesso dal nucleo grigio) o anche bruno-grigio. La porosità (ca. 3%-7,5%) e anche l'addensamento (5%-10%) sono bassi. **SOL-A-4** (tav. 9,1) presenta tutte le caratteristiche del precedente SOL-A-3, ma si differenzia per una densità maggiore delle particelle di carbonato di calcio e dei grumi di micrite, in genere molto piccoli, ma sporadicamente anche grandi (fino a 2,6 mm). Inclusi rossi, rosso-bruni e neri variano da raro a frequente (specialmente quando di taglia piccola). L'addensamento varia fra il 7,5% e il 15%, mentre la porosità è compresa fra il 2,5% e il 10%. La matrice argillosa si presenta di colore rosso, rosso-chiaro o anche arancione, rosso-bruno, grigio o anche bruno-grigio.

5.4 *Fabrics* di Palermo

La ricerca archeometrica su artefatti prodotti a Palermo è ancora in una fase iniziale. Le uniche analisi di oggetti ceramici di indubbia fabbrica locale[307] riguardano quattro scarti di fornace di anfore reimpiegate in un riempimento di età medievale del palazzo della Zisa, un contesto datato alla seconda metà del XII sec. d.C.[308] Il *fabric* di questi esemplari è caratterizzato da uno scheletro sabbioso, naturale, molto fine (0,05-0,1 mm, sporadicamente fino a 2 mm) con una dominanza di particelle di carbonato di calcio e di grumi di micrite, nonché inclusi di quarzo. La matrice argillosa varia da rosso, rosso-mattone, arancione (spesso dal nucleo grigio) a brunastro. Secondo gli autori delle analisi archeometriche, l'addensamento di tre campioni è molto alto (fra il 25% e il 35%), mentre l'ultimo campione presenta delle percentuali comprese fra il 10% e il 15%.[309] I *fabrics* anforici panormitani individuati nell'ambito delle nostre ricerche[310] dimostrano, invece, addensamenti molto bassi, in base alle osservazioni al microscopio compresi fra il 3,5% e il 7,5%. Non possiamo escludere, tuttavia, che anche l'uso dell'ingrandimento x25 non sia sufficiente per distinguere degli inclusi minuscoli che variano da molto fini alla frazione silicea.

A causa dell'uso delle stesse materie prime, delle csd. argille di Ficarazzi, gli impasti panormitani si presentano alquanto simili ai gruppi SOL-A-3 - SOL-A-4 di età classico-ellenistica della vicina *Solus*.[311] Il più frequente *fabric* **PAN-A-1** (tav. 9,2) è caratterizzato da una matrice fine e compatta con scheletro sabbioso molto fine e dalla distribuzione areale omogenea. È composto, sostanzialmente, da particelle molto piccole di carbonato di calcio e di grumi di micrite (<0,04-0,5, sporadicamente fino a 1 mm o anche 1,8 mm) fra le quali si notano anche foraminifera/bioclasti. In quantità minori si trovano piccoli granuli di quarzo dalle dimensioni molto uniformi (0,04-0,2 mm, raramente fino a 0,5 mm, sporadicamente fino a 1 mm). Inclusi rossi e rosso-bruni sono molto frequenti (<0,04-0,4 mm, sporadicamente fino a 1,3 mm o anche 2,4 mm), mentre particelle nere sono presenti in basse quantità (<0,04-0,2 mm, sporadicamente fino a 0,4 mm). L'addensamento varia fra il 3,5% e il 7,5%, mentre la porosità è compresa fra l'1% e il 6,5%. La matrice è di colore rosso chiaro o rosso mattone, arancione, o anche grigio scuro e rosso-grigiastro. Meno del 5% dei campioni analizzati è stato realizzato in *fabric* **PAN-A-2** (tav. 9,3) che si distingue da PAN-A-1 per una matrice leggermente più grossolana, una frequenza più alta di particelle grigie e nere e di grumi di micrite (<0,04-0,8 mm) e per un'incidenza più alta di mica (<0,04-0,16 mm). Anche l'addensamento (fra il 5% e il 7,5%) e la porosità (1,5%-7,5%) sono leggermente più alti.

5.5 *Fabrics* della Sardegna centro-occidentale (area di *Neapolis*)

Già nella prima edizione di FACEM del 2011 sono stati presentati tre impasti, in base a studi archeologici e archeometrici attribuiti all'entroterra rurale di *Neapolis* a Nord del fiume Mannu.[312] Le differenze fra i *fabrics* W-CENT-SARD-A-1 a W-CENT-SARD-A-3 sono minime e tutti e tre rientrano, infatti, nel *fabric* A di van Dommelen.[313] Il gruppo W-CENT-SARD si distingue per una matrice porosa non calcarea, caratterizzata soprattutto da un degrassante sabbioso, costituito da granuli di quarzo di forma da tondeggiante ad angolosa di colore grigio, bianco, trasparente e rosso-bruno. La matrice è arancione, a volte con nucleo rosso o grigio, o anche brunastra.

W-CENT-SARD-A-1 (tav. 9,4) presenta una porosità compresa fra il 7,5%-10% e una matrice dominata dalla componente sabbiosa (addensamento fra il 20%-25%), costituita soprattutto da granuli di quarzo tondeggianti e angolosi (0,04-1,6 mm). In quantità minore ricorrono carbonati di calcio o rari grumi di micrite (max 1,2 mm). Particelle nere (<0,04-0,8 mm) sono presenti in quantità moderata, mentre granuli rossi (max 1,4 mm) sono rari. Nell'insieme, il degrassante dell'impasto W-CENT-SARD-A-1 sembra maggiormente caratterizzato dalla presenza di inclusi anche di taglia grande, a volte dalle dimensioni superiori a quelle indicate nel testo. Si notano inoltre singoli grumi di argilla dal colore della matrice o leggermente più chiari (chamotte?). La matrice è arancione, a volte con nucleo rosso. A differenza di W-CENT-SARD-A-1, **W-CENT-SARD-A-2** (tav. 9,5) presenta una matrice a volte più compatta con un degrassante meno denso,[314] costituito soprattutto da quarzo (fino a 1,6 mm). Particelle nere e rosso-brune o rosse sono più frequenti e a volte di notevoli dimensioni (fino a 6 mm). Eccezionalmente si trovano carbonato di calcio e grumi di micrite. La matrice è di colore arancione con nucleo grigio o brunastro. **W-CENT-SARD-A-3** (tav. 9,6) è caratterizzato da una matrice porosa e granulosa dal degrassante sabbioso, costituito soprattutto da granuli di quarzo, nonché da inclusi neri di taglia da piccolo a grande e poche particelle rosso-brune. Sono presenti anche grumi di argilla, grossomodo dal colore della matrice. Carbonati di calcio e grumi di micrite sono rari. L'addensamento è compreso fra il 15% e il 30%, la porosità varia dal 2,5% al 10%. La matrice è di colore bruno o rosso-bruno.

5.6 FABRICS DELLA SARDEGNA OCCIDENTALE (AREA DI THARROS)

Anche le produzioni dell'area di *Tharros* (vedi ora anche cap. 4.2, *microfabric* SAR-TH) sono state pubblicate nella prima edizione di FACEM del 2011,[315] con un'aggiunta nel 2013.[316] Questo gruppo, equivalente ai *fabrics* B 1-3 di van Dommelen, si distingue soprattutto per una matrice calcarea dai colori molto chiari.[317] Il degrassante fine o medio-fine è di natura sabbiosa, costituito da granuli di quarzo di forma tondeggiante o angolosa di colore bianco, grigio e trasparente. Particelle di carbonato di calcio e grumi di micrite si trovano in quantità diverse, ma particolarmente tipici sono numerosi inclusi neri o rosso-bruni. Tutti gli impasti attribuiti al gruppo W-SARD presentano inoltre delle miche bianche o scure. **W-SARD-A-2** (tav. 9,7), il *fabric* B2 di van Dommelen,[318] è caratterizzato da una matrice fine, molto calcarea con un addensamento compreso fra il 15%-25%, costituito in prima linea da piccoli granuli di quarzo (<0,04-0,6 mm). La porosità è compresa fra l'1,5% e il 7,5%. Inclusi rossi o neri sono alquanto frequenti (<0,04-0,2 mm, più raramente fino a 1,5 mm e oltre). Particolarmente caratteristici sono particelle di carbonato di calcio e grumi di micrite, in genere di colore rossastro, brunastro o giallastro, presenti in diverse quantità, ma a volte solo difficilmente distinguibili a causa del colore chiaro della matrice. Foraminifera non sono rari (0,12-0,4 mm), mentre mica bianca e scura è presente in quantità moderate (<0,04-0,1 mm, a volte fino a 0,45 mm). **W-SARD-A-6**[319] (tav. 9,8) presenta una matrice compatta, fine o medio-fine di colore rosso-bruno o anche rosso chiaro, caratterizzata soprattutto dall'incidenza alta di particelle di mica bianca e scura. Tipiche sono anche particelle di quarzo bianche, grigie o trasparenti di medie dimensioni e di forma sferica o allungata, arrotondata o angolosa, mentre vacuoli rimangono poco frequenti. Altamente caratteristici sono inclusi rossastri o brunastri di piccole e medie dimensioni, nonché piccole particelle nere. Due campioni presentano foraminifera. L'addensamento è compreso fra il 2,5%-10%, la porosità varia fra il 2,5%-5%. **W-SARD-A-7**[320] (tav. 10,1), infine, presenta una matrice fine e compatta di colore bruno chiaro, internamente e esternamente a volte rosso-giallastra. L'impasto è crivellato di granuli di quarzo grigi, bianchi e trasparenti, in genere di taglia piccola, a volte dalle dimensioni maggiori. Inclusi rossastri, bruni o neri, particelle di carbonato di calcio bianche e grumi di micrite

sono frequenti. Mica bianca e scura è molto tipica, mentre foraminifera e vacuoli si trovano solo sporadicamente. L'addensamento è compreso fra il 15%-25%, la porosità varia fra il 3%-5%.

5.7 FABRICS DALL'AREA DELLO STRETTO DI GIBILTERRA

Nella prima[321] e nella quarta[322] edizione di FACEM sono stati pubblicati complessivamente cinque impasti CdE-A-1 – CdE-A-5, in base a criteri archeologici attribuiti alla regione dello Stretto di Gibilterra.[323] A prescindere dal primo impasto CdE-A-1, tutti gli altri fabrics sono attestati fra il gruppo di anfore spagnole identificate nelle necropoli imeresi. Impasto **CdE-A-2** (tav. 10,2) presenta una matrice sabbiosa dallo scheletro quarzoso, caratterizzato da numerosi granuli di quarzo di colore grigio, trasparente o brunastro (0,04-0,8 mm, ma anche fino a 1,2 mm). In quantità minore si trovano particelle di carbonato di calcio e poca mica. Particolarmente tipici sono inclusi rosso-bruni o rossi (<0,04-1,2 mm), nonché quantità minori di inclusi neri (<0,04-0,6 mm). L'addensamento varia fra il 15%-20%, la porosità è compresa fra il 5%-7,5%. La matrice è di colore rosso chiaro oppure marrone pallido, spesso dal nucleo bruno chiaro o rosso chiaro. **CdE-A-3** (tav. 10,3) si differenzia per una matrice più fine e più compatta dalla porosità di 2,5%-5%, mentre l'addensamento varia fra il 12,5%-15%. Il degrassante consiste in granuli di quarzo (max fino a 1,1 mm), particelle nere e grigie (<0,04-1,1 mm) o anche rosso-brune o rosse (<0,04-1,1 mm). Carbonati di calcio di piccole dimensioni sono molto frequenti, mentre frammenti di taglia più grande e grumi di micrite si trovano solo sporadicamente (max 1,0 mm). Foraminifera sono presenti in quantità sostenute. Particolarmente vistose sono delle particelle brillanti di colore argenteo, probabilmente frammenti di quarzo trasparente fratturati. Mica chiara, raramente anche scura, è presente in basse quantità. La matrice è di colore rosso chiaro o marrone chiaro, in genere dal nucleo grigio chiaro o scuro. **CdE-A-4** (tav. 10,4) si distingue dal precedente fabric CdE-A-3 per un'incidenza più alta delle particelle di carbonato di calcio, in particolare dei grumi di micrite di taglia molto piccola (<0,04-0,16 mm, sporadicamente anche fino a 1,4 mm, in un campione anche 3,4 mm). Anche gli inclusi neri sono più numerosi (max 1,2 mm), mentre particelle rosso-brune o rosse sono presenti soltanto in quantità contenute. L'incidenza dei granuli di quarzo varia da molto a poco (max 1 mm). Come in CdE-A-3, le particelle brillanti saranno da identificare con frammenti di quarzo fratturato. Anche in **CdE-A-5** si trovano occasionalmente foraminifera. L'addensamento si muove attorno al 15% e la porosità attorno al 5%. La matrice è maggiormente di colore rosso chiaro e/o marrone chiaro o grigio e (tav. 10,5) si differenzia dall'impasto precedente per un numero minore di particelle nere, soprattutto di dimensioni più grandi, mentre quelle rosso-brune e rosse sono leggermente più abbondanti. Nell'insieme, i numerosissimi inclusi di carbonato di calcio ed i grumi di micrite sono un po' più grandi rispetto a CdE-A-4 (<0,04-0,4 mm, singolarmente fino a 1,6 mm). Foraminifera e particelle brillanti (quarzo fratturato) sono ugualmente presenti. L'addensamento aggira al 20% ca., mentre la porosità varia fra il 2,5%-7,5%. La matrice è di colore rosso chiaro, marrone chiaro, grigio oppure rosso chiaro/marrone chiaro e grigio.

NOTE

[291] Per questo termine vedi Gassner/Trapichler 2011 con bibliografia precedente.

[292] Per l'edizione di questo gruppo in FACEM vedi Bechtold 2012 e Bechtold/Gassner/Trapichler 2011.

[293] Seguendo la gentile indicazione di G. Montana (Università di Palermo), questo termine sostituisce la voce "carbonate pseudomorphoses", utilizzata nella banca dati di FACEM ed in tutti i contributi lì pubblicati sino dalla prima edizione del 2011.

[294] Cf. con FACEM – http://facem.at/m-94-9 e FACEM – http://facem.at/m-94-14 e la loro descrizione in Bechtold/Gassner/Trapichler 2011, 3, nota 1: "This fabric shows a very fine matrix with regularly distributed quartz particles. Sporadically we find very large gray spots."

[295] Vedi anche Maraoui Telmini/Bouhlel 2011, 337, 340, 345.

[296] Bechtold/Gassner/Trapichler 2011, 3 "(...) only one fabric was made of raw materials that did not contain carbonate: CAR-REG-A-1."

[297] Schmidt 2015c.

[298] Per le analisi archeometriche vedi cap. 4.1, nonché Iliopoulos/Alaimo/Montana 2002, 355-356; Alaimo/Montana/Iliopoulos 2005, 707-711; Montana/Polito/Quartararo 2015, 817: "Fabric 2 (Fig. 3b) is composed mostly (...) of mono and polycrystalline quartz, followed by K-feldspar, plagioclase and chert (...), calcareous microfossils (...). Inclusions were predominantly represented by fine to medium sized sand grains, with approximately 25% packing (area)."; da ultimi vedi Montana/Randazzo 2015, 132-139, tabb. 11-12, impasto archeometrico ML-I.

[299] Iliopoulos/Alaimo/Montana 2002, 355-356, figg. 207-208; Alaimo/Montana/Iliopoulos 2005, 707-708.

[300] A confronto vedi Iliopoulos/Alaimo/Montana 2002, 356: 15%-25%.

[301] Iliopoulos/Alaimo/Montana 2002, 356-357, fig. 209; Alaimo/Montana/Iliopoulos 2005, 707-708.

[302] Iliopoulos/Alaimo/Montana 2002, 357: 0,125-0,25 mm.

[303] Vedi cap. 4.1, nonché Alaimo/Montana/Iliopoulos 2005, 707-711, figg. 7-8, in particolare 708: "(...) differen-

ces in dimension and packing of the sandy temper between the Archaic (late VII-VI century B.C.) and the Classical-Hellenistic (V-III century B.C.) productions. The Archaic potsherds contain inclusions with a prevailing size of medium-fine sand (0.2-0.5 mm) and packing generally ranging between 20 and 30% (...). By contrast, all the Classical-Hellenistic artefacts are characterised by temper consisting of very fine sand (0.06-0.125 mm) with packing ranging between 10 and 20% (...)." Per gli aspetti mineralogici e petrografici delle materie prime utilizzate a Solunto, vedi Alaimo/Montana/Iliopoulos 2005, 707-708; precedentemente vedi anche Alaimo/Greco/Montana 1998, 13-14. Montana/Polito/Quartararo 2015, 817, fabric 1; per l'analisi della ceramica comune cf. Montana et al. 2009a; Montana et al. 2009B; da ultimi vedi Montana/Randazzo 2015.

[304] Schmidt 2015a.

[305] Montana/Randazzo 2015, 121-131, tabb. 9-10.

[306] Montana et al. 2009a, 127.

[307] Vanno qui ricordate anche le recenti ricerche su 55 frammenti a vernice nera provenienti da diversi siti della Sicilia occidentale editi in Belvedere et al. 2006, che hanno stabilito per il gruppo petrografico II ed il gruppo chimico B un'origine nell'area fra Palermo e Solunto (materia prima compatibile con le argille di Ficarazzi).

[308] Alaimo et al. 1999.

[309] Alaimo/Giarrusso/Montana 1999, 47-48, campione 27213.

[310] Schmidt 2015b.

[311] Tutti i campioni analizzati e relativi ai *fabrics* soluntini SOL-A-3 e SOL-A-4 ed a PAN-A-1 rientrano, infatti, nell'impasto archeometrico *SP-II*, vedi Montana/Randazzo 2015, 121-131, tabb. 9-10 e *supra*, cap. 4.1.

[312] van Dommelen/Trapichler 2011a. Per l'ampia diffusione di questa produzione nell'area sotto l'influenza di Cartagine fra il VI ed il III sec. a.C. cf. Bechtold 2013a, 83-86.

[313] van Dommelen/Trapichler 2011a, 1.

[314] Vedi il campione di referenza M 148/5 con una porosità del 5% e un addensamento di ca. 15%, cf. FACEM – http://facem.at/w-cent-sard-a-2.

[315] Per l'attribuzione – in base archeologica ed archeometrica - dei cinque *fabrics* W-SARD-A-1 – W-SARD-A-5 alla regione di *Tharros* vedi van Dommelen/Trapichler 2011b; per l'ampia diffusione di questa produzione nell'area sotto l'influenza di Cartagine fra il VI ed il III sec. a.C. cf. Bechtold 2013a, 86-92.

[316] Schmidt 2013.

[317] Infatti, W-SARD-A-1 – W-SARD-A-5 rientrano tutti nell'impasto B ("white fabric") del Riu Mannu survey, vedi van Dommelen/Trapichler 2011b, 1.

[318] van Dommelen/Trapichler 2011b, 2.

[319] Schmidt 2013.

[320] Schmidt 2013.

[321] Gassner 2011.

[322] Schmidt 2015d.

[323] Per questo termine vedi anche supra, nota 129. Per prime osservazioni sulla distribuzione di questo gruppo nell'area di influenza cartaginese cf. Bechtold 2015d.

6

Iscrizioni anforiche

Rossana De Simone – Università di Enna Unikore, Archeologia del Mediterraneo (Italy)

Il gruppo di iscrizioni anforiche qui di seguito presentate comprende segni incisi prima della cottura (**cat. 52**) o graffiti (**cat. 3, 7, 20, 46, 92, 124, 213**), cui è da aggiungere un bollo anforico su ansa, purtroppo illeggibile (**cat. 92**, cf. fig. 56).

Pur nella consapevolezza di una evidente difficoltà nel distinguerne con chiarezza, come si vedrà, specifiche funzioni di tipo alfabetico, alfanumerico e numerico, si rileva come si riconoscano all'interno dell'esiguo gruppo segni alfabetici (**cat. 3 ,46, 20, 213**, vedi figg. 56-57) unitamente al segno anepigrafe "a croce" o a ics (**cat. 7, 3, 52**, vedi figg. 56-57); a semplici tratti verticali, nonostante la pessima conservazione del reperto, si propone di attribuire funzione di indicatori numerici (**cat. 7**).

Sull'anfora **cat. 46** (figg. 56-57) si riconosce a sinistra dell'ansa un segno redatto dopo la cottura costituito da un'asta verticale su cui si innesta a destra un apice obliquo dall'alto in basso verso destra, interpretato dagli editori quale "un segno di difficile interpretazione simile al lambda argivo".[324] In considerazione del dato cronologico che vede l'attribuzione dell'anfora ad un periodo compreso tra la fine del VII e il primo quarto del VI sec. a.C. non risulta agevole l'identificazione della lettera in assenza di confronti paleografici precisi in ambito semitico di età coeva nel Mediterraneo occidentale.[325] Non è escluso possa trattarsi di una *gimel* in scrittura fenicia redatta in grafia destrorsa,[326] anche se il proseguimento dell'asta verso l'alto al di sopra dell'apice destro sembrerebbe ostare a tale interpretazione; la lettera è come è noto poco significativa per datazioni precise dal punto di vista cronologico.

Sul frammento **cat. 3** (figg. 56-57) si legge una *dalet* con largo occhiello triangolare appuntito,[327] che trova agevolmente confronti nella grafia punica di V-IV sec. a.C. Nell'ambito delle iscrizioni anforiche puniche, il segno *dalet* si rivela raro,[328] a fronte di una presenza prevalente di altri segni alfabetici. La posizione del grafema sul frammento risulta inoltre inusuale, stante l'abituale collocazione dei segni in prossimità delle anse, dell'orlo o, seppur raramente, del piede. Il *ductus* appare ben inclinato a sinistra.

Sul frammento **cat. 213** (figg. 56-57) è chiaramente leggibile una *taw* con lunga asta obliqua, tratto orizzontale a destra munito di apice infe-riore rientrante a sinistra, ascrivibile a un tipo ben noto nell'ambito della grafia punica di V-IV sec. a.C. Si riconosce inoltre un tratto orizzontale pertinente ad una seconda lettera, andata parzialmente perduta, in corrispondenza del margine sinistro del reperto.

Tre tratti verticali pressoché paralleli, di cui il terzo leggermente distanziato dal segno centrale, costituiscono la parte inferiore di una sequenza di grafemi la cui sommità è andata perduta in corrispondenza della frattura nel frammento **cat. 7** (figg. 56-57); non è da escludere possa trattarsi di segni alfabetici, ma in considerazione dell'inclinazione delle aste sembra maggiormente verisimile riconoscervi indicatori numerici.

Sul reperto **cat. 20** (figg. 56-57) si individua un segno "a freccia", altrimenti interpretabile come possibile *shin*[329] che ha già acquisito forma di tridente con asta mediana unita al centro della lettera.[330] Dal punto di vista paleografico si inquadra pienamente nella grafia punica di fine VI-V sec. a.C. e trova confronti oltre che a Cartagine anche nel repertorio epigrafico moziese.[331]

Il segno cruciforme a quattro segmenti ortogonali compare sull'anfora **cat. 52** (figg. 56-57), ove si rivela di particolare interesse sia per le dimensioni, inedite rispetto a esemplari analoghi, sia per la posizione, considerata come sopra ricordato l'apposizione dei segni generalmente in corrispondenza della zona delle anse; è attestato inoltre nella variante a ics su un frammento dell'anfora **cat. 3** (figg. 56-57), sopra già menzionata. Si tratta di uno segni di maggiore diffusione nell'ambito dell'epigrafia vascolare, ben noto anche da altre produzioni anforiche.[332] In Occidente compare già in contesti di VII sec. nella Penisola Iberica[333] e non pare da interpretare necessariamente come *taw* arcaica;[334] perdura nel tempo sulle anfore puniche fino a al II-I sec. a.C. Limitando i confronti ad ambito siciliano si segnala un'anfora Ramon T-7.6.2.1 della Collezione Whitaker a Mozia.[335]

I segni fin qui illustrati vengono ad arricchire il repertorio epigrafico punico di Sicilia, certamente assai poco documentato in relazione alle iscrizioni anforiche soprattutto se confrontato con altre regioni dell'Occidente mediterraneo, tra le quali si distingue per consistenza numerica e distribuzione geografica e cronologica soprattutto la Penisola iberica.[336] Seppur poco significativi in relazione a specifiche evoluzioni paleografiche, essi contribuiscono a colmare un vuoto documentario finora ben evidente, in considerazione del fatto che le testimonianze finora note, provenienti sia da centri di fondazione fenicia sia da zone dell'interno dell'isola, hanno restituito reperti iscritti in massima parte ascrivibili a contesti cronologici certamente più avanzati.[337]

NOTE

[324] Brugnone/Vassallo 2004, 772, fig. 19.

[325] Cf. Amadasi Guzzo 2011, 119-120. Tra le rare attestazioni di età arcaica cf. per Cartagine Fantar 1985; Schmitz 2009.

[326] Una *gimel* è incisa su un frammento ceramico da Sulcis, datato all'VIII sec. a.C.: cf. Bernardini 1998, 60, 239, n. 56.

[327] In considerazione del breve apice inferiore non sembra preferibile leggere *resh*, generalmente caratterizzato da asta più lunga.

[328] Lo stesso può dirsi più in generale in relazione ai graffiti vascolari: cf. ad es. Amadasi Guzzo 1992, 161.

[329] Ruiz Cabrero/Mederos Martin 2002, 97, fig. 3.6, 3.7.

[320] Amadasi Guzzo 1992, 169-170.

[331] Amadasi Guzzo 1986, 91-92.

[332] Cf. da ultimo Sacchetti 2011, 251-252.

[333] Fuentes Estanol 1986, 30, 09.01; 38, 09.22.

[334] Ruiz Cabrero/Mederos Martin 2002, 95, fig. 2.2, 2.6.

[335] Toti 2003, 1212, n. 24, tav. CCX, 4-CCXI, 1.

[336] Della copiosa produzione bibliografica ci limitiamo a citare da ultimi Ruiz Cabrero/Mederos Martin 2002; Zamora 2013.

[337] Ci permettiamo di rimandare a De Simone 2013, 29, fig. 11, PA.9 (Palermo); 30, MARS.5 (Marsala); 32, fig. 22, Pantelleria 2; 32, 34 Ent. 1, fig. 25 e Ent. 2, fig. 26 (Entella) con bibliografia di riferimento. Per i contesti arcaici Him. 1, 32-33, Him. 2, fig. 23 (Himera); 33-34, fig. 27, Mad. 1, fig. 27 (Colle Madore). Si aggiunga Rondinella 2012, 68.

cat. 46

cat. 7

cat. 3

cat. 213

cat. 52

cat. 20

cat. 3

cat. 92

Fig. 56. Foto dei segni su anfore fenicio-puniche da Himera.

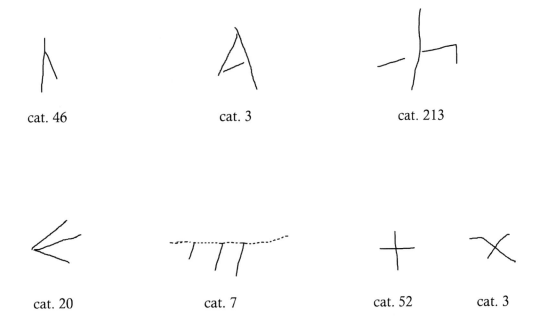

cat. 46   cat. 3   cat. 213

cat. 20   cat. 7   cat. 52   cat. 3

Fig. 57. Riproduzione grafica dei segni su anfore fenicio-puniche da Himera.

7

Note riassuntive sulla presenza di anfore fenicio-puniche a Himera

Babette Bechtold – Institut für Klassische Archäologie, Universität Wien (Austria)
Stefano Vassallo – Soprintendenza BB.CC.AA. di Palermo (Italy)

L'analisi del *corpus* delle anfore fenicio-puniche di Himera offre diversi punti d'interesse che vanno ben oltre i risultati ottenuti dalla semplice classificazione tipologica e per aree di provenienza dei 277 recipienti fittili rivenuti. Lo studio qui presentato contiene un'ampia gamma di informazioni e dati relativi soprattutto alla vita commerciale della città greca che – considerando il silenzio delle fonti storiche - solo questa specifica classe di materiale archeologico può fornire. Nel loro insieme, le anfore fenicio-puniche di Himera ci parlano in dettaglio dei continui e proficui rapporti economici fra il mondo punico occidentale e la colonia "(...) più lontana ed "isolata, quasi un avamposto dei Greci sulla costa tirrenica.". "Questa "solitudine" geografica è un elemento fondamentale per comprendere la storia imerese",[338] soprattutto se affrontata attraverso la documentazione dei materiali che abbiamo presentato in questa ricerca, le anfore commerciali di produzione fenicio-punica, che ad Himera risultano più numerosi di ogni altra colonia greca! L'ampia attestazione di anfore fenicio-puniche – fra cui molte provenienti dall'area di Cartagine – suggerisce stabili relazioni economiche fra Himera e la metropoli nordafricana e sembra contrastare, per certi versi, con gli eventi politici e bellici ricordati dalle fonti che culminano nella battaglia di Himera del 480 a.C. e più tardi nella definitiva distruzione della città nel 409 a.C.

La precoce attestazione di contenitori cartaginesi databili fra la seconda metà del VII e l'inizio del VI sec. a.C. sottolinea l'interesse della metropoli nordafricana a rapporti probabilmente diretti con la colonia greca sino dalle prime fasi di vita della città, motivato dalla gestione e dal controllo dell'asse commerciale fra il golfo di Tunisi e la Sardegna (vedi cap. 3.7). Infatti, l'identificazione di notevoli quantità di anfore cartaginesi e sarde attesta il passaggio di questa rotta per i porti della Sicilia nord-occidentale, forse anche per Himera stessa (vedi cap. 3.3.6). Solo attraverso la lettura dei dati anforici riusciamo quindi, per il momento, a percepire il ruolo importante che l'*emporion* siciliano giocava probabilmente nelle strategie commerciali di Carta-

gine per tutto il periodo di vita della colonia. Un aspetto particolarmente interessante e nuovo dei commerci imeresi di V sec. a.C. viene indicato dalla presenza di numerose anfore dall'area dello Stretto di Gibilterra che suggeriscono un coinvolgimento della città siciliana nel passaggio dei traffici spagnoli legati alla vendita di prodotti ittici nel Mediterraneo centrale (vedi cap. 3.3.7). Meno sorprendente risulta, infine, la prevalenza, fra il campione di anfore prese in esame, di contenitori siciliani. È importante, tuttavia, poter dimostrare che in base al materiale anforico studiato le importazioni moziesi prevalgono solo durante la più antica fase della colonia, mentre a partire dal VI sec. a.C. assistiamo ad una preponderanza assoluta della produzione soluntina. Nell'ottica dello studio complessivo delle serie siciliane si è rivelata particolarmente preziosa anche la ricerca archeometrica esposta al cap. 4.1 che, incrociata all'analisi archeologica, ha permesso di proporre una caratterizzazione molto completa delle produzioni anforiche fenicio-puniche della Sicilia. Le indagini archeometriche sugli impasti cartaginesi (cap. 4.4), invece, verranno integrate, molto prossimamente, di un numero più ampio di campioni e di analisi chimiche, entrambe già in corso.

Infine, va ricordato che il 409 a.C., anno della distruzione della città, costituisce un sicuro *terminus ante quem* per la datazione di alcuni tipi anforici finora vagamente inquadrati fra la seconda metà avanzata del V e la prima parte del IV sec. a.C. Particolarmente interessante in questo senso risulta la documentazione delle forme cartaginesi T-2.2.1.2 (**cat. 24**), T-4.2.1.6/7. (**cat. 25**) e T-4.2.1.2 (**cat. 26-27**), nonché del tipo moziese Toti 19 / T-4.2.1.2 (**cat. 60**) già prima dell'ultima decade del V sec. a.C. Per le serie soluntine/palermitane si deve menzionare la precoce attestazione dei tipi Sol/Pan 3.6 ad imitazione della forma moziese Toti 18 (**cat. 133**), Sol/Pan 5 / T-4.2.1.2 (**cat. 177**) e Sol/Pan 6.2 / T-2.2.1.2 (**cat. 137-138, 185**). Importanti indicazioni per la circolazione delle anfore punico-sarde della fine del V sec. a.C. derivano dalla presenza del tipo T-4.2.1.3/4 (**cat. 194**). Altamente significativa rimane, infine, l'assenza, nelle necropoli imeresi, della forma Sol/Pan 4.4 / T-4.2.2.6 che evolve dai tipi Sol/Pan 4.1-3 di V sec. a.C. solo dopo l'ultima decade del V sec. a.C.[339]

A prescindere dai dati economici e tipologici, la distribuzione topografica abbastanza omogenea delle anfore fenicio-puniche di Himera, documentate, infatti, in tutte le aree sepolcrali indagate, suggerisce l'uso casuale dei contenitori andati in disuso,[340] indipendentemente dalla loro provenienza geografica che per il loro riutilizzo era indifferente (vedi cap. 2, 3.1).

Infine, la breve rassegna dei ritrovamenti di anfore puniche nel territorio di Himera sembra evidenziare come tali prodotti non ebbero un'ampia commercializzazione nella *chora* imerese. Il tipo di alimenti contenuti nelle anfore, in parte probabilmente a base di pesce, era, evidentemente, molto apprezzato nella stessa colonia, meno nei centri indigeni dell'entroterra imerese (vedi cap. 3.6.2). Pertanto, è plausibile che la ridistribuzione dei contenitori negli insediamenti dell'interno sia da mettere in relazione anche ad un uso secondario delle stesse anfore, che venivano svuotate dal contenuto originario per essere consumato ad Himera, e impiegate negli scambi con gli indigeni per trasportare anche altri prodotti ed immesse, quindi, in un nuovo circuito di traffici. Riguardo alle dinamiche commerciali di Himera e ad una vocazione commerciale aperta, fin dai primi decenni di vita, allo scambio sia di prodotti di consumo (legati ai contenuti delle anfore da trasporto) sia ad altri oggetti pregiati e di valore artistico, bisogna sottolineare come le ricerche recenti abbiano evidenziato una dimensione ampia, mediterranea, che rivela una colonia al centro di una fitta rete di collegamenti marittimi con i più importanti centri del Mediterraneo.[341]

Per concludere, vorremmo sottolineare che l'edizione del *corpus* delle anfore fenicio-puniche vuole essere stimolo ed incentivo per l'auspicabile studio e la prossima pubblicazione di altre raccolte di materiali rinvenuti nel contesto archeologico unico ed affascinante rappresentato dalle necropoli di Himera[342] che – e vale la pena ripeterlo – fino al giorno di oggi hanno restituito oltre 13000 tombe praticamente intatte (vedi premessa).

NOTE

[338] Vassallo 2005a, 17-18, fig. 1.
[339] Bechtold 2015f, 34, 41, 51.
[340] A questo proposito vedi anche Vassallo 2014, 268.
[341] Vassallo 2015.
[342] Va menzionata qui la recentissima edizione di uno studio preliminare della classe dei *gutti*, in gran parte di produzione locale, cf. Vassallo 2016.

Catalogo delle sepolture ad *enchytrismos* di Himera dotate di anfore fenicio-puniche

Babette Bechtold – Institut für Klassische Archäologie, Universität Wien (Austria)
Stefano Vassallo – Soprintendenza BB.CC.AA. di Palermo (Italy)

Anfore dall'area di Cartagine (figg. 15-16, nn. 1-41)
Anfore da Mozia (figg. 18-19, nn. 42-73)
Anfore da Solunto (figg. 21-24, nn. 74-170)
Anfore da Palermo (fig. 26, nn. 171-179)
Anfore dall'area di Solunto o Palermo (fig. 27, nn. 180-185)
Anfore dalla Sardegna centro-occidentale/entroterra di *Neapolis* (fig. 29, nn. 186-205)
Anfore dalla Sardegna occidentale/area di *Tharros* (figg. 31-32, nn. 206-243)
Anfore dall'area dello Stretto di Gibilterra (figg. 34-35, nn. 244-272)
Anfore di provenienza non identificata (fig. 36, nn. 273-277)

Le anfore vengono presentate per l'ordine geografico sopra indicato. All'interno di questi nove gruppi, i reperti sono sistemati per tipi morfologici, iniziando dalle forme più antiche per finire con quelle in circolazione alla fine del V sec. a.C. Nella prima riga della scheda individuale dell'anfora vengono indicati il numero di catalogo (*numero arabo*), la sigla di scavo (ad esempio: *L18*) e il numero di inventario di Himera (*HA*, qualora disponibile). Segue la definizione del tipo che in genere fa riferimento alla tipologia di J. Ramon[343] oppure, per le anfore di Cartagine, alle classificazioni di R.F. Docter[344] e J.-Chr. Sourisseau.[345] Per le anfore di Mozia si è utilizzata inoltre la tipologia di M.P. Toti[346] (2002). Per i contenitori di produzione soluntina e palermitana facciamo riferimento alla nuova classificazione elaborata per il solo ambito regionale della Sicilia nord-occidentale.[347] Chiude la prima riga l'indicazione delle tavole/figure con la documentazione grafica e/o fotografica del pezzo (*fig.*, *tav.*). A questo proposito va rilevato che 171 delle 277 anfore studiate sono state documentate graficamente. Nell'impossibilità di eseguire, nell'ambito della nostra ricerca, ulteriori restauri sul gruppo dei contenitori fenicio-punici, i numerosi esemplari non ricomposti, spesso fortemente frammentati, che non conservavano frammenti di orlo o di puntale, sono in genere rimasti senza restituzione grafica. Inoltre, di 114 anfore si fornisce la fotografia, ripresa sullo scavo o anche dopo il restauro. Nelle righe seguenti verranno riportati le dimensioni (espresse in cm), lo stato di conservazione e la descrizione del *fabric* dell'anfora. Per snellire il più possibile il volume del catalogo, abbiamo deciso di riportare soltanto il codice del *fabric* qualora esso sia già pubblicato nella banca dati di FACEM (www.facem.at, edizione di dicembre del 2015, ad esempio *MOT-A-1*). I singoli *fabrics* vengono inoltre dettagliatamente descritti nel cap. 5. Soltanto nei pochi casi in cui l'anfora non è stata attribuita ad una produzione specifica, si descrive per esteso anche il suo impasto. Osservazioni addizionali in relazione alla sepoltura vengono riportate sotto la voce *annotazioni sull'enchytrismos* dove si indicano anche i pochissimi casi in cui è stato possibile registrare rapporti stratigrafici diretti fra due tombe. A questo proposito è opportuno sottolineare che le necropoli occidentale e orientale di Himera sono quasi interamente situate in terreno sabbioso, che rende difficile la lettura delle connessioni o successioni stratigrafiche tra le diverse unità stratigrafiche costituite dalle deposizioni.[348] Soltanto nei casi in cui sepolture più recenti hanno intercettato e tagliato o si sono appoggiate a tombe più antiche, è possibile riconoscere le diverse relazioni tra le singole unità, di cui si è, comunque, tenuto conto nei casi di deposizioni con anfore puniche (vedi **cat. 79, 265**). Il successivo campo *corredo* fa riferimento ad eventuali oggetti rinvenuti all'interno dell'anfora, insieme alla sepoltura, ovvero, più raramente, al suo esterno, nella fossa scavata in funzione del seppellimento del contenitore (vedi anche cap. 3.1). I risultati sintetici delle analisi scientifiche vengono sintetizzati nel campo *analisi archeometriche*, in caso di pubblicazione precedente con ulteriore riferimento bibliografico (in dettaglio vedi anche cap. 4). I campioni di 125 anfore imeresi sono stati fotografati ad ingrandimento x8, x16 e x25. Per questi esemplari si riporta sotto la voce *banca dati di FACEM* la sigla del sito di Himera "M 179/", seguita dal numero individuale assegnato al campione esaminato. Qualora l'anfora è già stata pubblicata in FACEM, si fornisce il link completo relativo alla banca dati. Alcune anfore, special-mente quelle rinvenute nella necropoli Est nelle proprietà RA.DE.O e Royal Himera, sono state pubblicate precedentemente da S. Vassallo (voce *pubblicata*). Il campo *confronti all'interno della necropoli* riporta il numero di catalogo e la sigla di scavo di anfore morfologicamente simili al pre-sente pezzo. Sotto la voce *confronti esterni* ven-gono indicati, invece, esemplari rinvenuti fuori dal sepolcreto di Himera, avendo cura di utiliz-zare preferibilmente confronti riferibili ad esem-plari provenienti presumibilmente dallo stesso centro produttivo dell'anfora in discussione. Gli ultimi due campi, infine, sono riservati alla data-zione attribuita all'anfora in base ai confronti esterni, se non altrimenti specificato (*datazione anfora*), e al corredo (*datazione corredo*).[349] Riguardo alla cronologia proposta per i reperti associati alle sepolture, è opportuno chiarire che lo studio sistematico dei corredi delle necropoli imeresi è attualmente in corso e in considerazione dell'ec-cezionale numero di oggetti, molti dei quali sono

da restaurare, non è stato sempre possibile pro-porre un inquadramento cronologico preciso, che necessiterebbe di uno studio più attento e siste-matico. Tuttavia, volendo fornire un valido sup-porto alle datazioni delle anfore, anche sulla base del contesto funerario, si è ritenuto utile pro-porre, anche preliminarmente e in sintonia con le finalità di questo progetto, delle prime indica-zioni cronologiche che possano supportare quelle derivanti dagli studi sulle tipologie dei conteni-tori, spesso già consolidate negli studi di settore, ma talvolta ancorate a datazioni molto ampie, che i reperti dei corredi possono aiutare, in questa prima fase di riconoscimento e di studio, a fissare meglio. Ovviamente, sono stati presi in conside-razione sempre oggetti inequivocabilmente asso-ciati alle sepolture ad *enchytrismos* che hanno restituito anfore puniche, scartando tutti quelli che sia in fase di scavo, sia negli studi finora com-piuti, non erano con certezza riferibili al contesto funerario in questione.

ANFORE DALL'AREA DI CARTAGINE (N 41)

1. SK296. Karthago 1 A2/3 / T-2.1.1.2 (fig. 15,1).
Diam. orlo 2,6, h max. conservata 6,5. 11 frammenti di orlo, parete e ansa. *Fabric* CAR-REG-A-3 con spessa ingubbiatura biancastra per lo meno esternamente.
Analisi archeometriche: cap. 4.4, tab. 11, *microfabric* A.
Banca dati di FACEM: M 179/116 (inedito).
Confronti esterni: Docter 2007, 623-626, fig. 341,5329-30. Ramon 1995, 178, 516, fig. 153,77 (soprattutto per l'orlo).
Datazione anfora: 650-580.

2. RA165 (HA 6268). Karthago 1 A2/3 / T-2.1.1.2 (fig. 15,2, tav. 8,1).
Diam. orlo 9, h max. conservata 2,5. Ca. 100 frammenti di orlo e pareti, non ricomposti. *Fabric* CAR-REG-A-1 con tracce di un'ingubbiatura rosacea esternamente.
Corredo: *aryballos* globulare corinzio, decorato a bande, scarabeo in gesso.
Analisi archeometriche: cap. 4.4, tab. 11, *microfabric* A.
Banca dati di FACEM: M 179/38 (inedito).
Confronti all'interno della necropoli: cat. 5 (W8040).
Confronti esterni: Docter 2007, 623-626. fig. 341. Rientra inoltre nei tipi T-2.1.1.2 (Ramon 1995, 178, 515, fig. 152,75) e Sourisseau 1 (2013, 212-123, 273, fig. 53) della fine del VII-inizi del VI sec. a.C.
Datazione anfora: 650-580.
Datazione corredo: 620-600.

3. W9253. Karthago 1 A2/3 / T-2.1.1.2 (fig. 15,3, tav. 19,3).
Diam. orlo 11,6, h max. conservata 5,8. Ca. 50-100 frammenti di orlo, anse parete e fondo di anfora non ricomposta. Sulla pancia si conserva una lettera graffita, su un altro frammento si nota un segno cruciforme, vedi in dettaglio cap. 6, figg. 56-57. *Fabric* CAR-REG-A-1 con tracce di ingubbiatura bian-castra.
Confronti esterni: Docter 2007, 623-626. fig. 341. Ramon 1995, 170, 508, fig. 145.
Datazione anfora: 650-580.

4. W9117. Karthago 1 A2/3 / T-2.1.1.2 (fig. 15,4).
Diam. orlo 13, h. max. conservata 6. Ca. 100 frammenti di orlo, anse pareti di anfora non ricomposta, priva della sua parte inferiore. *Fabric* CAR-REG-A-3 con ingubbiatura bianca esternamente.
Analisi archeometriche: cap. 4.4, tab. 11, *microfabric* A.
Banca dati di FACEM: M 179/115 (inedito).
Confronti esterni: Docter 2007, 623-626. fig. 341. Ramon 1995, 170, 508, fig. 145. Per Cartagine vedi inoltre Vegas 1999, 106-107, fig. 8,17, "Komplex" 4, datato al VII sec. a.C. Vegas 1990, 51, fig. 6,66.68.70, dalla fornace della fine del VII-primo quarto del VI sec. a.C. Tomber/Vegas 1998, 167, fig. 1,17, 170-171, da un deposito chiuso rinvenuto in Rue Dag Hammerskjoeld e datato al VII sec. a.C.
Datazione anfora: 650-580.

5. W8040. Karthago 1 A2/3 /T-2.1.1.2 (fig. 15,5, tav. 8,2).
Diam. orlo 10, h max. conservata 5,7. Ca. 30 frammenti di orlo e parete di anfora priva delle anse e del fondo, non ricomposta. *Fabric* CAR-REG-A-3 con ingubbiatura biancastra esternamente e internamente.
Corredo: coppa a bande con orlo pendulo, coppa acroma.
Analisi archeometriche: cap. 4.4, tab. 11, *microfabric* A.
Banca dati di FACEM: M 179/112 (inedito).
Confronti all'interno della necropoli: cat. 2 (RA165).
Confronti esterni: Docter 2007, 623-626, fig. 341,5326. Ramon 1995, 178, 516, fig. 153. Per Sa Caleta (Ibiza) vedi Ramon 2008, 257, fig. 5, sup-4, anfora cartaginese del tipo T-2.1.1.2 da un livello di VII sec. a.C.
Datazione anfora: 650-580.
Datazione corredo: 525-500.

6. SK260. Karthago 1 A4 / Sourisseau 2a (fig. 15,6).
Diam. orlo 10, h 70,5. Ca. 15 frammenti di orlo, anse e pareti di un'anfora ricomposta, priva del fondo. *Fabric* avvicinabile a CAR-REG-A-3, ma più fine e con una quantità minore di inclusi di quarzo, con spessa ingubbiatura biancastra internamente ed esternamente.
Banca dati di FACEM: M 179/75 (inedito).
Confronti esterni: soprattutto per le sue dimensioni **cat. 6** rientra nel tipo 2a della recente classificazione di J.-Chr. Sourisseau (2013, 124, 273, fig. 53, 275, fig. 55) che comprende anfore riconducibili al tipo Ramon T-1.3.2.1, alte 65,5-74 cm e databili entro il primo quarto del VI sec. a.C. ca. Per Cartagine cf. anche Vegas 1990, 51, fig. 6,68, dalla fornace attiva fra la fine del VII e il primo quarto del VI sec. a.C. Tomber/Vegas 1998, 168-169, fig. 2,19, 171, da un deposito chiuso rinvenuto in Rue Sophonisbe datato fra la fine del VII e l'inizio del VI sec. a.C. Docter 2007, 627-628 (per l'altezza del vaso, maggiore di 70 cm).
Datazione anfora: 610-570.

7. RA39 (HA 3999). Karthago 1 A4 / Sourisseau 2a. Probabile produzione dell'area di Cartagine (fig. 15,7).
Diam. orlo 11,5, h 72,2. Ricomposta da numerosi frammenti ed integrata con gesso; diverse lacune sul corpo, numerose bolle per difetti di cottura. Al lato di un'ansa si trovano tre tratti verticali pressoché paralleli, vedi in dettaglio cap. 6, figg. 56-57. L'anfora non è stata campionata nell'ambito del nostro progetto, la descrizione macroscopica del suo impasto si deve a S. Vassallo "Argilla di colore grigiastro, rosato in superficie; spessa ingubbiatura di colore bianco-verde; inclusi di piccole dimensioni di colore grigio e rossicci, e di grandi dimensioni di colore bianco; numerose bolle per difetti di cottura."
Analisi archeometriche: secondo G. Montana simile a cat. 2 (RA165) (comunicazione personale, aprile 2014).
Pubblicata: Vassallo 1993/1994, 1250, fig. 4,2. Vassallo 1999a, 366-367, n. 61, produzione moziese? Spanò Giammellaro 2000a, 308-309, fig. 16.
Confronti esterni: per la sua altezza, la presente anfora rientra nel sottotipo 2a della recente classificazione di J.-Chr. Sourisseau (2013, 124, 273, fig. 53, 275, fig. 55), datato al primo quarto del VI sec. a.C. Docter 2007, 627-628 (per l'altezza del vaso, maggiore di 70 cm).
Datazione anfora: 600-570.

8. SK347. Karthago 1 A4 / Sourisseau 2b. (fig. 15,8, tav. 15,6).
Diam. orlo 11,5, h max. conservata 71,2., h estimata ca. 78. Integra, salvo il fondo. *Fabric* CAR-REG-A-1 con spessa ingubbiatura biancastra internamente ed esternamente.
Corredo: un elemento ancora da identificare.
Confronti all'interno della necropoli: per le sue proporzioni cf. cat. 9 (RO2245).
Confronti esterni: per le sue proporzioni **cat. 8** rientra nel tipo 2b della classificazione di J.-Chr. Sourisseau (2013, 125-127, 273, fig. 53, 275, fig. 55) che comprende contenitori di un'altezza compresa fra 74-82 cm e databili fra il 570-530 a.C ca. Per Cartagine stessa vedi inoltre Docter 2007, 627-628 (per l'altezza del vaso, maggiore di 70 cm).
Datazione anfora: 570-530.
Datazione corredo: al momento indatabile.

9. RO2245. Karthago 1 A4 / Sourisseau 2b evoluto. (fig. 15,9, tav. 14,7).
Diam. orlo 12, h 81. Sei frammenti molto grandi di orlo, fondo, pareti e anse. *Fabric* CAR-REG-A-4 con spessa ingubbiatura biancastra internamente ed esternamente.
Analisi archeometriche: cap. 4.4, tab. 11, *microfabric* A.
Banca dati di FACEM: M 179/119 (inedito).
Confronti all'interno della necropoli: per il profilo dell'orlo cf. cat. 8 (SK347).
Confronti esterni: per le sue proporzioni **cat. 9** rientra nel tipo 2b della classificazione di J.-Chr. Sourisseau (2013, 125-127, 273, fig. 53, 275, fig. 55) che comprende contenitori di una altezza compresa fra 74-82 cm e databili fra il 570-530 a.C ca. Per Cartagine stessa vedi inoltre Docter 2007, 627-628 (per l'altezza del vaso, maggiore di 70 cm). Per profili di orli simili, attestati nelle stratigrafie insediative di Cartagine, vedi Vegas 1987, 411-412, fig. 14,264, "Schicht" 28 dell'inizio del V sec. a.C.; Bechtold in preparazione, contesto BM00/8064 (530-500 ca.), inv. BM00/16576, cat. 650.
Datazione anfora: 540-520.

10. W7215. Karthago 1 A4 / Sourisseau 2b evoluto (fig. 15,10, tavv. 7,2; 17,4).
Diam. orlo 10, h 82,5. Anfora pressoché integra, ricomposta, priva di una piccola porzione del corpo. Si conservano due fori circolari per il fissaggio di una grappa sotto un'ansa. *Fabric* CAR-REG-A-3 con spessa ingubbiatura biancastra esternamente e internamente.
Annotazioni sull'*enchytrismos***:** l'anfora è stata tagliata a metà e ricomposta dopo la deposizione del cadavere.
Corredo: *lekythos* ariballica miniaturistica.
Analisi archeometriche: cap. 4.4, tab. 11, *microfabric* A. (figg. 58-59)
Banca dati di FACEM: M 179/111 (inedito).
Confronti all'interno della necropoli: per le sue proporzioni cf. cat. 9 (RO2245).
Confronti esterni: per le sue proporzioni **cat. 10** rientra nel tipo 2b della classificazione di J.-Chr. Sourisseau (2013, 125-127, 273, fig. 53, 275, fig. 55) che comprende contenitori di una altezza compresa fra 74-82 cm e databili fra il 570-530 a.C ca. Per Cartagine stessa vedi inoltre Docter 2007, 627-628 (per l'altezza del vaso, maggiore di 70 cm); Bechtold in preparazione, contesto BM00/1113 (strato di livellamento databile all'inizio del V sec. a.C.), inv. BM00/17006, cat. 528.
Datazione anfora: 540-520.
Datazione corredo: 530-500.

11. W4476. Karthago 1 A4 / T-1.4.2.1 / Sourisseau 3 (fig. 15,11).
Diam. orlo 11, h max. conservata 74, h estimata ca. 89. Anfora restaurata, priva della parte bassa del corpo e del fondo. *Fabric* CAR-REG-A-3 con spessa ingubbiatura gialla esternamente e internamente.
Analisi archeometriche: cap. 4.4, tab. 11, *microfabric* A.
Banca dati di FACEM: M 179/121 (inedito).
Confronti all'interno della necropoli: per l'orlo cf. cat. 19 (RO1365).
Confronti esterni: Ramon 1995, 171, 512, fig. 149. Docter 2007, 627-629, fig. 342. Per l'altezza estimata del corpo l'anfora W4476 appartiene al tipo 3 della recente classificazione di J.-Chr. Sourisseau (2013, 127-128, 273, fig. 53, 275, fig. 55), databile fra la fine del VI e l'inizio del V sec. a.C.
Datazione anfora: 520-490.

12. RO1775 (HA 8801). Karthago 1 A4 / T-1.4.2.1 / Sourisseau 3 (figg. 8; 15,12, tav. 11,2).
Diam. orlo 11, h 91, restaurata. *Fabric* CAR-REG-A-4 con spessa ingubbiatura biancastra internamente ed esternamente.
Annotazioni sull'*enchytrismos***:** l'imboccatura dell'anfora è sigillata da un gruppo di ciottoli.
Confronti all'interno della necropoli: per l'orlo cf. cat. 14 (RO1507).
Confronti esterni: Docter 2007, 627-629, fig. 342. Ramon 1995, 174, 512, fig. 149. Per l'altezza **cat. 12** appartiene alla forma 3 della classificazione del Sourisseau (2013, 125-127, 273, fig. 53, 275, fig. 55), datata fra l'ultimo ventennio del VI e le prime decadi del V sec. a.C.
Datazione anfora: 510-480.

13. RO2125. Karthago 1 A4 / T-1.4.2.1 (fig. 15,13).
Diam. orlo 15,6 (?), h max. conservata 4,7. Ca. 100 frammenti di orlo, fondo, un'ansa e pareti, in parte solcate, non ricomposta. *Fabric* CAR-REG-A-3 con spessa ingubbiatura biancastra internamente ed esternamente.
Analisi archeometriche: cap. 4.4, tab. 11, *microfabric* A.
Banca dati di FACEM: M 179/118 (inedito).
Confronti all'interno della necropoli: per l'orlo cf. cat. 9 (RO2245).
Confronti esterni: Docter 2007, 627-629, fig. 342. Ramon 1995, 174, 512, fig. 149.
Datazione anfora: 550-500.

14. RO1507 (HA 8005). Karthago 1A4 / T-1.4.2.1 (fig. 15,14).
Diam. orlo 10,5, h max. conservata 12. Oltre 40 frammenti di orlo, anse, pareti, priva del fondo, ricomponibile. *Fabric* CAR-REG-A-3 con spessa ingubbiatura biancastra (figg. 58-59) internamente ed esternamente.
Confronti all'interno della necropoli: per l'orlo cf. cat. 12 (RO1775).
Confronti esterni: Docter 2007, 627-629, fig. 342. Ramon 1995, 174, 512, fig. 149.
Datazione anfora: 550-480.

15. RO1517 (HA 8032). Karthago 1 A4 / T-1.4.3.1 (fig. 15,15, tav. 16,4).
Diam. orlo 11, h max conservata 7,5. Ca. 50 frammenti di orlo, gran parte del corpo e delle anse, non ricomposta. *Fabric* CAR-REG-A-3 con spessa ingubbiatura biancastra internamente ed esternamente.
Annotazioni sull'*enchytrismos***:** il fondo dell'anfora è rinzeppato da alcune pietre.
Confronti all'interno della necropoli: per l'orlo cf. cat. 16 (W7051).
Confronti esterni: Docter 2007, 627-629, fig. 342. Ramon 1995, 175, 513, fig. 150,59. Per Cartagine vedi inoltre Vegas 1987, 409-410, fig. 13,246, "Schicht" 27, datata al primo quarto del V sec. a.C. Un orlo molto simile proviene da un contesto stratigrafico rinvenuto nel sito di Bir Messaouda a Cartagine, datato all'ultimo terzo del VI sec. a.C., vedi Bechtold in preparazione, contesto BM00/8064, cat. 650 (inv. BM00/16576).
Datazione anfora: 530-470.

16. W7051. Karthago 1 A4 /T-1.4.3.1 (fig. 16,16, tav. 3,6).
Diam. orlo 9, h max. conservata 3,3. Ca. 30 frammenti di orlo, un'ansa e parte superiore del corpo solcato di un'anfora non ricomposta. *Fabric* CAR-REG-A-3 con spessa ingubbiatura biancastra esternamente.
Corredo: *oinochoe* trilobata a figure nere, coppa biansata acroma, coppetta ad immersione, due elementi in bronzo.
Confronti all'interno della necropoli: per l'orlo cf. cat. 15 (RO1517).
Confronti esterni: Docter 2007, 627-629, fig. 342. Ramon 1995, 175, 513, fig. 150,59. Per Cartagine vedi inoltre Vegas 1984, 223, fig. 3,59; Bechtold in preparazione, contesto BM00/8064 (ultimo trentennio del VI sec. a.C.), inv. BM00/16576, cat. 650.
Datazione anfora: 530-470.
Datazione corredo: 510-480.

17. W5107. T-1.4.2.2 (fig. 16,17, tavv. 6,4; 15,1).
Diam. orlo 12,5, h 96,5. Anfora integra, restaurata, in alcuni punti del corpo integrata. In antico, il contenitore è stato aperto mediante un taglio ad andamento quasi perfettamente orizzontale a metà altezza del corpo ca. che presenta le superfici lisciate. *Fabric* CAR-REG-A-4 con ingubbiatura giallina esternamente.
Pubblicata: Vassallo 2014, 266, fig. 5.
Confronti esterni: Ramon 1995, 174-175, 513, fig. 150,58. Per Cartagine vedi inoltre Vegas 1987, 397-398, fig. 8,152, dalla "Schicht" 21, datata alla fine del V sec. a.C.
Datazione anfora: 500-450.

18. W5855. Karthago 1 A4 /T-1.4.2.2 (fig. 16,18).
Diam. orlo 11,5, h max. conservata 87, h estimata ca. 97. Ca. 40 frammenti di anfora priva del fondo e di un'ansa, ricomposta. *Fabric* CAR-REG-A-3 con spessa ingubbiatura gialla esternamente e internamente.
Analisi archeometriche: cap. 4.4, tab. 11, *microfabric* B.
Banca dati di FACEM: M 179/123 (inedito).
Confronti all'interno della necropoli: per l'orlo cf. cat. 19 (RO1365).
Confronti esterni: Docter 2007, 627-629, fig. 342. Ramon 1995, 174-175, 513, fig. 150,58.
Datazione anfora: 480-450.

19. RO1365 (HA 7739). Karthago 1 A4 / T-1.4.2.2 (figg. 8; 16,19, tav. 16,5).
Diam. orlo 10,5, h max. conservata 28,7, h complessiva ca. 87. Ca. 30 frammenti relativi alla parte superiore quasi integra dell'anfora, nonché alla parte inferiore frammentata, ricomponibile. *Fabric* CAR-REG-A-4 con spessa ingubbiatura biancastra internamente ed esternamente.
Analisi archeometriche: cap. 4.4, tab. 11, *microfabric* B.
Banca dati di FACEM: M 179/117 (inedito).
Confronti all'interno della necropoli: per il profilo dell'orlo cf. cat. 18 (W5855).
Confronti esterni: Docter 2007, 627-629, fig. 342. Ramon 1995, 174-175, 513, fig. 150,58; un orlo simile proviene da un contesto stratigrafico rinvenuto nel sito di Bir Messaouda a Cartagine, datato all'ultimo terzo del VI sec. a.C., vedi Bechtold in preparazione, contesto BM00/8064, inv. BM00/16577, cat. 649.
Datazione anfora: 500-480.

20. W412 (HA 10293). Karthago 1 A4 / T-1.4.2.2 (fig. 16,20).
Diam. orlo 12,5, h max. conservata 13,3. Ca. 50 frammenti di orlo, un'ansa e pareti di un'anfora non ricomposta, priva della sua parte inferiore. Segno graffito sotto l'ansa dopo la cottura, vedi in dettaglio cap. 6, figg. 56-57. *Fabric* CAR-REG-A-3 con spessa ingubbiatura biancastra esternamente e internamente.
Corredo: *guttus* a vernice nera.
Analisi archeometriche: cap. 4.4, tab. 11, *microfabric* B.
Banca dati di FACEM: M 179/120 (inedito).
Confronti esterni: Docter 2007, 627-628, fig. 342, cat. 5339 da un contesto databile attorno al 420 a.C. Ramon 1995, 174-175, 513, fig. 150,58. Per Cartagine stessa vedi anche Vegas 1987, 409-410, fig. 13,245, da un contesto del primo quarto del V sec. a.C. Bechtold 2007, 669, fig. 367, cat. 5506, di produzione locale del V-inizi del IV sec. a.C.
Datazione anfora: 500-450.
Datazione corredo: 500-409.

21. W7368. SG-1.4.2.0? (tav. 13,5)
H max. conservata ca. 70. Anfora ricomposta, priva di parte superiore del corpo con orlo e anse. *Fabric* CAR-REG-A-1 con ingubbiatura bianca esternamente e internamente.
Annotazioni sull'*enchytrismos*: la parte alta dell'anfora è stata chiusa da un grande frammento di bacino e una pietra (?). Lungo uno dei lati lunghi della fossa si rinviene il collo di un'anfora di tipo corinzia A.
Corredo: *kotyliskos* corinzio.
Datazione anfora: indatabile.
Datazione corredo: 550-500.

22. W1478. SG-1.4.2.0?
H max. conservata ca. 80. Ca. 30 frammenti di fondo e pareti con gli attacchi delle anse di un'anfora cilindrica, non ricomposta. *Fabric* CAR-REG-A-4.
Datazione anfora: indatabile.

23. W8457. T-4.1.1.2 (fig. 16,23).
Diam. orlo 12, h max. conservata 6,6. Ca. 100 frammenti di orlo, pareti (in parte solcate), anse e fondo di un'anfora non ricomposta. *Fabric* CAR-REG-A- 3 con ingubbiatura bianca esternamente e internamente.
Corredo: *skyphos* a vernice nera, *lekythos* a vernice nera.
Analisi archeometriche: cap. 4.4, tab. 11, *microfabric* B.
Banca dati di FACEM: M 179/114 (inedito).
Confronti esterni: Ramon 1995, 184-185, 521, fig. 158,126. Per Cartagine vedi Vegas 1987, 397-398, fig. 8,152, "Schicht" 21, datata alla fine del V a.C.
Datazione anfora: 450-409.
Datazione corredo: 500-409.

24. W4769. T-2.2.1.2 (fig. 16,24, tav. 8,3).
Diam. orlo 11, h max. conservata 3,5. Ca. 50 frammenti di orlo, pareti (in parte solcate e con gli attacchi delle anse) di un'anfora priva del fondo, non ricomposta. *Fabric* CAR-REG-A-4.
Corredo: coppa apoda biansata.
Analisi archeometriche: cap. 4.4, tab. 11, *microfabric* A.
Banca dati di FACEM: M 179/122 (inedito).
Confronti all'interno della necropoli: cat. 138 (W3005), produzione di Solunto.
Confronti esterni: Ramon 1995, 179, 516-517, figg. 153-154.
Datazione anfora: 430-409.
Datazione corredo: 450-409.

25. W1744 (HA 12939). T-4.2.1.6/7 (fig. 16,25).
Diam. orlo 11, h max. conservata 5. Ca. 40 frammenti di orlo, pareti e due anse di un'anfora non ricomposta. *Fabric* CAR-REG-A-3 con tracce di ingubbiatura giallina esternamente.
Corredo: ago di bronzo.
Analisi archeometriche: cap. 4.4, tab. 11, *microfabric* B.
Banca dati di FACEM: M 179/124 (inedito).
Confronti esterni: Ramon 1995, 189-190, 524, fig. 161,149-150. Per Cartagine vedi Vegas 1999, 116-118, fig. 14,54, dal "Komplex" 10 datato all'ultimo quarto del V sec. a.C.
Datazione anfora: 420-409.
Datazione corredo: indatabile.

26. W525. T-4.2.1.2 (fig. 16,26, tav. 2,4).
Diam. orlo 10, h max. conservata 69,4. Ricomposta da numerosi frammenti, restaurata, priva di parte inferiore e di fondo. *Fabric* CAR-REG-A-1 con tracce di un'ingubbiatura esternamente e internamente.
Annotazioni sull'*enchytrismos*: la parte bassa dell'anfora punica, mancante, è stata chiusa dal fondo di un'anfora greco-occidentale.
Corredo: *lekythos* decorata ad immersione a vernice nera.
Confronti all'interno della necropoli: cat. 27 (RO2339).
Confronti esterni: Ramon 1995, 188, 523, fig. 160,141. Per Cartagine vedi Vegas 1999, 116-118, fig. 14,49, dal "Komplex" 10 datato all'ultimo quarto del V sec. a.C.
Datazione anfora: 409 ca.
Datazione corredo: 430/20-409.

27. RO1239 (HA 7477). T-4.2.1.2 (figg. 8; 16,27, tavv. 11,6; 22,3).
Diam. orlo 11,5, h max. ca. 105. Ca. 50 frammenti di orlo, fondo, anse e pareti, non ricomposti di un'anfora probabilmente quasi integra, con taglio intenzionale ca. 15 cm sotto l'orlo. *Fabric* CAR-REG-A-4 con spessa ingubbiatura bianca internamente ed esternamente.

Annotazioni sull'*enchytrismos***:** per la chiusura dell'anfora, tagliata nella sua parte superiore, sono state utilizzate la parte superiore dello stesso contenitore, capovolta, e alcune pietre.
Corredo: *lekythos, guttus,* coppa.
Analisi archeometriche: cap. 4.4, tab. 11, *microfabric* A.
Banca dati di FACEM: M 179/125 (inedito).
Confronti all'interno della necropoli: cat. 26 (W525).
Confronti esterni: Ramon 1995, 188, 523, fig. 160,141. Per Cartagine vedi Vegas 1999, 116-118, fig. 14,48, dal "Komplex" 10 datato all'ultimo quarto del V sec. a.C.
Datazione anfora: attorno al 409.
Datazione corredo: non molto oltre la metà del V sec. a.C.

28. RO2207. Tipo non identificato (fig. 16,28, tav. 14,6).

H max. conservata 35,2. h complessiva ca. 75-80. Ca. 20 frammenti di un'anfora priva della parte superiore e dell'orlo, non ricomposta, forse rotta intenzionalmente al di sopra delle anse. *Fabric* CAR-REG-A-4 con tracce di un'ingubbiatura chiara esternamente.
Datazione anfora: 540-500 (in base all'altezza estimata e al fondo ancora indistinto).

29. RO1204 (HA 7414). Tipo non identificato (figg. 8, 16,29, tav. 20,5)

Ca. 100 frammenti di pareti (in parte solcate), due anse e fondo, di un'anfora non ricomposta, priva dell'orlo. *Fabric* CAR-REG-A-3 con spessa ingubbiatura bianca internamente ed esternamente.
Corredo: *lekythos.*
Datazione anfora: indatabile.
Datazione corredo: 500-450.

30. W9515. Tipo non identificato (fig. 16,30).

H. max. conservata 3,8. Ca. 100 frammenti di fondo leggermente distinto e pareti di un'anfora non ricomposta, priva dell'orlo. *Fabric* CAR-REG-A-4.
Datazione anfora: indatabile.

31. W8317. Tipo non identificato (fig. 16,31, tav. 17,2).

H max. conservata ca. 75. Ca. 40 frammenti di parete con gli attacchi delle anse e di fondo di un'anfora con corpo cilindrico, non ricomposta. *Fabric* CAR-REG-A-3 con spessa ingubbiatura biancastra esternamente.
Corredo: ago di bronzo.
Analisi archeometriche: cap. 4.4, tab. 11, *microfabric* A.
Banca dati di FACEM: M 179/113 (inedito).
Datazione anfora: in base all'altezza conservata probabilmente posteriore alla fine del VI sec. a.C.
Datazione corredo: indatabile.

32. W165. Tipo non identificato.

H max. conservata ca. 80. Ca. 35 frammenti di fondo, pareti con gli attacchi delle anse di un'anfora non ricomposta. *Fabric* CAR-REG-A-1 con tracce di un'ingubbiatura internamente ed esternamente.
Corredo: *kotyliskos* a bande tardo-arcaico locale.
Datazione anfora: in base all'altezza conservata probabilmente posteriore alla fine del VI sec. a.C.
Datazione corredo: 520-490.

33. SK172. Tipo non identificato (fig. 6).

Ca. 50-70 frammenti relativi al corpo cilindrico con l'attacco di un'ansa di un'anfora non ricomposta. *Fabric* CAR-REG-A-4 con spessa ingubbiatura biancastra internamente ed esternamente.
Corredo: *aryballos, kotyle* corinzia.
Datazione anfora: indatabile.
Datazione corredo: 600-575.

34. RO1581 (HA 8233). G-4.2.0.0? (tavv. 12,5; 21,2).
H. complessiva ca. 120-130. Ca. 20 frammenti di pareti (in parte solcate) e fondo di un'anfora non ricomposta, probabilmente quasi inegra. *Fabric* CAR-REG-A-3 con spessa ingubbiatura biancastra internamente ed esternamente.
Annotazioni sull'*enchytrismos***:** l'imboccatura dell'anfora è stata chiusa da un grande frammento di tegola.
Corredo: una brocchetta decorata ad immersione, una coppa biansata, una *lekythos* attica ed altri due elementi ancora da identificare.
Datazione anfora: attorno al 409 a.C.
Datazione corredo: 450-409.

35. L106 (HA 6858). Tipo non identificato.
H max. conservata 101. Oltre 30 frammenti di pareti e di un'ansa. *Fabric* CAR-REG-A-4 con tracce di un'ingubbiatura biancastra esternamente.
Corredo: un elemento ancora da identificare.
Banca dati di FACEM: M 179/7 (inedito).
Datazione anfora: in base all'altezza databile al V sec. a.C.
Datazione corredo: al momento indatabile.

36. W444. Tipo non identificato (tav. 4,2).
H max. conservata 101. Ca. 25 frammenti di pareti (in parte solcate), un'ansa e fondo di un'anfora cilindrica, non ricomposta, probabilmente tagliata al di sopra dell'ansa e priva dell'orlo. *Fabric* CAR-REG-A-3 con spessa ingubbiatura biancastra esternamente e internamente.
Annotazioni sull'*enchytrismos***:** la parte alta dell'anfora è stata chiusa da un grande frammento di tegola.
Corredo: olpetta ad immersione, coppa biansata.
Datazione anfora: in base all'altezza databile al V sec. a.C.
Datazione corredo: 550-500.

37. W3643. Tipo non identificato.
H max. conservata ca. 70. Ca. 20 frammenti di parete di un'anfora, non ricomposta. *Fabric* CAR-REG-A-3 con ingubbiatura gialla esternamente.
Datazione anfora: indatabile.

38. W4747. Tipo non identificato.
H max. conservata 100. Ca. 50 frammenti di fondo e gran parte del corpo solcato con parte delle anse di un'anfora cilindrica, non ricomposta, priva dell'orlo. *Fabric* CAR-REG-A-3 con tracce di ingubbiatura gialla esternamente.
Corredo: coppa Iato K 480, *guttus* ad immersione.
Banca dati di FACEM: M 179/102 (inedito).
Datazione anfora: in base all'altezza databile al V sec. a.C.
Datazione corredo: 510-480.

39. W6233. Tipo non identificato.
H max. conservata ca. 60. Ca. 50 frammenti di parete di un'anfora non ricomposta con corpo cilindrico, leggermente ondulato. *Fabric* CAR-REG-A-3 con tracce di ingubbiatura biancastra.
Corredo: coppa acroma monoansata.
Datazione anfora: indatabile.
Datazione corredo: indatabile.

40. W7229. Tipo non identificato.
Ca. 25 frammenti di parete e di fondo leggermente distinto di un'anfora cilindrica, non ricomposta. *Fabric* CAR-REG-A-3 con ingubbiatura biancastra esternamente e internamente.
Datazione anfora: indatabile.

41. W8378. Tipo non identificato.
Cinque frammenti di parete non ricomposti. *Fabric* CAR-REG-A-3 con spessa ingubbiatura giallina esternamente.
Datazione anfora: indatabile.

ANFORE DA MOZIA (N 32)

42. RA131 (HA 4184). Toti 3 / T-2.1.1.2 (figg. 5; 18,42, tav. 11,1).
Diam. orlo 12, h 62,6. Ricomposta da più frammenti; piccola lacuna nella parte inferiore del corpo. L'anfora, attualmente esposta nell'Antiquarium, non è stata campionata nell'ambito del nostro progetto. La descrizione macroscopica del suo impasto si deve a S. Vassallo "Argilla di colore grigio, forse per errore di cottura, ricca di piccoli inclusi di colore grigio e di vacuoli, sporadici inclusi di grande dimensioni di colore bianco; tracce dell'ingubbiatura bianca."
Pubblicata: Vassallo et al. 1993, 92, fig. 5; Vassallo 1993/1994, 1250, fig. 4,1; Vassallo 1999a, 364-365, n. 60; Vassallo 2002, 53, 55, n. 100; Vassallo 2005b, 831, fig. 2,2; Spanò Giammellaro 2000a, 308, fig. 15.
Confronti all'interno della necropoli: cat. 44 (RO315); per le proporzioni, anche se carenata, vedi cat. 46 (RA35).
Confronti esterni: Toti 2002, 280, tav. 2,1. Ramon 1995, 178, 515-516, fig. 153,78.
Datazione anfora: 620-580.

43. RA128 (HA 4175). Toti 3 / T-2.1.1.2 (fig. 18,43).
H max. conservata 62, h estimata ca. 68. Frammenti ricomposti di un quarto circa del corpo e di un'ansa. L'anfora non è stata né esaminata né campionata nell'ambito del nostro progetto, la descrizione macroscopica del suo impasto si deve a S. Vassallo "Argilla di colore rossiccio, grigio-violacea all'interno; ingubbiatura bianchiccia; ricca di minuti vacuoli e sporadici inclusi piccole dimensioni di colore bianco e grigio."
Corredo: coppa ionica del tipo B2.
Confronti all'interno della necropoli: per il profilo cf. cat. 74 (RA124), produzione arcaica di Solunto.
Confronti esterni: Toti 2002, 280, tav. 2,1. Ramon 1995, 178, 515-516, figg. 152-153.
Datazione anfora: 620-580.
Datazione corredo: 600-550.

44. RO315. Toti 3 / T-2.1.1.2 (fig. 18,44).
Diam. orlo 11, h max. conservata 55. Ca. 30 frammenti di orlo, parete e fondo, in parte ricomposti. *Fabric* MOT-A-1 con spessa ingubbiatura bianca internamente ed esternamente.
Corredo: un elemento ancora da identificare.
Analisi archeometriche: cap. 4.1, *microfabric ML-I*; FACEM – http://facem.at/m-179-20.
Pubblicata: Bechtold 2015c, 13, fig, 5,2.
Banca dati di FACEM: FACEM – http://facem.at/m-179-20
Confronti all'interno della necropoli: cat. 42 (RA131).
Confronti esterni: Toti 2002, 280, tav. 2,1. Ramon 1995, 178, 515-516, fig. 153,81.
Datazione anfora: 620-580.
Datazione corredo: al momento indatabile.

45. W955. T-13.2.2.1 (ambito) (fig. 18,45).
Diam. orlo 10, h 49. Restaurata, ricomposta da numerosi frammenti, priva di porzione dell'orlo, di un'ansa e di parte del corpo. *Fabric* MOT-A-2 con spessa ingubbiatura biancastra esternamente e internamente.
Analisi archeometriche: cap. 4.1, *microfabric ML-I*; FACEM – http://facem.at/m-179-42. Montana/Randazzo 2015, 132-133, 137, tabb. 11-12: *impasto ML-I* (Mozia).
Pubblicata: Bechtold 2015c, 13, fig. 5,4.
Banca dati di FACEM: FACEM – http://facem.at/m-179-42.
Confronti esterni: Ramon 1995, 243, 577, fig. 214,527, ripubblicata in *Palermo Punica*, 129, cat. 15, 178, e datata alla prima metà del VI sec. a.C. Toti 2011, 44, n. 10, attribuita al tipo T-13.2.1.2, datato tra la fine del VII e gli inizi del VI sec. a.C., tav. XXVII, ma qui dal profilo dell'orlo ingrossato. Per un pun-

tuale confronto dalla necropoli intra-murale, rinvenuta all'interno della torre 4 di Mozia, vedi Spagnoli 2007/2008, 332, fig. 6a, anfora dalla tomba 173 (fine del VII sec. a.C.) di produzione non specificata, h ca. 38.
Datazione anfora: 620-580.

46. RA35 (HA 3986). T-1.1.2.1/13.2.1.2. Probabile produzione di Mozia (fig. 18,46).
Diam. orlo 13,5, h 63. Integra, ricomposta da più frammenti. Sotto la carena della spalla, accanto all'ansa si nota un segno redatto dopo la cottura, vedi in dettaglio cap. 6, figg. 56-57. L'anfora, attualmente esposta nell'Antiquarium, non è stata campionata nell'ambito del nostro progetto. La descrizione macroscopica del suo impasto di deve a S. Vassallo che la ritiene una probabile produzione moziese. "Argilla di colore grigio-bruno, rossiccia all'esterno, violacea all'interno; ingubbiatura bianco verde; ricca di inclusi di medie e piccole dimensioni, vacuoli."
Annotazioni sull'enchytrismos: anfora con bocca a N-O. La pancia del vaso è stata asportata per l'introduzione dell'infante. Chiusura dell'imboccatura realizzata con ciottoli.
Corredo: guttus dipinto "ad immersione", a vasca aperta e su fondo piatto, vedi Vassallo 2016, 53-54, tav. 2.
Pubblicata: Vassallo et al. 1993, 102, n.114. Vassallo 1999a, 364-365, n. 59. Brugnone/Vassallo 2004, 772, fig. 19, 780, n. 43. De Simone 2012, 86. Bechtold 2015c, 13, fig. 5,3.
Confronti esterni: per la presenza di una lieve carena sulla spalla, l'anfora si avvicina alla forma T-1.1.2.1 (Ramon 1995, 165, 505, fig. 142,2), probabile produzione moziese della seconda metà/fine del VII-prima metà del VI sec. a.C. Una produzione moziese di anfore a spalla carenata era stata ipotizzata anche da A. Ciasca (vedi Docter 2007, 630, nota 34 con bibliografia precedente) e A. Spanò Giammellaro (2000a, 306, nota 10). Tuttavia, rispetto al tipo T-1.1.2.1 **cat. 46** si presenta più allungata, dal profilo del corpo meno a sacco, simile anche alla forma T-13.2.1.2 (Ramon 1995, 242-243, 577, fig. 214,526), ipotetica produzione moziese della prima metà del VI sec. a.C.
Datazione anfora: 610-570.
Datazione corredo: 610-570.

47. RO1180. T-1.3.2.1 (fig. 18,47, tav. 11,3).
Diam. orlo 10,5, h 79. Integra, restaurata, priva di piccole porzioni del corpo. Fabric MOT-A-1 con spessa ingubbiatura bianca internamente ed esternamente.
Annotazioni sull'enchytrismos: le pareti della fossa scavata per l'anfora sono state delimitate da ciottoli di fiume.
Banca dati di FACEM: FACEM – http://facem.at/m-179-9
Pubblicata: Bechtold 2015c, 14, fig. 6,1.
Confronti esterni: Ramon 1995, 171, 508, fig. 145,25. Per il profilo dell'orlo vedi Toti 2002, 282, tav. 5,3, tipo 7. Per le sue proporzioni rientra nel tipo 2b evoluto della recente classificazione di J.-Chr. Sourisseau (2013, 125-127, 273, fig. 53, 275, fig. 55), datato dopo la metà del VI sec. a.C.
Datazione anfora: 550-520.

48. RO592. Toti 7 / T-1.4.2.1 (fig. 18,48).
Diam. orlo 12, h 78. Integra, ricomposta da vari frammenti. L'anfora, esposta nell'Antiquarium, non è stata né esaminata né campionata nell'ambito del presente progetto.
Analisi archeometriche: cap. 4.1, microfabric ML-I. Montana et al. 2006, impasto IV, produzione di Mozia.
Pubblicata: Vassallo 1999a, 366-368, fig. 18,64. Bechtold 2015c, 13, fig. 5,5.
Confronti all'interno della necropoli: cat. 10 (W7215), produzione dell'area di Cartagine.
Confronti esterni: Toti 2002, 282, tav. 5; Ramon 1995, 171, 512, fig. 149. Per la sua altezza, **cat. 48** si iscrive nella forma 2b della classificazione del Sourisseau (2013, 125-127, 273, fig. 53, 275, fig. 55).
Datazione anfora: 550-520.

49. W249. G-1.4.0.0.
H max conservata ca. 56. Parte inferiore di un'anfora con pareti leggermente solcate, conservata fino alle anse. Fabric MOT-A-1 con spessa ingubbiatura biancastra esternamente e internamente.
Corredo: olpetta decorata ad immersione tardo-arcaica, kotyliskos locale.
Banca dati di FACEM: M 179/96 (inedito).

Datazione anfora: 580-480 (in base al *fabric* arcaico).
Datazione corredo: 550-500.

50. W6515. T-1.4.2.2 (ambito) (fig. 18,50).
Diam. orlo 11, h max. conservata 4. Ca. 100 frammenti molto piccoli di orlo, pareti e parte di un'ansa di un'anfora non ricomposta. *Fabric* MOT-A-1 con labili tracce di ingubbiatura bianca.
Annotazioni sull'*enchytrismos***:** della sepoltura **cat. 50** fanno parte anche alcuni frammenti di un'anfora soluntina (**cat. 161**).
Corredo: *lekythos* ariballica a vernice nera di produzione locale.
Analisi archeometriche: in base all'interpretazione delle analisi chimiche il campione di **cat. 50**, da un punto di vista petrografico inizialmente attribuito alla produzione di Mozia, cf. anche FACEM – http://facem.at/m-179-34, è stato ora inserito nel *microfabric SAR-MS,* cf. cap. 4.2, figg. 46-47, tab. 7.
Pubblicata: Bechtold 2015c, 14, fig. 6,3.
Banca dati di FACEM: FACEM – http://facem.at/m-179-34
Confronti esterni: Ramon 1995, 174-175, 512-513, figg. 149-150. Per Mozia vedi inoltre Nigro 2005, 294-295, tav. LXXX MC.04.703/9, anfora di V sec. a. C. rinvenuta in un contesto del IV sec. a.C. Nigro 2011, 312-313, tav. XCI MF.05.1287/7, anfora di produzione locale di V sec. a.C. da un contesto della seconda metà del IV sec. a.C.
Datazione anfora: 510-470.
Datazione corredo: 510-480.

51. W7116. Toti 10 / T-1.4.2.2 (fig. 18,51, tavv. 3,1; 8,5).
Diam. orlo 11, h max. conservata 5, h complessiva ca. 90. Ca. 100 frammenti di orlo, fondo, anse e pareti di un'anfora non ricomposta. *Fabric* MOT-A-2 con ingubbiatura esternamente e internamente.
Corredo: *lekythos* a vernice nera.
Analisi archeometriche: cap. 4.1, *microfabric ML-I.* FACEM – http://facem.at/m-179-47 Montana/ Randazzo 2015, 132-133, 137, tabb. 11-12: *impasto ML-I* (Mozia).
Banca dati di FACEM: FACEM – http://facem.at/m-179-47
Confronti all'interno della necropoli: per il profilo dell'orlo cat. 89 (W2687), produzione di Solunto.
Confronti esterni: Toti 2002, 283-284, tav. 7,1. Ramon 1995, 174-175, 512-513, figg. 149-150.
Datazione anfora: 500-450.
Datazione corredo: 500-450.

52. W9421. Toti 10 / T-1.4.2.2 (fig. 18,52, tav. 22,2).
Diam. orlo 12,6, h max. conservata 21,2, h complessiva ca. 95. Ca. 50-100 frammenti di orlo, anse, pareti e piccola porzione del fondo di un'anfora non ricomposta. All'altezza di un'ansa un segno cruciforme inciso prima della cottura, vedi in dettaglio cap. 6, figg. 65-57. *Fabric* MOT-A-1 con spessa ingubbiatura bianca esternamente e internamente.
Corredo: *guttus, skyphos,* olpetta ad immersione.
Pubblicata: Bechtold 2015c, 14, fig. 6,4.
Banca dati di FACEM: FACEM – http://facem.at/m-179-101
Confronti all'interno della necropoli: per il profilo dell'orlo cf. cat. 88 (W7630), produzione di Solunto.
Confronti esterni: Toti 2002, 283-284, tav. 7. Ramon 1995, 174-175, 513, fig. 150,58.
Datazione anfora: 500-450.
Datazione corredo: 500-450.

53. W4975. Toti 9 / T-1.4.4.1 (fig. 18,53).
Diam. orlo 12, h max. conservata 39,5. Anfora restaurata, ricomposta da numerosi frammenti, priva della sua parte inferiore. *Fabric* MOT-A-2 con spessa ingubbiatura esternamente e internamente.
Pubblicata: Bechtold 2015c, 15, fig. 7,1.
Banca dati di FACEM: M 179/46 (inedito).
Confronti esterni: Toti 2002, 282-283, tav. 6,2. Per Mozia vedi Nigro 2007, 208-209, tav XLIX MD.03.1036/60, da uno strato di crollo datato al 397/6. Ramon 1995, 173-174, 514, fig. 151,65-66.
Datazione anfora: 480-409.

54. W7409. T-1.4.4.1 (ambito) (fig. 19,54, tav. 3,3).
Diam. orlo 9, h max. conservata 12,3. Ca. 40 frammenti di orlo, anse, pareti e parte del fondo di un'anfora non ricomposta, probabilmente pressoché integra. *Fabric* MOT-A-2 con spessa ingubbiatura biancastra esternamente e internamente.
Annotazioni sull'*enchytrismos*: l'imboccatura dell'anfora è stata chiusa da un frammento di tegola o mattone.
Corredo: olpetta ad immersione.
Banca dati di FACEM: M 179/94 (inedito).
Confronti esterni: Ramon 1995, 173-174, 513-514, figg. 150-151. Un buon confronto viene costituito inoltre da un frammento raccolto nel sito 32 della ricognizione effettuata alla Montagnola della Borrania nell'entroterra moziese, vedi Lauro 2005b, 806-807, fig. 3, 32.4, di ipotetica produzione moziese.
Datazione anfora: 480-409.
Datazione corredo: seconda metà (?) del V sec. a.C.

55. W7864. T-1.4.4.1 (ambito) (fig. 19,55, tav. 3,7).
Diam. orlo 10, h max. conservata 21,1, h complessiva ca. 90. Ca. 10 frammenti di orlo, pareti e anse di un'anfora cilindrica, priva di parte inferiore del corpo, ricomposta. *Fabric* MOT-A-2 con tracce di ingubbiatura biancastra esternamente e internamente.
Banca dati di FACEM: M 179/11 (inedito).
Confronti esterni: Ramon 1995, 175-76, 513, fig. 150,62.
Datazione anfora: 480-409.

56. L209. Imitazione di T-1.4.5.1? Produzione di Mozia.
L'anfora L 209 non era reperibile al momento della nostra schedatura. I dati archeometrici e tipologici sono tratti da Montana et al. 2006 e Castellino 2003/4.
Corredo: un elemento ancora da identificare.
Analisi archeometriche: cap. 4.1, *microfabric ML-I*; Montana et al. 2006, 152 impasto IV attribuito alla produzione di Mozia.
Confronti esterni: Ramon 1995, 176-177, 514, fig. 151. Per la produzione del tipo a Mozia vedi Toti 2002, 287.
Datazione anfora: 430-409.
Datazione corredo: al momento indatabile.

57. W8434. Toti 13 / Imitazione di Sol/Pan 4.1-3 (fig. 19,57, tav. 5,2).
Diam. orlo 11, h max. conservata 25,4, h complessiva ca. 100. 50-100 frammenti di orlo, pareti, anse e fondo di un'anfora non ricomposta. *Fabric* MOT-A-2 con spessa ingubbiatura giallina esternamente.
Corredo: ago di bronzo.
Analisi archeometriche: cap. 4.1, *microfabric ML-I*. FACEM – http://facem.at/m-179-40. Montana/Randazzo 2015, 132-133, 137, tabb. 11-12: *impasto ML-I* (Mozia).
Pubblicata: Bechtold 2015c, 15, fig. 7,4.
Banca dati di FACEM: FACEM – http://facem.at/m-179-40
Confronti esterni: per la produzione locale del tipo a Mozia vedi Toti 2002, 285-287, tav. 9,3.
Datazione anfora: 430-409.
Datazione corredo: indatabile.

58. W8790. T-4.1.1.4. Produzione di Mozia? (fig. 19,58).
Diam. orlo 13,5, h max. conservata 9,7. Due frammenti di orlo e pareti non ricomposti. *Fabric* simile a MOT-A-2 con spessa ingubbiatura biancastra esternamente.
Corredo: *skyphos* attico, ago in bronzo.
Analisi archeometriche: in base all'interpretazione delle analisi chimiche, il campione di **cat. 58**, inizialmente attribuito alla produzione di Mozia, è stato ora inserito nel *microfabric AFR-CA*, che dimostra "una buona sovrapposizione con la produzione di Cartagine", cf. cap. 4.2, figg. 48-49, tab. 8.; l'appartenenza dell'anfora al gruppo "Mozia" è pertanto dubbia.
Banca dati di FACEM: M 179/81 (inedito).

Confronti all'interno della necropoli: per il profilo dell'orlo cf. cat. 226 (W9488), produzione dell'area di *Tharros*.

Confronti esterni: Ramon 1995, 186, 521, fig. 158,129. Per un esemplare dalla zona K cf. Spanò Giammellaro 2002b, 1382, fig. 1,2.

Datazione anfora: 409 ca.

Datazione corredo: 450-409.

59. RO1094 (HA 6561). Toti 19 / T-4.2.1.2 (fig. 19,59).
Diam. orlo 15, h max. conservata 9. Due frammenti di orlo e di parete. *Fabric* MOT-A-2 con ingubbiatura bianca esternamente.

Analisi archeometriche: cap. 4.1, *microfabric ML-I*. FACEM – http://facem.at/m-179-10. Montana/ Randazzo 2015, 132-133, 137, tabb. 11-12: *impasto ML-I* (Mozia).

Banca dati di FACEM: FACEM – http://facem.at/m-179-10

Confronti all'interno della necropoli: cat. 60 (W383).

Confronti esterni: Toti 2002, 294-295, tav. 20,4. Acquaro/Del Vais/Secci 2004/2005, 50, 218, fig. 24,26, anfora di produzione locale attribuita alla forma Ramon T-4.2.1.2 (da Mozia, casa dei mosaici). Ramon 1995, 188, 523, fig. 160,141.

Datazione anfora: attorno al 409.

60. W383 (HA 10252). Toti 19 / T-4.2.1.2 (figg. 11; 19,60).
Diam. orlo 11,5, h max. conservata 26,6. Ca. 70 frammenti di orlo, un'ansa, pareti e fondo di un'anfora, parzialmente ricomposta. *Fabric* MOT-A-2 con spessa ingubbiatura biancastra esternamente e internamente.

Annotazioni sull'*enchytrismos*: la parte alta dell'anfora è stata chiusa da due grandi frammenti di un altro vaso biansato.

Corredo: coppa acroma.

Pubblicata: Bechtold 2015, fig. 7,3.

Banca dati di FACEM: M 179/77 (inedito).

Confronti all'interno della necropoli: cat. 59 (RO1094).

Confronti esterni: Toti 2002, 294-295, tav. 20,4. Per Mozia vedi inoltre Nigro 2011, 198-199, tav. XXXIII, MF.04.1219, di produzione locale, da uno strato di crollo della seconda metà del IV a.C. Nigro 2007, 198-199, tav. XLIV MD.03.1034/16, dallo strato di crollo del 397/96. Ramon 1995, 188, 523, fig. 160,141.

Datazione anfora: 409 ca.

Datazione corredo: 500-409.

61. W5773. Tipo non identificato (fig. 19,61, tav. 2,1).
H. max. conservata 20,3, h complessiva ca. 80. Ca. 70 frammenti di fondo e di pareti con gli attacchi delle anse, di un'anfora priva dell'orlo, non ricomposta. *Fabric* MOT-A-1 con tracce di ingubbiatura biancastra.

Annotazioni sull'*enchytrismos*: la parte alta dell'anfora è stata chiusa da tre pietre.

Corredo: brocchetta ad immersione, *lekythos* a vernice nera decorata con raggi.

Confronti all'interno della necropoli: cat. 62 (W7378).

Datazione anfora: 500-480 (in base al *fabric* in combinazione con il profilo del fondo, e l'altezza stimata).

Datazione corredo: attorno alla metà del V sec. a.C.

62. W7378. Tipo non identificato (fig. 19,62).
H. max. conservata 6,1. Ca. 40 frammenti di fondo e pareti di un'anfora non ricomposta. *Fabric* simile a MOT-A-2 con spessa ingubbiatura biancastra esternamente e internamente.

Analisi archeometriche: cap. 4.3, fig. 53, tab. 10, *single*. I risultati delle analisi archeometriche sembrano smentire una attribuzione di quest'anfora ad una produzione moziese.

Banca dati di FACEM: M 179/12 (inedito).

Confronti all'interno della necropoli: cat. 61 (W5773).

Datazione anfora: indatabile.

63. W5297. G-1.4.0.0? (fig. 19,63).
H max. conservata 5,2. Ca. 100 frammenti di fondo, pareti e anse di parte inferiore di un'anfora non ricomposta. *Fabric* MOT-A-2 con spessa ingubbiatura biancastra esternamente e internamente.
Corredo: coppa apoda biansata, coppa skyphoide a vernice nera.
Datazione anfora: 500-409 (in base al *fabric*, in combinazione con il fondo già distinto).
Datazione corredo: 475-430.

64. L180 (HA 6987). Tipo non identificato (tav. 8,4).
Oltre 100 frammenti di pareti e di un'ansa di un'anfora non ricomposta. *Fabric* MOT-A-1 con tracce di una spessa ingubbiatura biancastra internamente ed esternamente.
Corredo: due elementi ancora da identificare.
Analisi archeometriche: FACEM – http://facem.at/m-179-8. Montana/Randazzo 2015, 132-133, 137, tabb. 11-12: *impasto ML-I* (Mozia). Montana *et al.* 2006, 152 impasto IV attribuito alla produzione di Mozia.
Banca dati di FACEM: FACEM – http://facem.at/m-179-8.
Datazione anfora: 600-480 (in base al *fabric* arcaico).
Datazione corredo: al momento indatabile.

65. RO1139 (HA 7296). Tipo non identificato.
Oltre 20 frammenti di pareti, in parte con solcature, con gli attacchi delle anse. *Fabric* MOT-A-1 con ingubbiatura bianca esternamente.
Datazione anfora: 600-480 (in base al *fabric* arcaico).

66. W1944 (HA 12770). Tipo non identificato.
H max. conservata ca. 60. Ca. 30 frammenti di parete con gli attacchi delle anse e fondo di un'anfora priva dell'orlo, non ricomposta. *Fabric* MOT-A-1 con spessa ingubbiatura esternamente e internamente.
Datazione anfora: 600-480 (in base al *fabric* arcaico).

67. W 196. Tipo non identificato.
H max. conservata 65-70. Ca. 30 frammenti di pareti in parte solcate. *Fabric* MOT-A-2 con spessa ingubbiatura biancastra esternamente e internamente.
Datazione anfora: 500-409 (in base al *fabric*).

68. W1290 (HA 11964). Tipo non identificato.
H max. conservata ca. 70. 25 frammenti delle anse e della parte centrale di un'anfora con corpo cilindrico. *Fabric* MOT-A-2 con con spessa ingubbiatura esternamente e internamente.
Banca dati di FACEM: M 179/92 (inedito).
Datazione anfora: 500-409 (in base all'altezza conservata e al *fabric*).

69. W2849. Tipo non identificato.
H max. conservata 87. 100-150 frammenti di parete con l'attacco di ansa di un'anfora con corpo cilindrico, non ricomposta. *Fabric* MOT-A-2 con spessa ingubbiatura biancastra esternamente e internamente.
Datazione anfora: 500-409 (in base all'altezza conservata e al *fabric*).

70. W4391. Tipo non identificato.
H max. conservata 45-50. Ca. 25 frammenti relativi alla parte centrale di un'anfora non ricomposta, conservata fino all'altezza delle anse. *Fabric* MOT-A-2 con tracce di ingubbiatura biancastra esternamente.
Corredo: *lekythos* globulare di produzione locale.
Datazione anfora: 500-409 (in base al *fabric*).
Datazione corredo: 450-409.

71. W5496. Tipo non identificato.
Sette frammenti di parete di un'anfora con corpo cilindrico, non ricomposta. *Fabric* MOT-A-2 con spessa ingubbiatura biancastra esternamente e internamente.
Datazione anfora: 500-409 (in base al *fabric*).

72. W7412. Tipo non identificato.
H complessiva ca. 90. Ca. 30-40 frammenti di fondo leggermente distinto e pareti (in parte solcate) con l'attacco di ansa di un'anfora non ricomposta. *Fabric* MOT-A-2 con tracce di ingubbiatura biancastra esternamente e internamente.
Corredo: *skyphos* miniaturistico a vernice nera.
Datazione anfora: 500-450 (datazione in base al *fabric*, ma tenendo conto anche del fondo leggermente distinto e dell'altezza stimata).
Datazione corredo: indatabile.

73. W8863. Tipo non identificato.
Ca. 15 frammenti di parete e fondo di un'anfora non ricomposta. *Fabric* MOT-A-2 con spessa ingubbiatura biancastra esternamente e internamente.
Datazione anfora: 500-409 (in base al *fabric*).

Anfore da Solunto (N 97)

74. RA124 (HA 4171). Sol/Pan 1 / T-2.1.1.2 (fig. 21,74).
Diam. orlo 12,5, h max. conservata 62,5, h estimata ca. 66. Ricomposta da oltre 20 frammenti e integrata con gesso, ampia lacuna nella parte inferiore del corpo e priva del fondo. *Fabric* SOL-A-1 con ingubbiatura bianco verde internamente ed esternamente.
Corredo: vago di collana in ambra.
Pubblicata: Bechtold 2015a, 10, fig. 5,1.
Banca dati di FACEM: FACEM – http://facem.at/m-179-41
Confronti esterni: Ramon 1995, 178, 515-516, figg. 152-153. Per un esemplare molto simile da Cartagine, esaminato nell'ambito del nostro progetto e ugualmente attribuito al *fabric* SOL-A-1, vedi Maraoui Telmini 2012, 125, cat. 131 (FACEM – http://facem.at/m-92-94), da un contesto di V-IV sec. a.C. con molto materiale della seconda metà dell'VIII-prima metà del VII sec. a.C. (pp. 39-41, fig. 18).
Datazione anfora: 630-580.

75. RO1282 (HA 7563). Sol/Pan 1 / T-2.1.1.2 (ambito) (fig. 21,75).
Diam. orlo 10, h max. conservata 21. Un grande frammento che conserva parti dell'orlo, della spalla e delle due anse. *Fabric* SOL-A-1 con spessa ingubbiatura biancastra internamente ed esternamente.
Banca dati di FACEM: M 179/43 (inedito).
Confronti all'interno della necropoli: cat. 76 (W7725).
Confronti esterni: Ramon 1995, 178, 516, fig. 153,78. Greco 1997, 58, fig. 1,1; 66, qui definita una T-1.4.2.1. *Himera* V, 138, 156, da un contesto della fase I (648-580/60), tav. LXIX,172.
Datazione anfora: 630-580.

76. W7725. Sol/Pan 1 / T-2.1.1.2 (fig. 21,76, tav. 19,1).
Diam. orlo 11, h max. conservata 7,7. 50-80 frammenti di orlo, parete e anse di un'anfora priva di parte inferiore del corpo, non ricomposta. Si notano fori circolari da riparazione antica per grappe di piombo su sette frammenti. *Fabric* SOL-A-1 con tracce di ingubbiatura biancastra esternamente e internamente.
Banca dati di FACEM: M 179/29 (inedito).
Confronti all'interno della necropoli: cat. 75 (RO1282).
Confronti esterni: Ramon 1995, 179, 516, fig. 153,78.
Datazione anfora: 630-580.

77. W6984. Sol/Pan 2.2 / T-1.1.2.1 (fig. 21,77, tav. 2,3).
Diam. orlo 12, h max. conservata 4,8. 100-200 frammenti di orlo, anse, pareti e fondo di un'anfora non ricomposta. *Fabric* SOL-A- 1 con spessa ingubbiatura esternamente.

Banca dati di FACEM: FACEM – http://facem.at/m-179-44
Confronti all'interno della necropoli: cat. 78 (SG70).
Confronti esterni: per il profilo dell'orlo vedi Ramon 1995, 165, 505, fig. 142,2. Per Solunto vedi inoltre Greco 1997, 66, fig. 1,2, definita una T-1.4.2.1. Greco 2000, 686, T-1.1.2.1 da un contesto della prima metà del VI sec. a.C.
Datazione anfora: 600-550.

78. SG70. Sol/Pan 2.2 / T-1.1.2.1 (fig. 21,78).
Diam. 11, h max. conservata 6,8. Ca. 80 frammenti non ricomposti di orlo, anse e corpo, priva del fondo. *Fabric* SOL-A-1 con spessa ingubbiatura biancastra internamente ed esternamente.
Confronti all'interno della necropoli: cat. 77 (W6984).
Confronti esterni: per il profilo dell'orlo vedi Ramon 1995, 165, 505, fig. 142,2.
Datazione anfora: 600-550.

79. W6904. Sol/Pan 3.1 / T-1.3.2.1 (ambito) (fig. 21,79, tav. 18,1).
Diam. orlo 13, h max. conservata 20. Ca. 30 frammenti di orlo e delle due anse di parte superiore di anfora non ricomposta. *Fabric* SOL-A-1 con spessa ingubbiatura biancastra esternamente e internamente.
Annotazioni sull'*enchytrismos*: l'imboccatura dell'anfora è stata chiusa da una pietra (?). La tomba W6904 è stata tagliata dalla tomba a cappuccina W7106 databile nel corso del V sec. a.C.
Analisi archeometriche: cap. 4.1, *microfabric SP-I*; FACEM – http://facem.at/m-179-48 Montana/Randazzo 2015, tabb. 9-10, *impasto SP-I* (Solunto).
Pubblicata: Bechtold 2015a, 10, fig. 5,3.
Banca dati di FACEM: FACEM – http://facem.at/m-179-48
Confronti all'interno della necropoli: cat. 80 (SK247).
Confronti esterni: Ramon 1995, 170, 508, fig. 145 (T-1.3.2.1); 178, 516, fig. 153,77 (T-2.1.1.2 per la conformazione dell'ansa).
Datazione anfora: 600-550.

80. SK247. Sol/Pan 3.1 / T-1.3.2.1 (fig. 21,80).
Diam. orlo 13, h max. conservata 12. Ca. 50-100 frammenti di orlo, anse e pareti di un'anfora non ricomposta, priva del fondo. *Fabric* SOL-A-1 con spessa ingubbiatura biancastra internamente ed esternamente.
Banca dati di FACEM: M 179/45 (inedito).
Confronti all'interno della necropoli: cat. 79 (W6904).
Confronti esterni: Ramon 1995, 170, 508, fig. 145 (T-1.3.2.1); 178, 516, fig. 153,77 (T-2.1.1.2 soprattutto per l'orlo). Greco 2000, 686, tav. CXV,11, da un contesto della prima metà del VI sec. a.C., qui attribuita al tipo T-1.1.2.1.
Datazione anfora: 600-550.

81. W5980. Sol/Pan 2.1 / T-13.2.2.1 (ambito) (fig. 21,81).
Diam. rim 10, h max. conservata 13,5. Undici frammenti di orlo, anse e parte superiore di un'anfora non ricomposta. *Fabric* SOL-A-1 con tracce di ingubbiatura biancastra.
Pubblicata: Bechtold 2015a, 10, fig. 5,2.
Banca dati di FACEM: FACEM – http://facem.at/m-179-93.
Confronti esterni: Ramon 1995, 243, 577, fig. 214,527 (l'orlo dell'esemplare imerese è diverso).
Datazione anfora: 600-550.

82. RO428. Sol/Pan 3.2 / T-1.4.1.1/2.1 (fig. 21,82, tavv. 8,6; 21,3).
Diam. orlo 11,3, h max. conservata 85,3, h estimata 95. Restaurata e ricomposta da numerosi frammenti, priva del fondo. *Fabric* SOL-A-1 con spessa ingubbiatura bianca internamente ed esternamente.
Corredo: *lekythos* di probabile produzione coloniale.
Analisi archeometriche: cap. 4.1, *microfabric SP-I*. FACEM – http://facem.at/m-179-19 Montana/Randazzo 2015, 123-124, 128, tabb. 9-10: *impasto SP-I* (Solunto).
Pubblicata: Vassallo 1999a, 366-367, fig. 17,63. Bechtold 2015a, 11, fig. 6,4.

Banca dati di FACEM: FACEM – http://facem.at/m-179-19
Confronti all'interno della necropoli: cat. 276 (W8662), produzione non identificata.
Confronti esterni: Ramon 1995, 171, 512, fig. 149. Toti 2002, 282-283, tav. 6,1. In base alla sua altezza **cat. 82** appartiene alla forma 3 della classificazione di Sourisseau (2013, 127-128, 273, fig. 53, 275, fig. 55).
Datazione anfora: 510-470.
Datazione corredo: età tardo-arcaica?

83. W2174. Sol/Pan 3.2/ SG-1.4.2.0? (fig. 21,83)
H max. conservata 79, diam. max. conservato 32. Conservata fino all'altezza delle anse, priva dell'orlo. *Fabric* SOL-A-1 con resti di ingubbiatura bianca esternamente.
Banca dati di FACEM: M 179/49 (inedito).
Datazione anfora: 530-500 (per l'altezza totale estimata).

84. RO1493 (HA 7973). Sol/Pan 3.2-3 / T-1.4.2.1/2 (fig. 21,84, tavv. 8,7; 12,4).
Diam. orlo 12, h max. conservata 68,5, h estimata ca. 79. Oltre 40 frammenti di orlo, pareti, anse e fondo di un'anfora ricomponibile, probabilmente quasi integra. *Fabric* SOL-A-2 con spessa ingubbiatura biancastra esternamente.
Annotazioni sull'*enchytrismos*: l'imboccatura è stata chiusa da una pietra.
Corredo: coppetta con orlo estroflesso.
Analisi archeometriche: cap. 4.1, *microfabric SP-I.* FACEM – http://facem.at/m-179-63 Montana/ Randazzo 2015, 123-124, 128, tabb. 9-10: *impasto SP-I* (Solunto).
Banca dati di FACEM: FACEM – http://facem.at/m-179-63
Confronti all'interno della necropoli: cat. 88 (W7630).
Confronti esterni: Ramon 1995, 174-175, 512-513, figg. 149-150. Per le sue proporzioni **cat. 84** rientra nel tipo 2b evoluto della recente classificazione di J.-Chr. Sourisseau (2013, 125-127, 273, fig. 53, 275, fig. 55), datato dopo la metà del VI sec. a.C.
Datazione anfora: 540-500 (datazione soprattutto in base all'altezza estimabile).
Datazione corredo: 550-500.

85. W9514. Sol/Pan 3.2 / T-1.4.2.1 (fig. 22,85).
Diam. orlo 12, h max. conservata 58.5, h estimata 80-85. Ca. 35 frammenti di orlo, anse e pareti di anfora non ricomposta, priva del fondo. *Fabric* SOL-A-3 con spessa ingubbiatura biancastra esternamente e internamente.
Analisi archeometriche: cap. 4.1, *microfabric SP-II.* FACEM – http://facem.at/m-179-84 Montana/ Randazzo 2015, 123-124, 128, tabb. 9-10: *impasto SP-II.*
Banca dati di FACEM: FACEM – http://facem.at/m-179-84
Confronti all'interno della necropoli: cat. 9 (RO2245), produzione dell'area di Cartagine.
Confronti esterni: Ramon 1995, 171, 512, fig. 149. Per la necropoli di Soluto vedi Greco 1997, 58, fig. 1,2, 66 impasto locale A 2, attribuita al tipo T-1 4 2.1. Per un esemplare di ipotetica produzione soluntina, rinvenuto a Palermo, nel vano ipogeico di Via d'Alessi, in un contesto databile attorno alla metà del III sec. a.C., vedi Lauro 2005a, 743, 750, fig. 3,a.
Datazione anfora: 530-500 (soprattutto in base all'altezza estimata).

86. W1403 (HA 12129). Sol/Pan 3.2 / T-1.4.2.1 (figg. 11; 22,86).
Diam. orlo 13, h 82,2. Restaurata, ricomposta da numerosi frammenti, priva di parte centrale del corpo e di un'ansa. *Fabric* SOL-A-2/3 con tracce di ingubbiatura biancastra esternamente e internamente.
Annotazioni sull'*enchytrismos*: l'imboccatura dell'anfora è stata chiusa da un frammento di tegola.
Confronti esterni: Ramon 1995, 174, 512, fig. 149,56.
Datazione anfora: 540-500.

87. W5608. Sol/Pan 3.3 / T-1.4.2.2 (ambito) (fig. 22,87).
Diam. orlo 11,5, h max. conservata 27,8. 45 frammenti di orlo, un'ansa e parte superiore di un'anfora non ricomposta, priva della sua porzione inferiore. *Fabric* SOL-A-2 con ingubbiatura biancastra esternamente e internamente.

Analisi archeometriche: cap. 4.1, *microfabric SP-I*. FACEM – http://facem.at/m-179-70 Montana/Randazzo 2015, 123-124, 128, tabb. 9-10: *impasto SP-I* (Solunto).
Pubblicata: Bechtold 2015a, 11, fig. 6,3.
Banca dati di FACEM: FACEM – http://facem.at/m-179-70.
Confronti all'interno della necropoli: cat.17 (W5107), produzione dell'area di Cartagine.
Confronti esterni: Ramon 1995, 174-175, 512-513, figg. 149-150.
Datazione anfora: 530-500.

88. W7630. Sol/Pan 3.2 / T-1.4.2.1/2 (fig. 22,88).
Diam. orlo 10, h max. conservata 10. 50-100 frammenti di orlo e di parete con l'attacco dell'ansa di un'anfora non ricomposta. *Fabric* SOL-A-1 con ingubbiatura biancastra esternamente e internamente.
Pubblicata: Bechtold 2015a, 11, fig. 6,2.
Banca dati di FACEM: M 179/55 (inedito).
Confronti all'interno della necropoli: cat. 84 (RO1493).
Confronti esterni: Ramon 1995, 174-175, 512-513, figg. 149-150.
Datazione anfora: 520-480.

89. W2687. Sol/Pan 3.3 / T-1.4.2.2 (fig. 22,89).
Diam. orlo 15, h max. conservata 12,3. Ca. 50 frammenti di orlo, due anse, pareti di un'anfora non ricomposta, priva del fondo. *Fabric* SOL-A-2 con tracce di ingubbiatura biancastra esternamente e internamente.
Confronti all'interno della necropoli: cat. 84 (RO1493).
Confronti esterni: Ramon 1995, 174-175, 512-513, figg. 149-150.
Datazione anfora: 520-480.

90. W1678 (HA 12472). Sol/Pan 3.4 / T-1.4.3.1 (fig. 22,90).
Diam. orlo 10, h max. conservata 9,8. Cinque frammenti di orlo e pareti ed un'ansa. *Fabric* SOL-A-2 con tracce di ingubbiatura biancastra esternamente.
Pubblicata: Bechtold 2015a, 11, fig. 6,5.
Banca dati di FACEM: M 179/104 (inedito).
Confronti esterni: Ramon 1995, 175, 513, fig. 150,59 (T-1.4.3.1).
Datazione anfora: 510-470.

91. W36. Sol/Pan 3.4 / T-1.4.2.1/2 (fig. 22,91).
Diam. orlo 10, h max. conservata 31. Sei frammenti di orlo, parete e di un'ansa. *Fabric* SOL-A-3 con spessa ingubbiatura biancastra internamente ed esternamente.
Analisi archeometriche: cap. 4.1, *microfabric SP-II*. FACEM – http://facem.at/m-179-51 Montana/Randazzo 2015, 123-124, 128, tabb. 9-10: *impasto SP-II*.
Banca dati di FACEM: FACEM – http://facem.at/m-179-51
Confronti all'interno della necropoli: cat. 92 (W6462).
Confronti esterni: Ramon 1995, 174-175, 512-513, fig. 149-150. Per Solunto stessa vedi Greco 1997, 58, fig. 1,2, 66, definita una T-1.4.2.1.
Datazione anfora: 520-480.

92. W6462. Sol/Pan 3.4 / T-1.4.2.1/2 (ambito) (fig. 22,92).
Diam. orlo 12, h max. conservata 5,2. Ca. 25 frammenti di orlo, pareti e di un'ansa con un bollo illeggibile (cf. cap. 6, fig. 56) di un'anfora non ricomposta. Si segnalano inoltre due frammenti di parete con doppio solco orizzontale inciso. *Fabric* SOL-A-3 con spessa ingubbiatura biancastra esternamente e internamente.
Banca dati di FACEM: M 179/98 (inedito).
Confronti all'interno della necropoli: cat. 91 (W36).
Confronti esterni: Ramon 1995, 174-175, 512-513, fig. 149-150.
Datazione anfora: 520-480.

93. RO1399 (HA 7793). Sol/Pan 3.3 / T-1.4.2.2 evoluto (figg. 8; 22,93, tav. 21,4).
H max. conservata ca. 20, h. complessiva ca. 78. Oltre 40 frammenti di orlo, pareti con l'attacco delle anse e del fondo di un'anfora non ricomposta. *Fabric* SOL-A-3 con spessa ingubbiatura biancastra internamente ed esternamente.
Corredo: *lekythos* imerese.
Banca dati di FACEM: M 179/61 (inedito).
Confronti esterni: Ramon 1995, 174-175, 513, fig. 150,58. Di Stefano 2009, 144, n. 23, qui attribuita ad una T-7.1.2.1 e ritenuta una produzione siciliana della seconda metà del V-inizi del IV a.C. (dalla necropoli di Caserma Tuköry, Palermo).
Datazione anfora: 500-470.
Datazione corredo: tardo-arcaico.

94. W1460 (HA 12213). SG-1.4.2.0 (fig. 12, tav. 15,4).
H max. conservata ca. 75. Restaurata, ricomposta da numerosi frammenti, priva dell'orlo e di parte delle anse. *Fabric* SOL-A-2 con tracce di un'ingubbiatura bianca esternamente.
Banca dati di FACEM: M 179/87 (inedito).
Datazione anfora: 530-480 (in base all'altezza).

95. W1352 (HA 12057). Sol/Pan 4.1 / T-1.4.5.1 (fig. 22,95).
Diam. orlo 12, h max. conservata 53, h estimata 57-58. Restaurata, priva del fondo, di ca. un terzo del corpo, una porzione dell'orlo e di un'ansa. *Fabric* SOL-A-2 con ingubbiatura grigiastra esternamente e internamente.
Pubblicata: Bechtold 2015a, 11, fig. 6.1.
Banca dati di FACEM: FACEM – http://facem.at/m-179-56.
Confronti all'interno della necropoli: per l'orlo cf. cat. 96 (W7344).
Confronti esterni: Ramon 1995, 176-177, fig. 151,67-68.
Datazione anfora: per il suo rapporto fra altezza e larghezza di 1,5 cm ca. e l'orlo "con gradino" pressoché orizzontale, **cat. 95** data nel primo quarto del V sec. a.C.

96. W7344. Sol/Pan 4.2 / T-1.4.5.1 (fig. 22,96, tav. 18,6).
Diam. orlo 10,6, h max. conservata 14. Ca. 30 frammenti di orlo, fondo, anse e corpo di un'anfora probabilmente pressoché intera, non ricomposta. Da una parte dell'orlo si nota un taglio antico dalle superfici lisciate, adoperato per inserire la deposizione. *Fabric* SOL-A-2 con tracce di ingubiatura biancastra esternamente e internamente.
Corredo: coppa skyhoide a vernice nera, coppa ad immersione, *skyphos* a vernice nera.
Analisi archeometriche: cap. 4.1, *microfabric SP-II*; FACEM – http://facem.at/m-179-54 Montana/ Randazzo 2015, 123-124, 128, tabb. 9-10: *impasto SP-II*.
Banca dati di FACEM: FACEM – http://facem.at/m-179-54
Confronti all'interno della necropoli: per l'orlo cf. cat. 95 (W1352).
Confronti esterni: Ramon 1995, 176-177, fig. 151,67-68.
Datazione anfora: per l'orlo "con gradino" poco inclinato, **cat. 96** data nella prima metà del V sec. a.C.
Datazione corredo: attorno alla metà del V sec. a.C.

97. W9045. Sol/Pan 4.1-2 / T-1.4.5.1 (fig. 22,97).
Diam. orlo 10,5, h max. conservata 8,5. Ca. 40 frammenti di orlo, anse e pareti di un'anfora non ricomposta. *Fabric* SOL-A-2 con spessa ingubbiatura biancastra esternamente e internamente.
Corredo: ago di bronzo.
Confronti all'interno della necropoli: cat. 98 (W6588).
Confronti esterni: Ramon 1995, 176-177, fig. 151,67-68.
Datazione anfora: per l'orlo "con gradino" poco inclinato, **cat. 97** data nella prima metà del V sec. a.C.
Datazione corredo: indatabile.

98. W6588. Sol/Pan 4.1-2 / T-1.4.5.1 (fig. 22,98, tav. 18,5).
Diam. orlo 12,5, h max. conservata 28,3. Ca. 150 frammenti di orlo, fondo, pareti e attacco di un'ansa di un'anfora non ricomposta. *Fabric* SOL-A-1 con tracce di ingubbiatura biancastra esternamente e internamente.
Annotazioni sull'*enchytrismos***:** l'imboccatura dell'anfora è stata chiusa da un frammento di tegola.
Corredo: olpetta ad immersione, pisside stamnoide a bande.
Banca dati di FACEM: M 179/95 (inedito).
Confronti all'interno della necropoli: cat. 97 (W9045).
Confronti esterni: Ramon 1995, 176-177, fig. 151,67-68.
Datazione anfora: per l'orlo "con gradino" poco inclinato e l'uso del *fabric* arcaico SOL-A-1, **cat. 98** data nella prima metà del V sec. a.C.
Datazione corredo: 510-480.

99. W5288. Sol/Pan 4.1-2 / T-1.4.5.1 (fig. 23,99, tav. 20,3).
Diam. orlo 11, h max. conservata 9,2. Ca. 30 frammenti di orlo, pareti leggermente ondulate con l'attacco di un'ansa di un'anfora priva della parte inferiore, non ricomposta. *Fabric* SOL-A-3 con tracce di ingubbiatura bianca esternamente e internamente.
Confronti all'interno della necropoli: cat. 100 (W164)
Confronti esterni: Ramon 1995, 176-177, fig. 151,67-68.
Datazione anfora: per l'orlo "con gradino" poco inclinato, **cat. 99** data nella prima metà del V sec. a.C.

100. W164 (HA 9916). Sol/Pan 4.1-2 / T-1.4.5.1 Probabile produzione di Solunto (figg. 10; 23,100).
Diam. orlo 11, h 73. L'anfora integra, restaurata, non è stata campionata nell'ambito del nostro progetto. Presenta le superfici grigie con un impasto probabilmente più chiaro (rosato) nel nucleo, caratterizzato dalla presenza di numerosissimi inclusi biancastri (0,2-0,5 mm).
Annotazioni sull'*enchytrismos***:** l'imboccatura dell'anfora è stata chiusa da una pietra.
Confronti all'interno della necropoli: cat. 97 (W9045); cat. 98 (W6588).
Confronti esterni: Ramon 1995, 234-237, 562-571, figg. 199-208.
Datazione anfora: per il suo rapporto fra altezza e larghezza di 2 e per l'orlo "con gradino" poco inclinato, **cat. 100** data nella prima metà del V sec. a.C.

101. W5326. Sol/Pan 4.1-2 / T-1.4.5.1 (fig. 23,101, tav. 5,4).
Diam. orlo 11, h max. conservata 10,2. Ca. 35 frammenti di orlo, anse e parte superiore del corpo di un'anfora non ricomposta. *Fabric* SOL-A-3 con spessa ingubbiatura bianca esternamente e internamente.
Annotazioni sull'*enchytrismos***:** la parte bassa dell'anfora è chiusa da un grande frammento di tegola.
Corredo: coppa skyphoide miniaturistica, *guttus*.
Confronti all'interno della necropoli: per l'orlo cf. cat. 95 (W1352).
Confronti esterni: Ramon 1995, 176-177, fig. 151,67-68.
Datazione anfora: per l'orlo "con gradino" poco inclinato, **cat. 101** data nella prima metà del V sec. a.C.
Datazione corredo: 475-450.

102. W2900. Sol/Pan 4.1-2 / T-1.4.5.1 (fig. 23,102).
Diam. orlo 12, h max. conservata 6,4. Ca. 100 frammenti di orlo, pareti, anse di un'anfora priva del fondo, non ricomposta. *Fabric* SOL-A-3 (variante) con ingubbiatura biancastra esternamente e internamente.
Corredo: *lekythos* globulare ad immersione.
Analisi archeometriche: cap. 4.1, *microfabric SP-II*.
Banca dati di FACEM: FACEM – http://facem.at/m-179-74.
Confronti esterni: Ramon 1995, 176-177, fig. 151,67-68.
Datazione anfora: per l'orlo "con gradino" poco inclinato, **cat. 102** data nella prima metà del V sec. a.C.
Datazione corredo: 430-409.

103. W1504 (HA 12259). Sol/Pan 4.1-2 / T-1.4.5.1 (fig. 23,103).
Diam. orlo 10, h max. conservata 5,1. Ca. 40 frammenti da ricomporre fra cui parti dell'orlo, del fondo e delle due anse. *Fabric* SOL-A-3.
Banca dati di FACEM: M 179/65 (inedito).
Confronti all'interno della necropoli: cat. 100 (W164).
Confronti esterni: Ramon 1995, 176-177, fig. 151,67-68.
Datazione anfora: per l'orlo "con gradino" poco inclinato, **cat. 103** data nella prima metà del V sec. a.C.

104. W7438. Sol/Pan 4.1-2 / T-1.4.5.1 (fig. 23,104, tav. 18,4).
Diam. orlo 11, h max. conservata 4,9, h complessiva ca. 70. Ca. 50 frammenti di orlo, anse e pareti di un'anfora non ricomposta. *Fabric* SOL-A-3 con spessa ingubbiatura esternamente.
Annotazioni sull'*enchytrismos*: le pareti della fossa scavata per l'anfora sono state parzialmente delimitate da alcune pietre.
Banca dati di FACEM: M 179/62 (inedito).
Confronti all'interno della necropoli: cat. 99 (W5288).
Confronti esterni: Ramon 1995, 176-177, fig. 151,67-68.
Datazione anfora: per l'orlo "con gradino", **cat. 104** data nella prima metà del V sec. a.C.

105. RO851 (HA 6021). Sol/Pan 4.2 / T-1.4.5.1 (fig. 23,105).
Diam. orlo 10, h 60,9. Integra, restaurata. *Fabric* SOL-A-2 con sottile ingubbiatura internamente ed esternamente.
Corredo: *lekythos* di produzione coloniale e probabilmente altri tre elementi ancora da identificare.
Analisi archeometriche: cap. 4.1, *microfabric SP-II*. FACEM – http://facem.at/m-179-5 Montana/Randazzo 2015, 123-124, 128, tabb. 9-10: *impasto SP-II*. Montana et al. 2006, impasto III, attribuito alla produzione di Solunto.
Banca dati di FACEM: FACEM – http://facem.at/m-179-5
Pubblicata: Vassallo 1999a, 369-370, fig. 19,65.
Confronti all'interno della necropoli: cat. 104 (W7438).
Confronti esterni: Ramon 1995, 176-177, 514, fig. 151.
Datazione anfora: in considerazione del suo rapporto fra altezza e larghezza di 2,2 e per l'orlo "con gradino" quasi orizzontale, **cat. 105** daterà nel secondo quarto del V sec. a.C.
Datazione corredo: 510-490 (al momento).

106. W4866. Sol/Pan 4.1-2 / T-1.4.5.1 (fig. 23,106).
Diam. orlo 12, h max. conservata 11. Ca. 20 frammenti di orlo e parte superiore del corpo con l'attacco delle anse di un'anfora priva del fondo, non ricomposta. *Fabric* SOL-A-3 con spessa ingubbiatura biancastra esternamente e internamente.
Confronti all'interno della necropoli: cat. 107 (W636).
Confronti esterni: Ramon 1995, 176-177, fig. 151,67-68.
Datazione anfora: per l'orlo "con gradino" poco inclinato, **cat. 106** data nella prima metà del V sec. a.C.

107. W636 (HA 10588). Sol/Pan 4.1-2 / T-1.4.5.1. (fig. 23,107).
Diam. orlo 10, h max conservata 5,8. Ca. 25 frammenti di orlo, spalla, ansa e fondo di un'anfora non ricomposta. *Fabric* SOL-A-3 con spessa ingubbiatura biancastra esternamente e internamente.
Confronti all'interno della necropoli: cat. 108 (W1419).
Confronti esterni: Ramon 1995, 176-177, fig. 151,67-68.
Datazione anfora: per l'orlo "con gradino" poco inclinato, **cat. 107** data nella prima metà del V sec. a.C.

108. W1419. Sol/Pan 4.1-2 / T-1.4.5.1 (fig. 23,108).
Diam. orlo 11, h max. conservata 6,5. Ca. 20 frammenti di orlo, delle anse e della parte superiore di un'anfora non ricomposta. *Fabric* SOL-A-3 con spessa ingubbiatura bianca esternamente e internamente.

Banca dati di FACEM: M 179/53 (inedito).
Confronti all'interno della necropoli: cat. 106 (W4866).
Confronti esterni: Ramon 1995, 176-177, fig. 151,67-68.
Datazione anfora: per l'orlo "con gradino", **cat. 108** data nella prima metà del V sec. a.C.

109. W1279 (HA 11946). Sol/Pan 4.1-2 / T-1.4.5.1 (fig. 23,109).
Diam. orlo 13,5, h max. conservata 16. Ca. 25 frammenti di orlo, pareti e fondo di un'anfora non ricomposta, priva delle anse. *Fabric* SOL-A-3 con spessa ingubbiatura esternamente e internamente.
Corredo: *oinochoe* acroma locale, olpetta ad immersione, *kothon* a gocce (motivo come sulle coppe Iato K 480), coppetta acroma locale.
Confronti all'interno della necropoli: cat. 110 (RO898).
Confronti esterni: Ramon 1995, 176-177, fig. 151,67-68.
Datazione anfora: per l'orlo "con gradino" quasi orizzontale, **cat. 109** data nella prima metà del V sec. a.C.
Datazione corredo: 510-480.

110. RO898 (HA 6086). Sol/Pan 4.1-2 / T-1.4.5.1 (fig. 23,110).
Diam. orlo 11,4, h max. conservata 7. Ca. 40 frammenti di orlo, un'ansa, fondo e pareti di un'anfora non restaurata, ricomponibile. *Fabric* SOL-A-2 con tracce di un'ingubbiatura biancastra internamente ed esternamente.
Analisi archeometriche: cap. 4.1, *microfabric SP-II*. FACEM – http://facem.at/m-179-6 Montana/Randazzo 2015, 123-124, 128, tabb. 9-10: *impasto SP-II*. Montana et al. 2006, impasto III, attribuito alla produzione di Solunto.
Banca dati di FACEM: FACEM – http://facem.at/m-179-6
Confronti all'interno della necropoli: cat. 109 (W1279).
Confronti esterni: Ramon 1995, 176-177, 514, fig. 151,67-68.
Datazione anfora: per l'orlo "con gradino", **cat. 110** data nella prima metà del V sec. a.C.

111. W5964. Sol/Pan 4.1-2 / T-1.4.5.1 (fig. 23,111, tav. 17,5).
Diam. orlo 10, h max. conservata 10,8. Ca. 50 frammenti di orlo, anse e parte superiore di un'anfora non ricomposta. *Fabric* SOL-A-2 con spessa ingubbiatura biancastra esternamente e internamente.
Confronti esterni: Ramon 1995, 176-177, 514, fig. 151.
Datazione anfora: per l'orlo "con gradino" quasi orizzontale, **cat. 111** data nella prima metà del V sec. a.C.

112. W333 (HA 10186). Sol/Pan 4.1-2 / T-1.4.5.1 (fig. 23,112, tav. 9,1).
Diam. orlo 12, h max. conservata 17,4. Ca. 45 frammenti relativi alla parte superiore (con l'orlo) e inferiore (con il fondo) di un'anfora incompleta. *Fabric* SOL-A-4 con ingubbiatura biancastra esternamente e internamente.
Banca dati di FACEM: FACEM – http://facem.at/m-179-100.
Confronti all'interno della necropoli: per l'orlo ad andamento orizzontale cf. cat. 114 (W8543).
Confronti esterni: Ramon 1995, 188-189, 523, fig. 160,143. Per Solunto vedi Greco 1997, 61, fig. 3,14, 68, impasto locale A2. Per Corinto, casa delle anfore, vedi Williams 1979, 116, fig. 3,e, in fase con l'edificio della seconda fase databile fra il 460-430 a.C.
Datazione anfora: tre anfore contraddistinte da un orlo ad andamento orizzontale, "con gradino" (**cat. 112-114**) sono realizzate nel *fabric* SOL-A-4, ancora raro nelle necropoli di Himera e caratteristico della produzione soluntina di IV sec. a.C. (Bechtold 2015a, 16). In via d'ipotesi, datiamo questo gruppo negli anni centrali del V sec. a.C.

113. W8344. Sol/Pan 4.1-2 / T-1.4.5.1 (fig. 23,113, tavv. 14,3; 17,6).
Diam. orlo 9, h max. conservata 68. Anfora restaurata, ricomposta da ca. 15 frammenti, privo di piccola porzione della spalla, due frammenti di orlo sono staccati dal resto del contenitore. *Fabric* SOL-A-4.
Annotazioni sull'*enchytrismos*: la parte superiore dell'anfora, tagliata e rimossa, è chiusa da un frammento di tegola piana.
Banca dati di FACEM: M 179/99 (inedito).

Confronti all'interno della necropoli: per l'orlo ad andamento orizzontale cf. cat. 114 (W8543).
Confronti esterni: Ramon 1995, 188-189, 523, fig. 160,143. Per Olbia vedi Pisanu 1997, 54-55, fig. 3a, V-IV sec. a.C.
Datazione anfora: tre anfore contraddistinte da un orlo ad andamento orizzontale, "con gradino" (**cat. 112-114**) sono realizzate nel *fabric* SOL-A-4, ancora raro nelle necropoli di Himera e caratteristico della produzione soluntina di IV sec. a.C. (Bechtold 2015a, 16). In via d'ipotesi, datiamo questo gruppo negli anni centrali del V sec. a.C.

114. W8543. Sol/Pan 4.1-2 / T-1.4.5.1 (fig. 23,114).
Diam. orlo 10,5, h max. conservata 4,8. Ca. 25 frammenti di orlo e pareti non ricomposti. *Fabric* SOL-A-4 con spessa ingubbiatura biancastra esternamente e internamente.
Corredo: *lekythos* a figure nere decorata a palmette.
Confronti all'interno della necropoli: per l'orlo ad andamento orizzontale cf. cat. 113 (W8344).
Confronti esterni: Ramon 1995, 188-189, 523, fig. 160,143.
Datazione anfora: tre anfore contraddistinte da un orlo ad andamento orizzontale, "con gradino" (**cat. 112-114**) sono realizzate nel *fabric* SOL-A-4, ancora raro nelle necropoli di Himera e caratteristico della produzione soluntina di IV sec. a.C. (Bechtold 2015a, 16). In via d'ipotesi, datiamo questo gruppo negli anni centrali del V sec. a.C.
Datazione corredo: 470-450.

115. W323. Sol/Pan 4.3 / T-1.4.5.1 (fig. 23,115, tav. 6,2).
Diam. orlo 9, h 68,4. Restaurata, ricomposta da ca. 20 frammenti, integra salvo un grande frammento della porzione superiore del corpo con l'ansa, levato intenzionalmente per inserirvi la deposizione funeraria e levigato ai bordi. *Fabric* SOL-A-3 con ingubbiatura biancastra esternamente e internamente.
Confronti all'interno della necropoli: per le proporzioni cf. cat. 174 (L253), produzione di Palermo.
Confronti esterni: Ramon 1995, 234-237, 562-571, figg. 199-208.
Datazione anfora: per il rapporto fra altezza e larghezza di 2,5 e l'orlo "con solco", **cat. 115** data nell'ultimo terzo del V sec. a.C.

116. W8885. Sol/Pan 4.1-3 /T-1.4.5.1 (fig. 23,116, tav. 20,4).
Diam. orlo 10,5, h max. conservata 31,7. Ca. 50 frammenti di orlo, pareti, anse e fondo di anfora ricomposta, priva di parte centrale del corpo. *Fabric* SOL-A-2 con spessa ingubbiatura biancastra esternamente e internamente.
Confronti all'interno della necropoli: cat. 115 (W323).
Confronti esterni: Ramon 1995, 176-177, fig. 151,67-68.
Datazione anfora: 500-409.

117. W2676. Sol/Pan 4.2-3 / T-1.4.5.1 (fig. 24,117).
Diam. orlo 12, h max. conservata 5,4. Ca. 100 frammenti di pareti, in parte solcate, orlo, fondo e anse di anfora non ricomposta. *Fabric* SOL-A-4 con spessa ingubbiatura biancastra esternamente e internamente.
Confronti all'interno della necropoli: cat. 118 (W3440).
Confronti esterni: Ramon 1995, 176-177, fig. 151,67-68.
Datazione anfora: 470-409.

118. W3440. Sol/Pan 4.1-3 / T-1.4.5.1 (fig. 24,118).
Diam. orlo 10-12, h max. conservata 8,3. 100-150 frammenti di orlo, pareti e anse di un'anfora priva di fondo, non restaurata. *Fabric* SOL-A-3 con tracce di ingubbiatura biancastra esternamente e internamente.
Corredo: *kotyliskos* a bande di produzione imerese, *lekythos* a vernice nera.
Banca dati di FACEM: M 179/52 (inedito).
Confronti all'interno della necropoli: cat. 117 (W2676).
Confronti esterni: Ramon 1995, 176-177, fig. 151,67-68. *Himera* V, 96, 122, tav. LI,1238, da un contesto contenente del materiale dallo strato di distruzione del 409.

Datazione anfora: in base al corredo forse piuttosto prima metà del V sec. a.C.?
Datazione corredo: 510-480.

119. W8361. Sol/Pan 4.1-3 / T-1.4.5.1 (fig. 24,119).
Diam. orlo 14, h max. conservata 4. 30-50 frammenti di orlo, parete e fondo di un'anfora incompleta, non ricomposta. *Fabric* SOL-A-3 con ingubbiatura biancastra esternamente e internamente.
Corredo: *olpe* ad immersione, *lekythos* ariballica imerese ad immersione, coppa monoansata.
Confronti all'interno della necropoli: cat. 117 (W2676).
Confronti esterni: Ramon 1995, 176-177, fig. 151,67-68.
Datazione anfora: in base al corredo forse piuttosto prima metà del V sec. a.C.?
Datazione corredo: 510-480.

120. W1455 (HA 12206). Sol/Pan 4.1-3 / T-1.4.5.1 (fig. 24,120).
Diam. orlo 13, h max. conservata 13,9. Ca. 70 frammenti di orlo, fondo, pareti e attacco di un'ansa di un'anfora non ricomposta. *Fabric* SOL-A-3 con spessa ingubbiatura bianca esternamente e internamente.
Corredo: coppetta monoansata e *guttus*, entrambi di produzione locale, *lekythos* a figure nere.
Banca dati di FACEM: M 179/57 (inedito).
Confronti all'interno della necropoli: cat. 117 (W2676).
Confronti esterni: Ramon 1995, 176-177, fig. 151,67-68.
Datazione anfora: in base al corredo forse piuttosto prima metà del V sec. a.C.?
Datazione corredo: 510-480.

121. W7071. Sol/Pan 4.1-3 / T-1.4.5.1 (fig. 24,121, tav. 3,2).
Diam. orlo 12, h max. conservata 4,8, h complessiva ca. 65. 50-100 frammenti di orlo, un'ansa, pareti e fondo di un'anfora non ricomposta. *Fabric* SOL-A-3 con tracce di ingubbiatura biancastra.
Annotazioni sull'*enchytrismos*: le pareti della fossa scavata per la sepoltura sono state rinzeppate con tre frammenti di tegole.
Corredo: brocchetta ad immersione, *skyphos* a vernice nera, due olpette ad immersione.
Confronti all'interno della necropoli: cat. 122 (W5152).
Confronti esterni: Ramon 1995, 176-177, fig. 151,67-68.
Datazione anfora: 500-450 (in base all'altezza).
Datazione corredo: 500-450.

122. W5152. Sol/Pan 4.1-3 / T-1.4.5.1 (fig. 24,122).
Diam. orlo 10,6, h max. conservata 17,5. 30 frammenti molto grandi di orlo, fondo, anse e corpo di un'anfora non ricomposta. *Fabric* SOL-A-4 con spessa ingubbiatura biancastra esternamente e internamente.
Annotazioni sull'*enchytrismos*: alla sepoltura in anfora **cat. 122** appartengono anche alcuni frammenti di un'anfora spagnola (**cat. 270**).
Corredo: *lekythos* a figure nere.
Confronti all'interno della necropoli: cat. 121 (W7071).
Confronti esterni: Ramon 1995, 176-177, fig. 151,67-68.
Datazione anfora: in base a corredo associato e *fabric* secondo quarto del V sec. a.C.
Datazione corredo: 510-480.

123. W4746. Sol/Pan 4.1-3 / T-1.4.5.1 (fig. 24,123).
Diam. orlo 10. h max. conservata 9,3. Ca. 50 frammenti, in parte molto grandi, di orlo, pareti, anse e fondo di un'anfora non ricomposta. *Fabric* SOL-A-2 con spessa ingubbiatura biancastra esternamente e internamente.
Corredo: coppa skyphoide a vernice nera di produzione locale, *olpe* ad immersione, olpetta globulare.
Confronti all'interno della necropoli: cat. 124 (W8159).
Confronti esterni: Ramon 1995, 176-177, fig. 151,67-68.
Datazione anfora: in base al corredo forse piuttosto prima metà del V sec. a.C.?
Datazione corredo: 500-450.

124. W8159. Sol/Pan 4.1-3 / T-1.4.5.1 (fig. 24,124).
Diam. orlo 12, h max. conservata 8. Ca. 50 frammenti di orlo, parete ed anse di un'anfora priva della parte inferiore, non ricomposta. Si segnala un frammento con una croce incisa dopo la cottura. *Fabric* SOL-A-3 con spessa ingubbiatura biancastra esternamente.
Corredo: coppetta apoda biansata ad immersione.
Confronti all'interno della necropoli: cat. 123 (W4746).
Confronti esterni: Ramon 1995, 176-177, fig. 151,67-68.
Datazione anfora: 500-409.
Datazione corredo: 500-409.

125. W8754. Sol/Pan 4.1-3 / T-1.4.5.1.
Diam. orlo ca. 12, h max. conservata 6,3. Ca. 40 frammenti di orlo, parete e fondo a bottone di un'anfora non ricomposta. *Fabric* SOL-A-2 con spessa ingubbiatura biancastra esternamente e internamente.
Corredo: coppetta a vernice nera.
Confronti all'interno della necropoli: cat. 121 (W7071).
Confronti esterni: Ramon 1995, 176-177, fig. 151,67-68.
Datazione anfora: 500-409.
Datazione corredo: 500-450?

126. W65 (HA 9731). Sol/Pan 4.1-3 / T-1.4.5.1?
H max. conservata ca. 60. Ca. 40 frammenti di pareti, fondo e anse, priva dell'orlo, di un'anfora non ricomposta. *Fabric* SOL-A-3 con spessa ingubbiatura biancastra internamente ed esternamente.
Confronti esterni: Ramon 1995, 234-237, 562-571, figg. 199-208.
Datazione anfora: 500-409.

127. W2023 (HA 12878). Sol/Pan 4.1-3 / T-1.4.5.1 (fig. 11, tav. 12,1).
H max. conservata 79. Ca. 30 frammenti, in parte molto grandi, di orlo, fondo, pareti, di un'anfora non ricomposta, probabilmente pressoché integra. *Fabric* SOL-A-3 con spessa ingubbiatura esternamente.
Annotazioni sull'*enchytrismos*: l'imboccatura dell'anfora è stata chiusa da una lastra di pietra, ciottoli e frammenti ceramici. La tomba W2023 copre l'inumazione W2204, priva di corredo.
Corredo: olpetta ad immersione.
Confronti esterni: Ramon 1995, 176-177, fig. 151,67-68.
Datazione anfora: in base all'altezza conservata seconda metà del V sec. a.C.
Datazione corredo: seconda metà del V sec. a.C.

128. W5085. Sol/Pan 4.1-3 / T-1.4.5.1 (tav. 13,2).
H max. ca. 80. Dodici frammenti di anfora ricomponibile. *Fabric* SOL-A-3 con ingubbiatura biancastra esternamente e internamente.
Annotazioni sull'*enchytrismos*: l'anfora è stata tagliata nella parte alta del corpo e richiusa, in seguito all'inserimento del defunto, con il suo orlo.
Corredo: *guttus* ad immersione di produzione locale, coppetta apoda biansata, entrambi da restaurare.
Confronti esterni: Ramon 1995, 176-177, fig. 151,67-68.
Datazione anfora: 500-409.
Datazione corredo: al momento indatabile.

129. W5533. Sol/Pan 4.1-3 / T-1.4.5.1?
H max. conservata ca. 48. Cinque frammenti ricomposti di parte inferiore di un'anfora con pareti solcate e fondo a bottone. *Fabric* SOL-A-3 con tracce di ingubbiatura bianca esternamente.
Corredo: coppetta biansata, olpe ad immersione, *lekythos* a figure nere mal conservata.
Datazione anfora: 500-409.
Datazione corredo: 500-450.

130. W7962. Sol/Pan 4.1-3 / T-1.4.5.1.
100-200 frammenti di orlo, pareti leggermente solcate, anse e fondo di un'anfora non ricomposta.

Fabric SOL-A-2 con tracce di ingubbiatura biancastra esternamente.
Banca dati di FACEM: M 179/58 (inedito).
Confronti esterni: Ramon 1995, 176-177, fig. 151,67-68.
Datazione anfora: 500-409.

131. W8853. Sol/Pan 4.1-3 / T-1.4.5.1 (tav. 19,2).
H max. conservata ca. 90. Ca. 100 frammenti di orlo, pareti, anse e fondo di un'anfora non ricomposta.
Fabric SOL-A-3 con tracce di ingubbiatura biancastra.
Confronti esterni: Ramon 1995, 176-177, fig. 151,67-68.
Datazione anfora: in base all'altezza conservata seconda metà del V sec. a.C.

132. W9310. Sol/Pan 4.1-3 / T-1.4.5.1?
H max. conservata ca. 60. Ca. 50-100 frammenti di parete con gli attacchi delle anse di un'anfora priva di fondo e orlo. *Fabric* SOL-A-3.
Corredo: olpetta a vernice nera, pateretta a vernice nera, brocchetta trilobata miniaturistica a vernice nera.
Datazione anfora: 500-409.
Datazione corredo: 425-409.

133. W4884. Sol/Pan 3.6 / Toti 18 (fig. 24,133).
Diam. orlo 13, h max. conservata 7,8. Ca. 30 frammenti di orlo, fondo, parte delle anse e pareti di un'anfora non ricomposta, incompleta. *Fabric* SOL-A-4 con spessa ingubbiatura bianca esternamente e internamente.
Pubblicata: Bechtold 2015a, 11, fig. 6,8.
Banca dati di FACEM: M 179/64 (inedito).
Confronti esterni: Toti 2002, 290-294, tavv. 16-19. Cf. inoltre Ramon 1995, 188-189, 523, fig. 160,143, T-4.2.1.4.
Datazione anfora: 430-409.

134. L307. Sol/Pan 3.5 / T-1.4.4.1 (figg. 7; 24,134, tavv. 8,8; 11,5).
Diam. orlo 13, h max. conservata 35. Ca. 50 frammenti di orlo, fondo, pareti ed anse, di un'anfora non ricomposta, ma probabilmente pressoché integra. *Fabric* SOL-A-3 con un'ingubbiatura biancastra internamente ed esternamente.
Annotazioni sull'*enchytrismos***:** l'imboccatura dell'anfora è stata chiusa da ciottoli. Una parte della fossa scavata per il seppellimento dell'*enchytrismos* è stata delimitata da altre pietre.
Corredo: un elemento ancora da identificare.
Analisi archeometriche: cap. 4.1, *microfabric SP-II*. FACEM – http://facem.at/m-179-3 Montana/Randazzo 2015, 123-124, 128, tabb. 9-10: *impasto SP-II*; Montana et al. 2006, 152, impasto III attribuito alla produzione di Solunto.
Banca dati di FACEM: FACEM – http://facem.at/m-179-3.
Confronti all'interno della necropoli: cat. 135 (W1513).
Confronti esterni: Ramon 1995, 175-176, 513-514, figg. 150-151.
Datazione anfora: 420-409.
Datazione corredo: al momento indatabile.

135. W1513 (HA 12273). Sol/Pan 3.5 / T-1.4.4.1 (fig. 24,135, tavv. 6,5; 14,4).
Diam. orlo 12, h max. 77. Restaurata, ricomposta da numerosi frammenti. Nella parte bassa del corpo si nota un taglio pressoché orizzontale che ha staccato il fondo dell'anfora, rimesso dopo l'inserimento del defunto. *Fabric* SOL-A-3 con ingubbiatura biancastra esternamente.
Annotazioni sull'*enchytrismos***:** l'imboccatura dell'anfora è stata chiusa da un frammento di tegola.
Pubblicata: Bechtold 2015a, 11, fig. 6,7.
Banca dati di FACEM: M 179/103 (inedito).
Confronti all'interno della necropoli: cat. 134 (L307).
Confronti esterni: Ramon 1995, 175-176, 513-514, figg. 150-151.
Datazione anfora: 420-409.

136. W5259. Sol/Pan 3.5 / T-1.4.4.1 (fig. 24,136, tav. 4,5).
Diam. orlo 11, h max. conservata 10,2. Ca. 50 frammenti di orlo, corpo cilindrico, lievemente ondulato con gli attacchi delle anse, fondo leggermente distinto di un'anfora probabilmente quasi integra, non ricomposta. *Fabric* SOL-A-3 con ingubbiatura biancastra esternamente e internamente.
Banca dati di FACEM: M 179/69 (inedito).
Confronti all'interno della necropoli: cat. 135 (W1513).
Confronti esterni: Ramon 1995, 175-176, 514, fig. 151,65.
Datazione anfora: 420-409.

137. W296 (HA 10132). Sol/Pan 6.2 / T-2.2.1.2 (fig. 24,137).
Diam. orlo 10, h max. conservata 28. Ca. 20 frammenti di orlo, pareti, ansa, priva del fondo. *Fabric* SOL-A-2 con spessa ingubbiatura biancastra esternamente e internamente.
Analisi archeometriche: cap. 4.1, *microfabric SP-I*. FACEM – http://facem.at/m-179-22 Montana/Randazzo 2015, 123-124, 128, tabb. 9-10: *impasto SP-I* (Solunto).
Pubblicata: Bechtold 2015a, 11, fig. 6,6. Bechtold 2015e, 64, fig. 1,4.
Banca dati di FACEM: FACEM – http://facem.at/m-179-22.
Confronti all'interno della necropoli: per l'orlo cf. cat. 138 (W3005).
Confronti esterni: Ramon 1995, 179, 516, fig. 153,84. Per la necropoli di Palermo vedi Falsone 1998, 318-319, R12, datata alla seconda metà del V sec. a.C. Per Mozia vedi ora Nigro/Spagnoli 2012, 43, tav. III, MC.11.4514/4 di probabile produzione soluntina dal riempimento del pozzo P.2927, a quanto pare posteriore alla metà del V sec. a.C.
Datazione anfora: 430-409.

138. W3005. Sol/Pan 6.2 / T-2.2.1.2 (fig. 24,138, tav. 13,3).
Diam. orlo 12, h max. conservata 9,4, h complessiva ca. 60. Ca. 50 frammenti di orlo, fondo e pareti con l'attacco delle anse, parzialmente restaurata. *Fabric* SOL-A-1 con spessa ingubbiatura biancastra esternamente.
Corredo: ago di bronzo.
Analisi archeometriche: cap. 4.1, *microfabric SP-I*. Montana/Randazzo 2015, 123-124, 128, tabb. 9-10: *impasto SP-I* (Solunto).
Banca dati di FACEM: FACEM – http://facem.at/m-179-50.
Confronti all'interno della necropoli: cat. 137 (W296).
Confronti esterni: Ramon 1995, 179, 516, fig. 153,84. Per la necropoli di Palermo vedi Falsone 1998, 318-319, R12, datata alla seconda metà del V sec. a.C.
Datazione anfora: 430-409.
Datazione corredo: indatabile.

139. W7426. G-1.4.0.0.
H max. conservata 63. Ca. 30 frammenti di fondo indistinto e parete di parte inferiore di anfora non ricomposta. *Fabric* SOL-A-1 con ingubbiatura biancastra esternamente e internamente.
Datazione anfora: 600-480 (in base al *fabric* arcaico).

140. W8968. G-1.4.0.0.
H max. conservata ca. 85. Ca. 30 frammenti di parete e fondo di un'anfora ricomposta, priva della sua parte superiore, delle anse e dell'orlo. *Fabric* SOL-A-1 con spessa ingubbiatura biancastra esternamente.
Corredo: *lekythos* a figure rosse con cigno, *skyphos* miniaturistico a vernice nera di tipo corinzio.
Datazione anfora: 500-470 (in base al *fabric* arcaico, in combinazione con l'altezza estimata, certamente maggiore di 100)
Datazione corredo: 420-409.

141. W5703. G-1.4.0.0.
H max. conservata ca. 70. Ca. 40 frammenti di un'anfora conservata fino alle anse, priva dell'orlo, ricomposta. *Fabric* SOL-A-2 con labili tracce di ingubbiatura biancastra esternamente.
Corredo: borchia di bronzo.

Datazione anfora: 500-409 (in base al *fabric*).
Datazione corredo: indatabile.

142. W182 G 1.4.0.0.
H max. conservata ca. 64. Ca. 30 frammenti di fondo distinto, a bottone, pareti e anse di un'anfora conservata fino alla spalla, restaurata e priva dell'orlo. *Fabric* SOL-A-2 con tracce di un'ingubbiatura rosa internamente ed esternamente.
Banca dati di FACEM: M 179/97 (inedito)
Datazione anfora: 500-409 (in base al *fabric*).

143. W1122 (HA 11726). G-1.4.0.0.
H max. conservata 59. Due frammenti ricomposti di fondo e parete, fortemente incrostati. *Fabric* SOL-A-3 con una sottile ingubbiatura di colore grigiastro esternamente e internamente.
Datazione anfora: 500-409 (in base al *fabric*).

144. W1275 (HA 11938). G-1.4.0.0 (fig. 24,144).
H max conservata 8. Ca. 25 frammenti di fondo, pareti e di un'ansa di parte inferiore di un'anfora non ricomposta. *Fabric* SOL-A-3 con spessa ingubbiatura esternamente e internamente.
Corredo: coppetta a vernice nera.
Datazione anfora: 500-409 (in base al *fabric*).
Datazione corredo: 500-409.

145. W4019. G-1.4.0.0.
H max. conservata ca. 70. Ca. 50 frammenti di parete di anfora caratterizzata dalla parte bassa del corpo a pareti solcate, non ricomposta. *Fabric* SOL-A-3 con tracce di ingubbiatura biancastra esternamente e internamente.
Datazione anfora: 500-409 (in base al *fabric*).

146. W7945. G-1.4.0.0? (fig. 24,146, tav. 5,6).
H max. conservata 5,4. Ca. 50 frammenti di parete con l'attacco di un'ansa e fondo di un'anfora con corpo cilindrico dal corpo solcato, priva dell'orlo, non ricomposta. *Fabric* SOL-A-3 con ingubbiatura biancastra esternamente e internamente.
Corredo: *lekythos* a vernice nera, *guttus* ad immersione, coppa di tipo Iato K 480, pisside da cucina.
Datazione anfora: 500-409 (in base al *fabric*).
Datazione corredo: 500-475.

147. RO1643 (HA 8385). Tipo non identificato (tav. 2,7).
Ca. 50 frammenti non ricomposti di pareti, anse e fondo di un'anfora probabilmente quasi integra, non ricomposta, priva dell'orlo. *Fabric* SOL-A-1 con spessa ingubbiatura biancastra internamente ed esternamente.
Annotazioni sull'*enchytrismos*: la parte alta dell'anfora è stata chiusa da una tegola.
Corredo: due vasi frammentari da restaurare.
Banca dati di FACEM: M 179/76 (inedito).
Datazione anfora: 600-480 (in base al *fabric* arcaico).
Datazione corredo: al momento indatabile.

148. RO162 (HA 4949). Tipo non identificato.
19 frammenti di parete e di ansa di un'anfora non ricomposta. *Fabric* SOL-A-1 con spessa ingubbiatura bianca internamente ed esternamente.
Datazione anfora: 600-480 (in base al *fabric* arcaico).

149. W4480. Tipo non identificato.
H max. conservata 56. Ca. 15 frammenti delle anse e della parte centrale di un'anfora non ricomposta. *Fabric* SOL-A-1 con spessa ingubbiatura giallina esternamente e internamente.
Datazione anfora: 600-480 (in base al *fabric* arcaico).

150. W3010. Tipo non identificato.
H max. conservata ca. 50. Ca. 30 frammenti di pareti e di fondo, leggermente distinto, di un'anfora non ricomposta. *Fabric* SOL-A-1 con spessa ingubbiatura biancastra esternamente e internamente.
Datazione anfora: 600-480 (in base al *fabric* arcaico).

151. W4507. Tipo non identificato.
H max. conservata 60. Ca. 50 frammenti di parete, un'ansa e fondo leggermente distinto di un'anfora non ricomposta. *Fabric* SOL-A-1 con spessa ingubbiatura giallina esternamente e internamente.
Datazione anfora: 600-480 (in base all'altezza e al *fabric* arcaico).

152. W5070. Tipo non identificato.
Sei frammenti di parete e di un'ansa. *Fabric* SOL-A-1 con ingubbiatura biancastra esternamente e internamente.
Datazione anfora: 600-480 (in base al *fabric* arcaico).

153. W5813. Tipo non identificato.
H max. conservata 50. Ca. 25 frammenti di fondo e parte inferiore del corpo di un'anfora non ricomposta. *Fabric* SOL-A-1 con ingubbiatura biancastra esternamente e internamente.
Corredo: *kotyliskos* di produzione locale, olpetta a vernice nera.
Datazione anfora: 600-480 (in base al *fabric* arcaico).
Datazione corredo: 520-490.

154. W7041. Tipo non identificato.
H max. conservata ca. 81. Ca. 40 frammenti ricomposti di un'anfora cilindrica con fondo leggermente distinto, priva della spalla, delle anse, dell'orlo, nonché di una parte della porzione centrale della pancia. *Fabric* SOL-A- 1?
Confronti esterni: per il profilo del fondo vedi Ramon 1995, 523, fig. 160,141.
Datazione anfora: 480-450 (per l'altezza del corpo e il fondo già distinto, in combinazione con il *fabric* arcaico).

155. W8061. Tipo non identificato.
Ca. 20 frammenti di parete e di un'ansa di un'anfora non ricomposta. *Fabric* SOL-A-1 con spessa ingubbiatura biancastra esternamente.
Datazione anfora: 600-480 (in base al *fabric* arcaico).

156. W8563. Tipo non identificato.
H max. conservata 84. 20-30 frammenti di anse, pareti e fondo di un'anfora non ricomposta. Il recipiente è stato tagliato in antico ca. 3 cm al di sopra dell'attacco delle anse per inserirvi la sepoltura. *Fabric* SOL-A- 1 con tracce di ingubbiatura bianca.
Datazione anfora: 530-480 (in base all'altezza conservata e al *fabric* arcaico).

157. W9345. Tipo non identificato.
H max. conservata 43. Ca. 30 frammenti di parete con gli attacchi delle anse di un'anfora non ricomposta. *Fabric* SOL-A-1 con ingubbiatura biancastra esternamente e internamente.
Datazione anfora: 600-480 (in base al *fabric* arcaico).

158. W5610. Tipo non identificato (tav. 4,4).
H max. conservata 100. Ca. 100 frammenti di pareti, in parte solcate, e delle anse di un'anfora non ricomposta. *Fabric* SOL-A-2 con spessa ingubbiatura biancastra esternamente e internamente.
Corredo: ago di bronzo.
Datazione anfora: 500-409 (in base all'altezza conservata e al *fabric*).
Datazione corredo: indatabile.

159. W339 (HA 10190). Tipo non identificato (fig. 10).
H max. conservata ca. 70. Ca. 40 frammenti di fondo distinto, pareti ed un'ansa di un'anfora non ricomposta, priva della parte superiore. *Fabric* SOL-A-2 con spessa ingubbiatura verdastra esternamente e internamente.
Datazione anfora: 500-409 (in base al fondo già distinto, in combinazione con il *fabric*).

160. W6530. Tipo non identificato.
H max. conservata ca. 35. Ca. 30 frammenti di parete e di ansa di un'anfora con corpo in parte solcato, non ricomposta. *Fabric* SOL-A-2 con tracce di ingubbiatura bianca.
Datazione anfora: 500-409 (in base al *fabric*).

161. W6515A. Tipo non identificato.
Pochi frammenti di parete. *Fabric* SOL-A-2.
Annotazioni sull'*enchytrismos***:** i frammenti dell'anfora soluntina **cat. 161** fanno parte della sepoltura entro anfora moziese **cat. 50.**
Datazione anfora: 500-409 (in base al *fabric*).
Datazione corredo: 510-480 (vedi **cat. 50**).

162. W5549. Tipo non identificato.
H max. conservata ca. 80. 42 frammenti di pareti e anse di un'anfora con corpo cilindrico, non ricomposta. *Fabric* SOL-A-2 con ingubbiatura biancastra esternamente e internamente.
Corredo: olpetta ad immersione, *lekythos* a vernice nera, ago di bronzo.
Datazione anfora: 500-409 (in base all'altezza conservata e al *fabric*).
Datazione corredo: 450-409.

163. W8846. Tipo non identificato.
Ca. 50 frammenti di pareti, leggermente solcate e con l'attacco delle anse, e del fondo indistinto di un'anfora non ricomposta. *Fabric* SOL-A-2 con ingubbiatura biancastra esternamente e internamente.
Datazione anfora: 500-409 ca. (in base al *fabric*).

164. W776. Tipo non identificato (tav. 2,6).
H max. conservata ca. 70. Anfora di forma ovoidale allungata, restaurata, ricomposta da ca. 15 frammenti, priva dell'orlo. *Fabric* SOL-A-3 con ingubbiatura biancastra esternamente e internamente.
Annotazioni sull'*enchytrismos***:** la parte alta dell'anfora è stata chiusa da alcune pietre.
Datazione anfora: 500-409 (in base al *fabric*).

165. W1343 (HA 12043). Tipo non identificato.
H max. conservata ca. 55. Ca. 50 frammenti di pareti di un'anfora cilindrica. *Fabric* SOL-A-3 con tracce di un'ingubbiatura biancastra esternamente e internamente.
Datazione anfora: 500-409 (in base al *fabric*).

166. W1390 (HA 12108). Tipo non identificato.
H max. conservata ca. 55. Ca. 25 frammenti di parete di un'anfora con corpo cilindrico dal corpo lievemente solcato, un attacco di ansa e fondo leggermente distinto. *Fabric* SOL-A-3, probabilmente con tracce di un'ingubbiatura biancastra esternamente e internamente.
Datazione anfora: 500-409 (in base al *fabric*).

167. W2007. Tipo non identificato.
H max. conservata 70. Ca. 50 frammenti di pareti, fondo e anse di un'anfora non ricomposta, priva dell'orlo. *Fabric* SOL-A-3 con spessa ingubbiatura esternamente e internamente.
Corredo: coppa a vernice nera.
Datazione anfora: 500-409 (in base al *fabric*).
Datazione corredo: 500-409.

168. W2256. Tipo non identificato.
H max. conservata 51. Ca. 50 frammenti di pareti e anse di un'anfora priva di fondo e orlo, non ricomposta. *Fabric* SOL-A-3 con tracce di ingubbiatura biancastra esternamente.
Datazione anfora: 500-409 (in base al *fabric*).

169. W4404. Tipo non identificato.
H max. conservata 70. Ca. 25 frammenti di parete con gli attacchi delle anse di un'anfora priva di fondo e orlo, non ricomposta. *Fabric* SOL-A-3 con ingubbiatura biancastra esternamente e internamente.
Datazione anfora: 500-409 (in base all'altezza conservata e al *fabric*).

170. W8373. Tipo non identificato.
H max. conservata 84. Ca. 25 frammenti di parete, due anse e fondo leggermente a bottone di un'anfora non ricomposta. *Fabric* SOL-A-3 con tracce di ingubbiatura bianca esternamente.
Datazione anfora: 500-409 ca. (in base all'altezza conservata e al *fabric*).

Anfore da Palermo (N 9)

171. W8123. Sol/Pan 3.2 / T-1.4.2.1 (fig. 26,171, tavv. 4,3; 9,2).
Diam. orlo 11, h max. conservata 95, h estimata ca. 96. Anfora pressoché integra, restaurata, ricomposta da ca. 40 frammenti e priva di un'ansa e del fondo. *Fabric* PAN-A-1 con ingubbiatura biancastra esternamente.
Annotazioni sull'*enchytrismos*: l'imboccatura dell'anfora è stata chiusa da un frammento di parete di anfora.
Corredo: coppetta a vernice nera.
Pubblicata: Bechtold 2015b, 10, fig. 3,2.
Banca dati di FACEM: FACEM – http://facem.at/m-179-110.
Confronti all'interno della necropoli: per l'orlo cf. cat. 85 (W9514), produzione di Solunto.
Confronti esterni: Ramon 1995, 175-176, fig. 513-514, figg. 150-151.
Datazione anfora: 500-480.
Datazione corredo: 500-450.

172. W5526. Sol/Pan 4.1 / T-1.4.5.1 (fig. 26,172, tav. 5,3).
Diam. orlo 11, h 57,4. Ricomposta da ca. 35 frammenti, priva di parte della porzione inferiore del corpo e di un'ansa. *Fabric* PAN-A-1 con ingubbiatura biancastra esternamente.
Corredo: *lekythos* a figure nere, *guttus* ad immersione.
Analisi archeometriche: cap. 4.1, *microfabric SP-II*. Montana/Randazzo 2015, 123-124, 128, tabb. 9-10: *impasto SP-II*.
Banca dati di FACEM: FACEM – http://facem.at/m-179-66.
Confronti esterni: Ramon 1995, 176-177, 514, fig. 151.
Datazione anfora: per il suo rapporto fra altezza e larghezza di 1,7 e l'orlo orizzontale, **cat. 172** data nel primo terzo del V sec. a.C.
Datazione corredo: 475-450.

173. L164. Sol/Pan 4.3 / T-1.4.5.1 (fig. 26,173, tav. 9,3).
Diam. orlo 10, h 69. Ca. 50 frammenti ricomposti di orlo, anse corpo e fondo, lacunosa di una porzione della parte inferiore del corpo. *Fabric* PAN-A-2 con tracce di un'ingubbiatura biancastra internamente ed esternamente.
Corredo: due elementi ancora da identificare.
Analisi archeometriche: cap. 4.1, *microfabric SP-II*. Montana/Randazzo 2015, 123-124, 128, tabb. 9-10: *impasto SP-II*. Montana et al. 2006, 152 impasto III attribuito alla produzione di Solunto.
Pubblicata: Bechtold 2015e, 64, fig. 1,1.
Banca dati di FACEM: FACEM - http://facem.at/m-179-1.
Confronti all'interno della necropoli: per le proporzioni cf. cat. 123 (W4746), produzione di Solunto.
Confronti esterni: Ramon 1995, 176-177, 514, fig. 151,68.

Datazione anfora: per il suo rapporto fra altezza e larghezza di 2,5, **cat. 173** data nell'ultimo terzo del V sec. a.C.
Datazione corredo: al momento indatabile.

174. L253 (HA 7102). Sol/Pan 4.3 / T-1.4.5.1 (fig. 26,174).
Diam. orlo 10,4, h 71. Anfora mancante soltanto di una piccola porzione della parte mediana del corpo, sotto l'ansa, ricomposta da otto frammenti. *Fabric* PAN-A-1 con un'ingubbiatura biancastra esternamente.
Corredo: un elemento ancora da identificare.
Analisi archeometriche: cap. 4.1, *microfabric SP-II*. Montana/Randazzo 2015, 123-124, 128, tabb. 9-10: *impasto SP-II*. Montana et al. 2006, 152, impasto III attribuito alla produzione di Solunto.
Pubblicata: Bechtold 2015b, 10, fig. 3,7.
Banca dati di FACEM: FACEM – http://facem.at/m-179-2.
Confronti all'interno della necropoli: per le proporzioni cf. cat. 115 (W323). Per il profilo dell'orlo cf. cat 122 (W5152).
Confronti esterni: Ramon 1995, 176-177, 514, fig. 151,67-68.
Datazione anfora: per il suo rapporto fra altezza e larghezza di 2,4 e l'orlo già molto inclinato, separato dalla spalla mediante un solco, **cat. 174** data nell'ultimo terzo del V sec. a.C.
Datazione corredo: al momento indatabile.

175. L261. Sol/Pan 4.3 / T-1.4.5.1.
Diam. orlo 11, h 71,5. Integra, restaurata, attualmente esposta nell'Antiquarium e per questo motivo non campionata nell'ambito del nostro progetto. L'aspetto farinoso dell'impasto arancione (in superficie) suggerisce l'attribuzione del pezzo alla produzione palermitana.
Confronti esterni: Ramon 1995, 176-177, 514, fig. 151.
Datazione anfora: per il suo rapporto fra altezza e larghezza di 2,75, **cat. 175** data nell'ultimo ventennio del V sec. a.C.

176. W8091. Sol/Pan 4.3 / T-1.4.5.1 (fig. 26,176).
Diam. orlo 10,5, h max. conservata 3. Ca. 25 frammenti di orlo e parete di un'anfora priva di parte inferiore, non ricomposta. *Fabric* PAN-A-1 con labili tracce di ingubbiatura biancastra esternamente.
Banca dati di FACEM: M 179/68 (inedito).
Confronti all'interno della necropoli: cat. 118 (W3440).
Confronti esterni: Ramon 1995, 176-177, fig. 151,67-68. Per Himera stessa vedi *Himera* V, 96, 122, tav. LI,1238, da un contesto contenente del materiale dallo strato di distruzione del 409.
Datazione anfora: per l'orlo già molto inclinato e separato dalla spalla mediante un solco, **cat. 176** data probabilmente nella seconda metà del V sec. a.C.

177. W280 (HA 10098). Sol/Pan 5 / T-4.2.1.2. Produzione di Palermo? (fig. 26,177).
Diam. orlo 12, h 64,5. Anfora integra, restaurata, non campionata nell'ambito del nostro progetto. Impasto in superficie di colore arancione.
Corredo: pisside biansata acroma, *lekythos* a vernice nera con raggi sulle spalle.
Pubblicata: Bechtold 2015b, 10, fig. 3,5.
Confronti esterni: Ramon 1995, 188, 523, fig. 160,141. Per un puntuale confronto (ma dal fondo piatto) dalla necropoli di Palermo vedi Falsone 1998, 318, 320, R18, datata al V sec. a.C. Per Solunto vedi Greco 1997, 61, fig. 3,16, 68: impasto locale A1, attribuita al tipo T-4.2.1.2. e datata fra la seconda metà del V-IV sec. a.C.
Datazione anfora: 450-409.
Datazione corredo: attorno alla metà del V sec. a.C. o poco dopo.

178. W5725. Sol/Pan 3.7 / T-1.3.2.3 (fig. 26,178, tav. 7,1).
Diam. orlo 11, h max. ca. 68. Ca. 50-100 frammenti di un'anfora pressoché intera, nella parte superiore ricomposta. L'anfora è stata riparata in antico mediante due grappe di piombo conservate esternamente sotto l'orlo. *Fabric* PAN-A-1 con tracce di ingubbiatura biancastra esternamente e internamente.
Analisi archeometriche: cap. 4.1, *microfabric SP-II*. Montana/Randazzo 2015, 123-124, 128, tabb. 9-10: *impasto SP-II*.

Pubblicata: Bechtold 2015b, 10, fig. 3,6.
Banca dati di FACEM: FACEM – http://facem.at/m-179-60.
Confronti esterni: Ramon 1995, 172, 508, fig. 145,27 (produzione ibicena della seconda metà del V sec. a.C.). Un confronto assai vicino proviene da Pizzo di Ciminna (Pa), vedi Rondinella 2012, 62, tav. 5,30 anfora T-1.3.2.1 con un *alef* graffito,
Datazione anfora: 430-409.

179. W2542. Tipo non identificato.
Tre grandi frammenti di parete, in parte solcati, con attacco delle anse, non ricomposti. *Fabric* PAN-A-1 con tracce di ingubbiatura esternamente.
Datazione anfora: indatabile.

ANFORE DALL'AREA DI SOLUNTO/PALERMO (N 6)

180. W7437. Sol/Pan 4.1 / T-1.4.5.1 (fig. 27,180, tavv. 16,2; 17,1).
Diam. orlo 11, h 61. L'anfora pressoché integra, ricomposta da ca. 25 frammenti e mancante di qualche piccolo frammento del corpo, non è stata campionata nell'ambito di questo progetto. Impasto di colore rosso-bruno, al nucleo più scuro, con numerosi inclusi bianchi. Tracce di ingubbiatura biancastra esternamente.
Confronti all'interno della necropoli: cat. 181 (RO898).
Confronti esterni: Ramon 1995, 176-177, fig. 151,67-68.
Datazione anfora: per il suo rapporto fra altezza e larghezza di 1,9 e l'orlo orizzontale "con gradino", **cat. 180** data nel primo quarto del V sec. a.C.

181. RO602 (HA 5664). Sol/Pan 4.1 / T-1.4.5.1 (fig. 27,181).
Diam. orlo 13,5, h 64,8. L'anfora, esposta nell'Antiquarium, non è stata né esaminata né campionata nell'ambito del presente progetto.
Pubblicata: Vassallo 1999a, 369-370, fig. 19,66.
Confronti all'interno della necropoli: cat. 180 (W7437).
Confronti esterni: Ramon 1995, 176-177, 514, fig. 151.
Datazione anfora: per il suo rapporto fra altezza e larghezza di 1,8 cm e l'orlo orizzontale "con gradino", **cat. 181** data nel primo quarto del V sec. a.C.

182. W982 (HA 11418). Sol/Pan 4.2 / T-1.4.5.1 (figg. 12; 27,182, tavv. 6,6; 15,5).
Diam. orlo 13, h 66. Integra, restaurata, non campionata nell'ambito del presente progetto. Spessa ingubbiatura biancastra esternamente. L'anfora è stata probabilmente aperta, per mezzo di un taglio ad andamento alquanto irregolare, nella parte superiore del corpo per l'inserimento del defunto. In seguito, una parte dei frammenti prelevati è stata rimessa sull'apertura.
Confronti all'interno della necropoli: per le proporzioni cf. cat. 183 (W486). Per l'orlo cf. cat. 106 (W4866).
Confronti esterni: Ramon 1995, 176-177, fig. 151,67-68.
Datazione anfora: per il suo rapporto fra altezza e larghezza di 2 e l'orlo orizzontale "con gradino", **cat. 182** data nel secondo quarto del V sec. a.C.

183. W486 (HA 10404). Sol/Pan 4.2 / T-1.4.5.1 (figg. 10; 27,183, tav. 6,1).
Diam. orlo 12, h 70. Restaurata, integra, tranne un taglio di forma ovoidale segato nella parte inferiore del corpo dalle dimensioni di 31x24 cm., dalle superfici lisciate, operato per inserirvi il defunto e richiuso in seguito dalla parte superiore di un'altra anfora. **Cat. 183** non è stata campionata nell'ambito di questo progetto. Esternamente tracce di ingubbiatura biancastra sulla superficie grigia.
Corredo: anello di bronzo.
Confronti all'interno della necropoli: cat. 100 (W164).
Confronti esterni: Ramon 1995, 234-237, 562-571, figg. 199-208.
Datazione anfora: per il suo rapporto fra altezza e larghezza di 2 e l'orlo separato dalla spalla mediante un gradino, **cat. 183** data nel secondo quarto del V sec. a.C.
Datazione corredo: indatabile.

184. W5505. Sol/Pan 4.2 / T-1.4.5.1 (fig. 27,184, tav. 5,5).
Diam. orlo 10, h 70,6. Anfora quasi integra, priva di un'ansa e ricomposta da 15 frammenti. Il contenitore non è stato campionato nell'ambito del presente progetto.
Corredo: olpetta ad immersione, *kothon*, coppetta biansata.
Confronti all'interno della necropoli: cat. 181 (RO602). Per le proporzioni cf. cat. 100 (L164).
Confronti esterni: Ramon 1995, 176-177, 514, fig. 151.
Datazione anfora: per il suo rapporto fra altezza e larghezza di 2,3 e l'orlo "con gradino", **cat. 184** data nel secondo quarto del V sec. a.C.
Datazione corredo: 500-450.

185. W405. Sol/Pan 6.2/ T-2.2.1.2 (ambito) (fig. 27,185, tav. 13,1).
Diam. orlo 10, h 51,4. Anfora integra, restaurata, non campionata nell'ambito del nostro progetto. Ingubbiatura biancastra in superficie.
Annotazioni sull'*enchytrismos*: l'imboccatura dell'anfora è stata chiusa da una pietra.
Confronti all'interno della necropoli: cat. 137 (W296).
Confronti esterni: il profilo a sacco di **cat. 185** costituisce un unicum fra il materiale dalla necropoli di Himera e non trova confronti editi. L'orlo, invece, rientra nella forma T-2.2.1.2, vedi Ramon 1995, 179, 516, fig. 153,84.
Datazione anfora: 430-409.

Anfore dalla Sardegna centro-occidentale (entroterra di *Neapolis*) (N 20)

186. L64 (HA 6798). T-1.2.1.1 (ambito) (fig. 29,186).
Diam. orlo 12,6, h max. conservata 3. Oltre 100 frammenti di orlo, fondo e pareti di un'anfora non ricomposta. *Fabric* W-CENT-SARD-A-1 con spessa ingubbiatura biancastra per lo meno esternamente.
Banca dati di FACEM: M 179/32 (inedito).
Confronti esterni: Ramon 1995, 505, 167, fig. 142,6. Per Nora vedi Finocchi 2009, 400-401, variante a della forma T-1.2.1.1, 407-409, nn. 307 (impasto 7 di provenienza non identificata), 322 (impasto 6 da Cartagine), fine del VII-inizi del VI sec. a.C. Per Monte Sirai cf. Botto 1994, 84-85, fig. 1,a, prima metà del VI sec. a.C. Un possibile confronto proviene, infine, da *Neapolis* stessa, vedi Garau 2006, 160, fig. 90,16, frammento attribuito al tipo Ramon T-1.4.2.2, datato al V sec. a.C. e considerato di produzione locale (p. 262).
Datazione anfora: 600-550.

187. RO419. T-1.3.2.1 (fig. 29,187).
Diam. orlo 11,3, h max. conservata 77,4, h estimata 78-79. Ricomposta da 14 frammenti, priva del fondo. Impasto molto granuloso, rosso-arancione in superficie e marrone nel nucleo. Numerosi inclusi di quarzo, per lo più opachi (0,3-2 mm), molte particelle bianche (carbonati? 0,2-0,5 mm), da attribuire probabilmente al *fabric* W-CENT-SARD-A-2.
Analisi archeometriche: cap. 4.3, single. Castellino 2003/2004: single.
Banca dati di FACEM: M 179/21 (inedito).
Pubblicata: Vassallo 1999a, 366-367, fig. 17,62.
Confronti esterni: Ramon 1995, 171, 508, fig. 145,24-25. Per un buon confronto dalla laguna di Santa Giusta (Oristano) vedi Del Vais/Sanna 2009, 137, fig. 1,B3, attribuita alla forma T-1.2.1.2 (primi due terzi del VI sec. a.C.).
Datazione anfora: 560-530.

188. W2260. T-1.4.2.2 (fig. 29,188).
Diam. orlo 11, h max. conservata 6,8. Ca. 50 frammenti di orlo, pareti e un'ansa di parte superiore di un'anfora non ricomposta. Probabilmente *fabric* W-CENT-SARD-A-1 con tracce di ingubbiatura biancastra esternamente. **Cat. 188** potrebbe essere attribuibile ad un'anfora non tornita, ma tirata su a mano da diversi pezzi di argilla, uniti fra di loro in fase di lavorazione.
Corredo: *lekythos* a figure nere con scena di guerrieri, anforiskos, coppa biansata.
Banca dati di FACEM: M 179/30 (inedito).
Confronti esterni: Ramon 1995, 174-175, 512-513, figg. 149-150. Per un profilo molto simile da Pani

Loriga vedi Botto et al. 2005, 64, 72, fig. 2,q, attribuito a T-1.4.4.2 (gruppo macroscopico C di produzione locale/regionale).
Datazione anfora: 530-450.
Datazione corredo: 510-480.

189. W681 (HA 11385). T-1.4.4.1 (fig. 29,189, tav. 9,5).

Diam. orlo 10,5, h max. conservata 26,4. Parte superiore di un'anfora restaurata, priva della parte inferiore e del fondo. *Fabric* W-CENT-SARD-A-2 con spessa ingubbiatura biancastra esternamente e internamente.
Annotazioni sull'*enchytrismos***: della sepoltura in anfora **cat. 189** fa parte anche l'anfora **cat. 190** (W681A).
Banca dati di FACEM: M 179/37 (inedito).
Confronti all'interno della necropoli: cat. 191 (W4538).
Confronti esterni: Ramon 1995, 175-176, 513-514, figg. 150-151. Botto et al. 2005, 71-2, fig. 2,k, gruppo locale C, attribuita al tipo T-1.4.4.1.
Datazione anfora: 500-450.

190. W681A (HA 11385). T-1.4.4.1 (fig. 29,190).

Diam. orlo 10, h max. conservata 29,8. Parte superiore di un'anfora restaurata, priva della parte inferiore e del fondo. *Fabric* W-CENT-SARD-A-1 con spessa ingubbiatura biancastra esternamente e internamente.
Annotazioni sull'*enchytrismos***: **cat. 190** fa parte della sepoltura di **cat. 189** (W681).
Banca dati di FACEM: M 179/31 (inedito).
Confronti esterni: Ramon 1995, 175-176, 513-514, figg. 150-151, specialmente n. 60. Per *Neapolis* vedi Garau 2008, 40, fig. 17,132, di produzione locale, attribuita al tipo T-4.1.1.3, seconda metà V-inizi IV sec. a.C.; 77, fig. 36,37 di produzione locale, attribuita alla forma T-1.4.2.2, V sec. a.C.
Datazione anfora: 500-450.

191. W4538. T-1.4.4.1 (fig. 29,191, tavv. 9,6; 7,4).

Diam. orlo 11, h max. conservata 9,6. Ca. 200 frammenti di orlo, pareti e anse di un'anfora priva del fondo, non ricomposta. *Fabric* W-CENT-SARD-A-3. **Cat. 191** sembra attribuibile ad un'anfora non tornita, ma tirata su a mano da diversi pezzi di argilla uniti fra di loro in fase di lavorazione.
Corredo: *lekythos* a figure nera con palmetta.
Banca dati di FACEM: M 179/33 (inedito).
Confronti all'interno della necropoli: cat. 189 (W681).
Confronti esterni: Ramon 1995, 175-176, 513-514, figg. 150-151. Per la necropoli di Monte Sirai vedi Botto/Salvadei 2005, 85, fig. 8 *enchytrismos* di V sec. a.C. Per l'abitato di Monte Sirai cf. inoltre Botto 1994, 93-94, fig. 5,c. Per un esemplare da Pantelleria in *fabric* W-CENT-SARD-A-1 vedi FACEM – http://facem.at/m-119-86.
Datazione anfora: 500-450.
Datazione corredo: attorno alla metà del V sec. a.C.

192. W381 (HA 10250). G-1.4.0.0? (fig. 29,192, tav. 2,2).

Diam. max conservato 35,2, h max. conservata 90, h estimata ca. 96. Restaurata, ricomposta da numerosi frammenti, priva di spalla e orlo. Tracce di bruciato (probabilmente per effetto secondario) sulla superficie esterna del corpo. *Fabric* W-CENT-SARD-A-1 con tracce di un'ingubbiatura biancastra esternamente e internamente.
Annotazioni sull'*enchytrismos***: dalla foto di tav. 2,2 l'anfora risulta chiusa da diversi frammenti di orlo, probabilmente da classificare come T-4.2.1.2 e forse pertinenti al contenitore utilizzato per l'*enchytrismos* della sepoltura **cat. 192**.
Datazione anfora: 480-420 (per l'altezza estimata del vaso).

193. W2175. G-1.4.0.0.

H max. conservata ca. 71. Parte inferiore di un'anfora conservata per due terzi del corpo ca., priva delle anse e dell'orlo. *Fabric* W-CENT-SARD-A-2.
Datazione anfora: indatabile.

194. L65 (HA 6799). T-4.2.1.3/4 (ambito) (fig. 29,194, tav. 9,4).
Diam. orlo 11,5, h max. conservata 10,2. Oltre 100 frammenti di orlo, anse e pareti di un'anfora non ricomposta. *Fabric* W-CENT-SARD-A-1 con spessa ingubbiatura biancastra internamente ed esternamente.
Corredo: un elemento ancora da identificare.
Analisi archeometriche: cap. 4.2, *microfabric SAR-MS*. Castellino 2003/2004: single.
Banca dati di FACEM: M 179/18 (inedito).
Confronti esterni: Ramon 1995, 188-189, 523, fig. 160,141-142.
Datazione anfora: attorno al 409.
Datazione corredo: al momento indatabile.

195. SK226. Tipo non identificato.
Ca. 50-70 frammenti di pareti, in parte con solcature, e di un'ansa di un'anfora non ricomposta. *Fabric* W-CENT-SARD-A-1 con tracce di ingubbiatura biancastra internamente ed esternamente.
Datazione anfora: indatabile.

196. RO1042 (HA 6415). Tipo non identificato.
Ca. 30 frammenti di pareti e di anse di un'anfora non ricomposta. *Fabric* W-CENT-SARD-A-1 con ingubbiatura bianca esternamente.
Datazione anfora: indatabile.

197. W21. Tipo non identificato.
H max. conservata 66. Ca. 100 frammenti di pareti con gli attacchi delle anse di un'anfora non ricomposta. *Fabric* W-CENT-SARD-A-3.
Corredo: *lekythos* a vernice nera, *kotyliskos*, coppetta biansata in ceramica acroma.
Datazione anfora: indatabile.
Datazione corredo: 500-480.

198. W285 (HA 10105). Tipo non identificato (tav. 16,1).
H max. conservata 80. Ca. 40 frammenti di fondo indistinto, leggermente appuntito, pareti e di un'ansa di un'anfora non restaurata, ricomponibile, priva dell'orlo. *Fabric* W-CENT-SARD-A-3 con tracce di un'ingubbiatura biancastra esternamente e internamente.
Datazione anfora: in base all'altezza conservata probabilmente posteriore al 520/500.

199. W307 (HA 10147). Tipo non identificato.
H max. conservata ca. 41. Ca. 60 frammenti di pareti, in parte solcate, e di un'ansa di un'anfora con corpo cilindrico, non ricomposta. *Fabric* W-CENT-SARD-A-1 con tracce di un'ingubbiatura biancastra esternamente e internamente.
Corredo: *lekythos* ariballica a vernice nera.
Datazione anfora: indatabile.
Datazione corredo: 425-409.

200. W1517 (HA 12277). Tipo non identificato (fig. 11).
H max. conservata 66. Ca. 100 frammenti di pareti non ricomposti. *Fabric* W-CENT-SARD-A-3 con tracce di ingubbiatura bianca esternamente.
Annotazioni sull'*enchytrismos*: l'imboccatura dell'anfora è stata chiusa da una pietra.
Corredo: olpetta.
Datazione anfora: indatabile.
Datazione corredo: 550-500?

201. W3183. Tipo non identificato.
H max. conservata 44. Ca. 30 frammenti di parete e delle anse di un'anfora non ricomposta. *Fabric* W-CENT-SARD-A-1.
Datazione anfora: indatabile.

202. W4288. Tipo non identificato (tav. 7,5).
Ca. 40 frammenti di parete con attacco di un'ansa di un'anfora non ricomposta. *Fabric* W-CENT-SARD-A-3. **Cat. 202** sembra attribuibile ad un'anfora non tornita, ma tirata su a mano da diversi pezzi di argilla uniti fra di loro in fase di lavorazione.
Corredo: *lekythos* con decorazione a raggi, coppetta monoansata a bande.
Datazione anfora: indatabile.
Datazione corredo: 510-480.

203. W4529. Tipo non identificato.
H max. conservata 82. Ca. 100 frammenti di parete con gli attacchi delle anse di un'anfora non ricomposta. *Fabric* W-CENT-SARD-A-1 con labili tracce di ingubbiatura biancastra esternamente.
Corredo: *lekythos* di produzione locale, *kotyliskos* a bande.
Datazione anfora: in base all'altezza conservata probabilmente posteriore al 520/500.
Datazione corredo: 550-500.

204. W7230. Tipo non identificato.
H max. conservata 75-80. Ca. 25 frammenti di parete di un'anfora con corpo solcato, non ricomposta. *Fabric* W-CENT-SARD-A-1 con tracce di ingubbiatura rosa esternamente.
Datazione anfora: in base all'altezza conservata probabilmente posteriore al 520/500.

205. W8382. Tipo non identificato (tav. 19,6).
H max. conservata ca. 90. 50-100 frammenti di parete e di un'ansa di un'anfora non ricomposta, priva di orlo e fondo. *Fabric* W-CENT-SARD-A-1 con tracce di ingubbiatura biancastra.
Datazione anfora: in base all'altezza conservata databile al V sec. a.C.

Anfore dalla Sardegna occidentale (area di *Tharros*) (N 38)

206. W617 (HA 10562). T-1.4.2.1 (figg. 10; 31,206).
Diam. orlo 11, h 63,5. Integra, restaurata, priva di un grande frammento della parte centrale del corpo tagliato via in antico per inserirvi lo scheletro. Molto probabilmente *fabric* W-SARD-A-2 con tracce di un'ingubbiatura biancastra esternamente e internamente.
Banca dati di FACEM: M 179/59 (inedito).
Confronti esterni: Ramon 1995, 174, 512, fig. 149. Per la Laguna di S. Giusta vedi Del Vais/Sanna 2012, 212, fig. 12, A 156, considerata una T-1.2.1.2 di probabile produzione locale, contenitore per carni ovine. Botto et al. 2005, 71-72, fig. 2,h, gruppo locale C, attribuito ad una T-1.4.2.1.
Datazione anfora: per l'altezza ancora molto contenuta dell'anfora, **cat. 206** sarà da datare all'inizio del VI sec. a.C.

207. W827 (HA 11226). T-1.3.2.1 (in base al profilo dell'orlo) (figg. 11; 31,207, tav. 15,2).
Diam. orlo 12, h max. conservata 7,5. Ca. 100 frammenti di orlo, anse, pareti e fondo di un'anfora non ricomposta, probabilmente quasi integra. *Fabric* W-SARD-A-6 con ingubbiatura biancastra esternamente e internamente.
Corredo: coppa miniaturistica, ispirata alle coppe ioniche, in ceramica comune.
Banca dati di FACEM: M 179/85 (inedito).
Confronti esterni: Ramon 1995, 171, 508, fig. 145,24. Per Nora vedi Finocchi 2009, 401-402, 412-415, nn. 402-465, attribuite al tipo T-1.2.1.2, anche di produzione locale/regionale. Per *Tharros* vedi Blasco Arasanz 1989, 265-266, fig. 1,1, 266, datata alla seconda metà del VII-inizi del VI sec. a.C. Per la Laguna di S. Giusta cf. Del Vais/Sanna 2009, fig. 1, B3 attribuito al tipo T-1.2.1.2.
Datazione anfora: 600-550.
Datazione corredo: 550-500.

208. W4458. T-1.4.2.1/2 (fig. 31,208).
Diam. orlo 12, h max. conservata 10,5. Ca. 55 frammenti di orlo, pareti con parte delle anse di un'anfora priva del fondo, non ricomposta. *Fabric* W-SARD-A-7.
Banca dati di FACEM: M 179/28 (inedito).

Confronti all'interno della necropoli: cat. 209 (W8107).
Confronti esterni: Ramon 1995, 174-175, 512-513, figg. 149-150. Per la laguna di S. Giusta vedi Del Vais/Sanna 2009, 137, fig. 1, B30, B9 attribuita al tipo T-1.4.2.1 di pieno VI sec. a.C.
Datazione anfora: 530-480.

209. W8107. T-1.4.2.2 (fig. 31,209, tav. 19,5).
Diam. orlo 11, h max. conservata 23,7, h complessiva conservata al momento dello scavo ca. 80. 50-80 frammenti di orlo, anse e pareti leggermente solcate di un'anfora priva di fondo, non ricomposta. *Fabric* W-SARD-A-7 con tracce di ingubbiatura biancastra esternamente.
Corredo: coppetta a vernice nera.
Banca dati di FACEM: M 179/35 (inedito).
Confronti all'interno della necropoli: cat. 208 (W4458).
Confronti esterni: Ramon 1995, 174-175, 513, fig. 150,58. Per Pani Loriga vedi Botto et al. 2010, 15-16, figg. 40-41, attribuite alla forma Bartoloni D3 della seconda metà del VI sec. a.C., qui riutilizzate in un contesto di V sec. a.C. Per *Tharros* vedi Blasco Arasanz 1989, 265-266, fig. 1,3. Per Cagliari cf. Tronchetti et al. 1992, 133, tav. LIV, 315/919, attribuita al tipo Bartoloni D3 della seconda metà del VI. Botto et al. 2005, 71-72, fig. 2,f, gruppo di produzione locale C, attribuita ad una T-1.4.2.1.
Datazione anfora: 530-480.
Datazione corredo: 500-450?

210. L29 (HA 6752). T-1.4.2.2 (fig. 31,210, tav. 10,1).
Diam. orlo 11,5, h max conservata 65,6. Ca. 40-50 frammenti di orlo, anse e pareti di un'anfora ricomposta dal corpo fortemente solcato, priva della parte inferiore. *Fabric* W-SARD-A-7.
Analisi archeometriche: cap. 4.2, *microfabric SAR-TH*. Montana et al. 2006, 152 impasto I, attribuito alla Sardegna sud-occidentale.
Banca dati di FACEM: M 179/13 (inedito).
Confronti all'interno della necropoli: cat. 209 (W8107).
Confronti esterni: Ramon 1995, 174-175, 513, fig. 150,58. Per Pani Loriga vedi Botto et al. 2010, 15-16, figg. 40-41, attribuite alla forma Bartoloni D3 della seconda metà del VI sec. a.C., qui riutilizzate in un contesto di V sec. a.C.
Datazione anfora: 530-480.

211. L68 (HA 6802). T-1.4.2.2 (ambito) (fig. 31,211, tav. 7,3).
Diam. orlo 12, h max. conservata 6,3. Oltre 50 frammenti di orlo, anse e pareti fra cui due che conservano l'impronta di una grappa relativa ad un restauro antico. *Fabric* W-SARD-A-7.
Corredo: due elementi ancora da identificare.
Analisi archeometriche: cap. 4.2, *microfabric SAR-TH*. Montana et al. 2006, 152 impasto I, attribuito alla Sardegna sud-occidentale.
Banca dati di FACEM: M 179/16 (inedito).
Confronti all'interno della necropoli: cat. 216 (W1652).
Confronti esterni: Ramon 1995, 174-175, 513, fig. 150,58. Avvicinabile a Pisanu 1997, 54, fig. 3a attribuita alla forma Ramon T-4.1.1.3, V-IV sec. a.C.
Datazione anfora: 500-450.
Datazione corredo: al momento indatabile.

212. W1797 (HA 12592). T-1.4.2.2 (fig. 31,212, tav. 9,8).
Diam. orlo 11, h max. conservata 4,2. 50-100 frammenti di parete, orlo e delle anse, priva del fondo, non ricomposta. *Fabric* W-SARD-A-6 con ingubbiatura rosata esternamente e internamente.
Corredo: due *lekythoi* attiche a figure nere, olpetta acroma.
Banca dati di FACEM: M 179/23 (inedito).
Confronti all'interno della necropoli: cat. 211 (L68).
Confronti esterni: Ramon 1995, 174-175, 513, fig. 150,58.
Datazione anfora: 500-450.
Datazione corredo: 510-480.

213. W7372. T-1.4.2.2 (fig. 31,213, tav. 3,5).
Diam. orlo 13, h max. conservata 10,4, h complessiva ca. 85-90. Dieci frammenti di orlo, ansa, pareti e fondo di un'anfora molto frammentaria, non ricomposta. Si conserva un frammento di parete con i resti di due lettere incise dopo la cottura, vedi in dettaglio cap. 6, figg. 56-57. *Fabric* W-SARD-A-6 con ingubbiatura biancastra esternamente.
Analisi archeometriche: cap. 4.2, *microfabric SAR-TH*. Montana 2014: indeterminato.
Banca dati di FACEM: M 179/67 (inedito).
Confronti all'interno della necropoli: cat. 212 (W1797).
Confronti esterni: Ramon 1995, 174-175, 513, fig. 150,58.
Datazione anfora: 500-450.

214. W8618. T-1.4.2.2 (fig. 31,214, tav. 5,7).
Diam. orlo 12, h max. conservata 3,8, h complesisva ca. 85. Ca. 150 frammenti di orlo, un'ansa e pareti, in parte molto frammentate, di un'anfora non ricomposta. *Fabric* W-SARD-A-6 con tracce di ingubbiatura bianca esternamente.
Banca dati di FACEM: M 179/73 (inedito).
Confronti all'interno della necropoli: cat. 213 (W7372).
Confronti esterni: Ramon 1995, 174-175, 513, fig. 150,58. Per *Tharros* vedi Blasco Arasanz 1989, 265-266, fig. 1.2.
Datazione anfora: 500-450.

215. W1100 (HA 11692). T-1.3.2.5 (ambito) (fig. 31,215).
Diam. orlo 11, h 67,4. Restaurata, integra, tranne piccola porzione della parte inferiore del corpo. *Fabric* W-SARD-A-7 con spessa ingubbiatura biancastra esternamente e internamente.
Banca dati di FACEM: M 179/24 (inedito).
Confronti esterni: Ramon 1995, 173, 176-177, fig. 149,51.
Datazione anfora: 500-430.

216. W1652 (HA 12446). T-1.4.4.1. Probabile produzione della Sardegna occidentale (figg. 9; 31,216, tav. 12,3).
Diam. orlo 11, h 89,4. Integra, restaurata, ricomposta da numerosi frammenti. L'anfora non è stata campionata nell'ambito del presente progetto. In superficie spessa ingubbiatura biancastra.
Annotazioni sull'*enchytrismos*: l'imboccatura dell'anfora è stata chiusa da una lastra di pietra.
Corredo: *lekythos* a figure nere, *kotyliskos*.
Confronti all'interno della necropoli: cat. 211 (L68); cat. 217 (L211).
Confronti esterni: Ramon 1995, 175-176, 513-514, figg. 150-151, specialmente n. 61.
Datazione anfora: 500-450.
Datazione corredo: 510-480.

217. L211 (HA 7039). T-1.4.4.1 (fig. 31,217).
Diam. orlo 13,5, h max. conservata 5,5. Ca. 100 frammenti di orlo, anse, fondo e pareti di un'anfora non ricomposta. *Fabric* W-SARD-A-2 con tracce di ingubbiatura biancastra internamente ed esternamente.
Banca dati di FACEM: M 179/26 (inedito).
Confronti all'interno della necropoli: cat. 218 (W8289).
Confronti esterni: Ramon 1995, 175-176, 513-514, figg. 150-151, specialmente n. 62. Per Olbia vedi Pisanu 1997, 54-55, fig. 3a, V-IV sec. a.C.
Datazione anfora: 450-409.

218. W8289. T-1.4.4.1 (fig. 32,218, tav. 18,3).
Diam. orlo 11, h max. conservata 11,5, h complessiva ca. 105-110. Ca. 60 frammenti di orlo, parete, un'ansa e parte del fondo di un'anfora non ricomposta. *Fabric* W-SARD-A-2 con ingubbiatura biancastra esternamente.
Banca dati di FACEM: M 179/27 (inedito).
Confronti all'interno della necropoli: cat. 217 (L211).

Confronti esterni: Ramon 1995, 175-176, 513-514, figg. 150-151, specialmente n. 62. Per un profilo molto simile da Pani Loriga vedi Botto et al. 2005, 64, 72, fig. 2,q, attribuito al tipo T-1.4.4.2 (gruppo macroscopico C di produzione locale/regionale). Per Olbia vedi Pisanu 1997, 54-55, fig. 3a, V-IV sec. a.C.
Datazione anfora: 450-409.

219. W9073. T-1.4.4.1. (fig. 32,219).
Diam. orlo 13, h max. conservata 4,8. 150-200 frammenti di orlo, anse e pareti di anfora non ricomposta, priva della parte inferiore. *Fabric* W-SARD-A-2.
Corredo: olpetta ad immersione, *kylix* a vernice nera.
Confronti all'interno della necropoli: cat. 217 (L211).
Confronti esterni: Ramon 1995, 175-176, 513-514, figg. 150-151. Per Olbia vedi Pisanu 1997, 54-55, fig. 3a, V-IV sec. a.C. Per un profilo molto simile da Pani Loriga vedi Botto et al. 2005, 64, 72, fig. 2,p, attribuito al tipo T-1.4.2.1 (gruppo macroscopico C di produzione locale/regionale).
Datazione anfora: 450-409.
Datazione corredo: 500-409.

220. RO1035 (HA 6388). T-4.1.1.3 (fig. 32,220).
Diam. orlo 13,7, h max. conservata 6,3. Ca. 100 frammenti di orlo, anse e pareti di un'anfora ricomponibile, priva del fondo. *Fabric* W-SARD-A-6 con tracce di ingubbiatura biancastra esternamente.
Analisi archeometriche: cap. 4.2, *microfabric SAR-TH*. Montana et al. 2006, impasto I, attribuito alla Sardegna sud-occidentale.
Banca dati di FACEM: M 179/17 (inedito).
Confronti all'interno della necropoli: cat. 221 (W2727).
Confronti esterni: Ramon 1995, 185-186, 521, fig. 158,127. Madau 1991, 175, fig. 1,3; 167 tipo del V inizio del IV a.C.
Datazione anfora: 430-409.

221. W2727. T-4.1.1.3 (fig. 32,221).
Diam. orlo 11,5, h max. conservata 7. Ca. 50 frammenti di orlo, anse, corpo cilindrico, leggermente solcato di anfora priva di fondo, non ricomposta. *Fabric* W-SARD-A-6.
Banca dati di FACEM: M 179/71 (inedito).
Confronti all'interno della necropoli: cat. 220 (RO1035).
Confronti esterni: Ramon 1995, 185-186, 521, fig. 158,127. Per *Tharros* vedi Madau 1991, 175, fig. 1,3; 167 tipo del V o inizio del IV a.C.
Datazione anfora: 430-409.

222. W1461 (HA 12214). T-4.1.1.3 (figg. 12; 32,222, tav. 9,7).
Diam. orlo 13, h max. conservata 10. Ca. 40 frammenti di profilo non ricomposto. Si conservano parti dell'orlo, del corpo, del fondo e delle anse. *Fabric* W-SARD-A-2 con spessa ingubbiatura bianca esternamente e internamente.
Corredo: *oinochoe* di produzione locale ad immersione, *oinochoe* trilobata a vernice nera, coppa skyphoide a vernice nera.
Banca dati di FACEM: M 179/25 (inedito).
Confronti all'interno della necropoli: cat. 221 (W2727).
Confronti esterni: Ramon 1995, 188, 521, fig. 158,128. Per la laguna di S. Giusta vedi Del Vais/Sanna 2012, 214, fig. 12,667 considerata una T-4.1.1.3 della seconda metà del V-inizi del IV sec. a.C., con resti di ossa ovicaprini e vinaccioli. Per un profilo molto simile da Monte Sirai vedi Botto et al. 2005, 61, 73, fig. 3,a, attribuito al tipo T-4.1.1.4 (gruppo macroscopico D di produzione locale/regionale).
Datazione anfora: 430-409.
Datazione corredo: 450-409.

223. L310 (HA 7176). Imitazione di T-1.4.5.1 (figg. 7; 32,223, tav. 14,5).
Diam. orlo 10, h max. conservata 10. Ca. 50 frammenti di orlo, anse, pareti e fondo di un'anfora non ricomposta. *Fabric* W-SARD-A-6 (ma molto fine, senza aggiunta di sabbia di grosse dimensioni), con

un'ingubbiatura biancastra internamente ed esternamente.
Analisi archeometriche: cap. 4.3, fig. 53, tab. 10 *single* forse da avvicinare all'ambito produttivo di Cagliari-Assemini. Precedentemente cf. Montana et al. 2006, 152, impasto I attribuito alla Sardegna sud-occidentale.
Banca dati di FACEM: M 179/4 (inedito).
Confronti all'interno della necropoli: cat. 117 (W2676); cat. 118 (W3440), entrambi produzioni di Solunto, cat. 224 (W8967).
Confronti esterni: Ramon 1995, 176-177, 514, fig. 151.
Datazione anfora: 430-409.

224. W8967. Imitazione di T-1.4.5.1 (fig. 32,224, tav. 5,1).
Diam. orlo 8,5, h max. conservata 5, h complessiva conservata al momento di scavo ca. 50. Ca. 30 frammenti di orlo, anse e pareti di un'anfora non ricomposta. *Fabric* W-SARD-A-6 (variante fine) con ingubbiatura biancastra esternamente.
Annotazioni sull'*enchytrismos*: la parte bassa dell'anfora è stata chiusa da un frammento di tegola e alcune pietre. L'anfora è allettata su pietre.
Banca dati di FACEM: M 179/82 (inedito).
Confronti all'interno della necropoli: cat. 223 (L310).
Confronti esterni: Ramon 1995, 176-177, 514, fig. 151.
Datazione anfora: 430-409.

225. W9488. T-4.1.1.4 (fig. 32,225).
Diam. orlo, h max. conservata 11,7. Ca. 50 frammenti di orlo, anse e pareti di un'anfora non ricomposta. *Fabric* W-SARD-A-7.
Banca dati di FACEM: M 179/83 (inedito).
Confronti esterni: Ramon 1995, 186, 521, fig. 158,129. Per Sulcis vedi Campanella 2008, 121-122, CRON 500/30, datata fra la fine del V e la seconda metà del IV sec. a.C. Per *Neapolis* vedi Garau 2008, 145-46, fig. 80,22, di produzione locale, attribuita al tipo T-4.1.1.4, ultimo terzo del V/prima parte del IV sec. a.C. Per *Tharros* vedi Cerasetti/Del Vais/Fariselli 1996, 26-27, fig. 7,g, 'anforetta' dal profilo identico, datata al IV sec. a.C. Blasco Aransanz 1989, 269 fig. 2,2-3, 271, IV sec. a.C. Per Pantelleria vedi FACEM – http://facem.at/m-119-63 in *fabric* W-SARD-A-3, dal profilo identico.
Datazione anfora: 409 ca.

226. L18. T-4.1.1.4 (fig. 32,226).
H 17. Ca. 150 frammenti di orlo, un'ansa e pareti della parte superiore di un'anfora priva della porzione inferiore. *Fabric* W-SARD-A-6 con spessa ingubbiatura biancastra internamente ed esternamente.
Analisi archeometriche: cap. 4.2, *microfabric SAR-TH*. Montana et al. 2006, 152 impasto I, attribuito alla Sardegna sud-occidentale.
Banca dati di FACEM: M 179/14 (inedito).
Confronti esterni: Ramon 1995, 186, 521, fig. 158,129. Cerasetti/Del Vais/Fariselli 1996, 26-27, fig. 7,g, "anforetta" di IV sec. a.C. dal profilo identico. Blasco Aransanz 1989, 269 fig. 2,2-3, 271, IV a.C. Pisanu 1997, 54 fig. 3e, produzione tharrense del IV sec. a.C. **Cat. 226** testimonia la produzione del tipo già prima della fine del V sec. a.C.
Datazione anfora: attorno al 409.

227. W7421. G-4.1.0.0 (fig. 32,227, tav. 17,3).
H complessiva ca. 90, h max. conservata 14,1. Ca. 100 frammenti di fondo e parte inferiore di un'anfora non ricomposta, priva di parte superiore del corpo. *Fabric* W-SARD-A-7.
Annotazioni sull'*enchytrismos*: la parte alta dell'anfora è stata chiusa da delle pietre.
Datazione anfora: 450-409 (in base al fondo nettamente distinto).

228. W7470. G-4.1.0.0 (fig. 32,228, tav. 19,4).
H complessiva al momento del rinvenimento ca. 80, h max. conservata 7,6. 50-100 frammenti di fondo, un'ansa e pareti di parte inferiore di un'anfora non ricomposta. *Fabric* W-SARD-A-7.
Datazione anfora: 500-409 (in base al fondo distinto).

229. W8063. G-4.1.0.0 (fig. 32,229).
H max. conservata 2. Ca. 50 frammenti di parete e di fondo di parte inferiore di un'anfora non ricomposta. *Fabric* W-SARD-A-6 (variante fine).
Banca dati di FACEM: M 179/36 (inedito).
Datazione anfora: 450-409 (in base al fondo nettamente distinto).

230. W8117. G-1.4.0.0 (fig. 32,230, tav. 21,1).
H max. conservata 12,6, h complessiva conservata al momento dello scavo ca. 80. 18 frammenti di parete e delle anse di un'anfora con corpo cilindrico, priva della parte superiore, non ricomposta. *Fabric* W-SARD-A-7 con ingubbiatura biancastra esternamente e internamente.
Banca dati di FACEM: M 179/91 (inedito).
Datazione anfora: 550-450 (in base al fondo ancora indistinto).

231. W9441. G-4.1.0.0 (fig. 32,231).
H max. conservata 6,7. Ca. 30 frammenti di parete e di fondo di un'anfora non ricomposta. *Fabric* W-SARD-A-2.
Annotazioni sull'*enchytrismos***: cat. 231** fa parte della sepoltura in anfora **cat. 272** (W9441A).
Corredo: *guttus* ad immersione, *oinochoe* trilobata ad immersione, coppa skyphoide a vernice nera, pateretta a vernice nera.
Datazione anfora: 450-409 (in base al fondo distinto).
Datazione corredo: attorno alla metà del V sec. a.C.

232. L69. Tipo non identificato.
Oltre dieci frammenti di un'ansa, pareti e fondo di un'anfora non ricomposta. *Fabric* W-SARD-A-7.
Analisi archeometriche: cap. 4.2, *microfabric SAR-TH*. Montana et al. 2006, 152 impasto I, attribuito alla Sardegna sud-occidentale.
Banca dati di FACEM: M 179/15 (inedito).
Datazione anfora: indatabile.

233. L126. Tipo non identificato.
Ca. 50 frammenti di un'ansa, pareti e fondo di un'anfora non ricomposta. *Fabric* W-SARD-A-2, probabilmente con tracce di un'ingubbiatura biancastra esternamente.
Corredo: un elemento ancora da identificare.
Datazione anfora: indatabile.
Datazione corredo: al momento indatabile.

234. W18 (HA 9592). Tipo non identificato.
H max. conservata ca. 50. Ca. 30 frammenti relativi ad un fondo tondeggiante, indistinto, e delle pareti di un'anfora non ricomposta. *Fabric* W-SARD-A-7.
Datazione anfora: indatabile.

235. W1535 (HA 12301). Tipo non identificato.
25 frammenti di parete e di fondo, non ricomposti. *Fabric* W-SARD-A-6 con spessa ingubbiatura biancastra esternamente e internamente.
Corredo: coppa apoda, biansata in ceramica comune, frammento di bronzo.
Datazione anfora: indatabile.
Datazione corredo: 500-409.

236. W1841. Tipo non identificato (tav. 22,1).
H max. conservata ca. 85. Ca. 50 frammenti di parete, di un'ansa e di fondo leggermente distinto di un'anfora non ricomposta. *Fabric* W-SARD-A-7 con tracce di ingubbiatura biancastra esternamente e internamente.
Corredo: coppa acroma.
Pubblicata: Vassallo 2014, 269-270, fig. 9.
Datazione anfora: indatabile.
Datazione corredo: indatabile.

237. W2861. Tipo non identificato.
H max. conservata 40. 50-100 frammenti di parete di un'anfora non ricomposta. *Fabric* W-SARD-A-2 con ingubbiatura giallina esternamente. Internamente incrostazioni calcaree e resti di intonaco?
Banca dati di FACEM: M 179/86 (inedito).
Datazione anfora: indatabile.

238. W3761. Tipo non identificato.
H max. conservata 27. 36 frammenti di parete, in parte solcati, di un'anfora non ricomposta. *Fabric* W-SARD-A-6.
Datazione anfora: indatabile.

239. W4595. Tipo non identificato.
H max. conservata 70. Ca. 100 frammenti di parete con un attacco di ansa di un'anfora con corpo cilindrico e fondo leggermente distinto, priva dell'orlo. *Fabric* W-SARD-A-7 con tracce di ingubbiatura biancastra esternamente. Si conserva un frammento di parete con linea incisa in antico (uso secondario) per indicare il buco da segare per la deposizione, i bordi di questo taglio sono levigati.
Datazione anfora: indatabile.

240. W5049. Tipo non identificato (tav. 14,1).
H max. conservata ca. 80. 50-100 frammenti di parete e di fondo di parte inferiore di un'anfora non ricomposta. *Fabric* W-SARD-A-7 con spessa ingubbiatura biancastra esternamente e internamente.
Annotazioni sull'*enchytrismos*: un frammento di un bacino/mortaio è stato utilizzato come chiusura dell'anfora **cat. 240**.
Corredo: coppetta su piede a disco acroma.
Datazione anfora: in base all'altezza conservata probabilmente posteriore alla fine del VI sec. a.C.
Datazione corredo: seconda metà del V sec. a.C.?

241. W5697. Tipo non identificato.
H max. conservata 87. 150-200 frammenti di parete con gli attacchi delle anse di un'anfora con corpo cilindrico, priva di orlo e fondo, non ricomposta. *Fabric* W-SARD-A-6 con tracce di ingubbiatura biancastra esternamente e internamente.
Corredo: coppa skyphoide a vernice nera, *lekythos* a vernice nera.
Datazione anfora: in base all'altezza conservata V sec. a.C.
Datazione corredo: 450-420.

242. W8937. Tipo non identificato (tav. 11,4).
H max. conservata ca. 90. Ca. 50 frammenti di parete e delle anse di un'anfora non ricomposta, priva di orlo e fondo. *Fabric* W-SARD-A-7 con spessa ingubbiatura biancastra esternamente.
Annotazioni sull'*enchytrismos*: l'imboccatura dell'anfora è stata chiusa da una scodella e una pietra.
Corredo: *lekythos* a vernice nera.
Datazione anfora: in base all'altezza conservata V sec. a.C.
Datazione corredo: 500-450.

243. W9220. Tipo non identificato.
H max. conservata 65-70. Ca. 100-200 frammenti di pareti e anse di anfora non ricomposta. *Fabric* W-SARD-A-2.
Corredo: brocca trilobata ad immersione.
Datazione anfora: in base all'altezza conservata V sec. a.C.
Datazione corredo: 500-450.

ANFORE DALL'AREA DELLO STRETTO DI GIBILTERRA (N 29)

244. RO778 (HA 5910). T-10.1.2.1 / CdE 1B (fig. 34,244).
Diam. orlo 13, h 68,4. L'anfora, esposta nell'Antiquarium, non è stata né esaminata né campionata nell'ambito del presente progetto.

Corredo: un elemento ancora da identificare.
Pubblicata: Vassallo 1999a, 364-365, fig. 16,58.
Confronti esterni: Ramon 1995, 230-231, 560, fig. 197,405. Docter 2007, 648, 649, figg. 252-253.
Datazione anfora: 650-550.
Datazione corredo: al momento indatabile.

245. RO329. T-10.1.2.1 avanzato? / CdE 1B (fig. 34,245).
H max. conservata 50. Oltre 100 frammenti di fondo e pareti, in parte ricomposti. *Fabric* CdE-A-3.
Analisi archeometriche: cap. 4.2, *microfabric GA*. Montana et al. 2006, impasto V.
Banca dati di FACEM: FACEM – http://facem.at/m-179-108.
Confronti esterni: Ramon 1995, 230-231, 559-560, figg. 196-197. Docter 2007, 648, 649, figg. 252-253.
Datazione anfora: 600-550.

246. W7487. T-10.1.2.1 avanzato? (tav. 18,2).
H max. conservata ca. 70. Ca. 100 frammenti di parete e fondo di un'anfora non ricomposta, priva della sua parte superiore. *Fabric* CdE-A-3 con tracce di ingubbiatura biancastra esternamente e internamente.
Annotazioni sull'*enchytrismos*: la parte alta dell'anfora era chiusa da frammenti di altri vasi.
Corredo: coppa-*kylix* acroma su piede di produzione locale del tipo A1/B1.
Confronti esterni: Ramon 1995, 230-231, 559-560, figg. 196-197.
Datazione anfora: 600-550.
Datazione corredo: 600-550.

247. W3336. T-10.2.2.1 (fig. 34,247).
Diam. orlo 11, h 76,4. Anfora pressoché integra, restaurata, non è stata campionata nell'ambito di questo progetto. Impasto in superficie di colore arancione.
Corredo: coppa skyphoide, olpetta locale.
Confronti esterni: Ramon 1995, 232-233, 561, fig. 198,420.
Datazione anfora: 550-500.
Datazione corredo: 520-500.

248. W854 (HA 11271). T-10.2.2.1 avanzato (fig. 34,248, tav. 15,3).
Diam. orlo 12, h 90,5. Anfora quasi integra, priva di una piccola parte di ansa, restaurata, non campionata nell'ambito del presente progetto. Impasto rosso-arancione in superficie.
Corredo: *lekythos* a figure nere.
Pubblicata: Spatafora/Vassallo 2010, 94.
Confronti esterni: per le sue proporzioni già notevolmente allungate, si tratterà di una variante molto avanzata della forma T-10.2.2.1 (Ramon 1995, 232-233, 561, fig. 198,419), assimilabile anche al tipo CdE 1C di R. Docter (Docter 2007, 650).
Datazione anfora: 520-500.
Datazione corredo: 500-475.

249. L283 (HA 7143). T-11.2.1.3 (figg. 7; 35,249, tavv. 10,3; 16,8).
Diam. max. conservato 46, h max. conservata 22,5. Ca. 50 frammenti di un'ansa, corpo e spalla di un'anfora non ricomposta, probabilmente priva di una parte del profilo. *Fabric* CdE-A-3 con un'ingubbiatura biancastra internamente ed esternamente.
Annotazioni sull'*enchytrismos*: l'imboccatura dell'anfora è stata chiusa da frammenti di altre anfore.
Corredo: un elemento ancora da identificare.
Analisi archeometriche: cap. 4.2, *microfabric GA*. Montana et al. 2006, 152, impasto V.
Banca dati di FACEM: FACEM – http://facem.at/m-179-107.
Confronti esterni: Ramon 1995, 235, 564-565, figg. 201-202.
Datazione anfora: 500-409.
Datazione corredo: al momento indatabile.

250. W3736. T-11.2.1.3 (fig. 35,250, tav. 4,6).
Diam. orlo 16, h max. conservata ca. 95. Ca. 50 frammenti di un'anfora probabilmente pressoché completa, non ricomposta. *Fabric* CdE-A-3 con tracce di ingubbiatura bianca esternamente.
Annotazioni sull'*enchytrismos***:** l'imboccatura dell'anfora è stata chiusa da un frammento di tegola. All'estremità inferiore dell'anfora utilizzata per la sepoltura è stato rinvenuto il collo di un'anfora greco-occidentale, posto in posizione verticale.
Pubblicata: Vassallo 2014, 269-270, fig. 10.
Confronti esterni: Ramon 1995, 235, 562-565, figg. 199-202.
Datazione anfora: 500-409.

251. W6366. T-11.2.1.3 (fig. 35,251, tav. 10,2).
Diam. orlo 13, h max. conservata 20,7. 30-50 frammenti di orlo, anse e parte superiore di un'anfora. *Fabric* CdE-A-2 con tracce di ingubbiatura biancastra?
Corredo: *lekythos* a figure nere, *kotyliskos*.
Banca dati di FACEM: FACEM – http://facem.at/m-179-88.
Confronti esterni: Ramon 1995, 235, 562-565, figg. 199-202.
Datazione anfora: 500-409.
Datazione corredo: 510-480.

252. W7214. T-11.2.1.3 (fig. 35,252, tavv. 6,3; 10,4; 13,4).
H max. conservata 66,4, diam. max. 42. Anfora rotta in antico all'incirca a metà della parte superiore del corpo, priva delle anse e dell'orlo. *Fabric* CdE-A4 con tracce di ingubbiatura biancastra esternamente.
Annotazioni sull'*enchytrismos***:** la parte alta dell'anfora è stata chiusa da un grande frammento di *lekane*, le pareti della fossa sono parzialmente delimitate da altri frammenti ceramici.
Corredo: *guttus* a vernice nera.
Banca dati di FACEM: FACEM – http://facem.at/m-179-106.
Confronti esterni: Ramon 1995, 235, 562-565, figg. 199-202.
Datazione anfora: 500-409.
Datazione corredo: 500-409.

253. W7245. T-11.2.1.3.
Ca. 15 frammenti di parete carenata, un'ansa di parte centrale di anfora non ricomposta. *Fabric* CdE-A-4 con ingubbiatura bianca esternamente e internamente.
Confronti esterni: Ramon 1995, 235, 562-565, figg. 199-202.
Datazione anfora: 500-409.

254. L216 (HA 7054). T-11.2.1.4? (tav. 23,6).
Ca. 50 frammenti di pareti e anse di parte centrale di anfora priva del fondo e dell'orlo, non ricomposta, conservata per ca. 75. *Fabric* CdE-A-? con un'ingubbiatura biancastra esternamente.
Corredo: un elemento ancora da identificare.
Analisi archeometriche: cap. 4.2, *microfabric AFR-CA*. Montana et al. 2006, 152, impasto II attribuito al Nordafrica.
Banca dati di FACEM: FACEM – http://facem.at/m-179-109.
Confronti esterni: per le proporzioni molto allungate della parte superiore del suo corpo, **cat. 254** potrebbe già rientrare nella forma Ramon T-11.2.1.4 dell'ultimo terzo del V-inizi del IV sec. a.C., cf. Ramon 1995, 236, 566-567, figg. 203-204. Le ricerche archeologiche portate avanti nell'area gaditana dimostrano che questo tipo nasce nelle officine della baia di Cádiz come l'evoluzione della precedente forma T-11.2.1.3 di pieno V sec. a.C., vedi Sáez Romero/Montero Fernández/Díaz Rodríguez 2005, 488-489; da ultimi cf. Sáez/Muňos 2016, 27, fig. 4.
Datazione anfora: 430-409.
Datazione corredo: al momento indatabile.

255. L302 (HA 7173). SG-11.2.1.0 (tav. 16,7).
Oltre 100 frammenti di fondo e parte inferiore di un'anfora non ricomposta, priva di collo, orlo ed anse. *Fabric* CdE-A-2 con un'ingubbiatura di colore biancastro internamente ed esternamente.
Analisi archeometriche: cap. 4.2, *microfabric AFR-CA*. Montana et al. 2006, 152, impasto II attribuito al Nordafrica.
Banca dati di FACEM: FACEM – http://facem.at/m-179-89.
Confronti esterni: Ramon 1995, 234-237, 562-571, figg. 199-208.
Datazione anfora: 500-409.

256. W133 (HA 9356). SG-11.2.1.0. Produzione non identificata dell'area dello Stretto di Gibilterra (tav. 23,4).
H max. conservata ca. 50. Ricomposta da ca. 20 frammenti della parte centrale del corpo, priva di fondo, orlo e della spalla. Impasto granuloso, di color verdastro (2.5 Y 7/3) con numerosi inclusi rossastri (ferrosi? 0,5-2 mm), alcune particelle trasparenti, angolose (0,3-0,6 mm) grigie (0,3-0,7 mm) e mica.
Corredo: coppetta a vernice nera simile ad Athenian Agora XII, n. 817, coppa monoansata in ceramica comune.
Confronti esterni: Ramon 1995, 234-237, 562-571, figg. 199-208.
Datazione anfora: 500-409.
Datazione corredo: 450-420.

257. W185. SG 11.2.1.0 (tav. 23,3).
H max. conservata ca. 58. Quattro frammenti di fondo a bottone e spalla carenata. *Fabric* CdE-A-2 con tracce di un'ingubbiatura di colore crema esternamente.
Datazione anfora: 500-409.

258. W278. SG 11.2.1.0 (tav. 23,7).
H max. conservata 60. Ca. 20 frammenti di parete carenata e fondo distinto. *Fabric* CdE-A-2 con spessa ingubbiatura biancastra esternamente e internamente.
Datazione anfora: 500-409.

259. W1107. SG-11.2.1.0 (fig. 35,259, tav. 10,5).
H max. conservata 17,5, diam. max. conservato 29. Cinque frammenti di spalla carenata e di ansa. *Fabric* CdE-A-5 con spessa ingubbiatura biancastra esternamente e internamente.
Banca dati di FACEM: FACEM – http://facem.at/m-179-105.
Confronti esterni: Ramon 1995, 234-237, 562-571, figg. 199-208.
Datazione anfora: 430-409.

260. W1663 (HA 12455). SG-11.2.1.0? (tav. 23,5).
Ca. 100 frammenti di pareti con l'attacco di un'ansa e di fondo leggermente distinto di un'anfora non ricomposta, priva della parte superiore. *Fabric* CdE-A-2 con tracce di ingubbiatura bianca esternamente.
Corredo: coppa acroma.
Confronti esterni: Ramon 1995, 234-237, 562-571, figg. 199-208.
Datazione anfora: 500-409.
Datazione corredo: 500-409.

261. W2765. SG-11.2.1.0 (fig. 35,261).
H max. conservata 16, diametro max. conservato 20. Ca. 50 frammenti, in parte molto grandi, di fondo tondeggiante, parte bassa del corpo, spalla carenata e anse semicircolari di parte inferiore di un'anfora non ricomposta. Impasto bruno-arancione, molto granuloso, con numerosi inclusi di quarzo e granelli scuri (fino a 1 mm) e abbondanti particelle bianche di piccole dimensioni (0,1-0,2 mm). Resti di ingubbiatura biancastra esternamente e internamente.
Banca dati di FACEM: M 179/90 (inedito).
Datazione anfora: 500-409.

262. W5302. SG-11.2.1.0 (tav. 23,1).
H max. conservata 70. 50-100 frammenti di parete e di fondo di parte inferiore di un'anfora non ricomposta. *Fabric* CdE-A-2.
Confronti esterni: Ramon 1995, 234-237, 562-571, figg. 199-208.
Datazione anfora: 500-409.

263. W5418. SG-11.2.1.0 (tav. 14,2).
H max. conservata ca. 85. Ca. 20 frammenti ricomposti di un'anfora priva di spalla e orlo. *Fabric* CdE-A-3 con ingubbiatura bianca esternamente.
Annotazioni sull'*enchytrismos*: la parte alta dell'anfora è stata chiusa da un grande frammento di tegola.
Corredo: coppa skyphoide a vernice nera.
Confronti esterni: Ramon 1995, 234-237, 562-571, figg. 199-208.
Datazione anfora: 500-409.
Datazione corredo: 475-450.

264. W6447. SG-11.2.1.0 (fig. 35,264, tav. 2,5).
H max. conservata 1,8. 200-300 frammenti di fondo e pareti di un'anfora non ricomposta. *Fabric* CdE-A-2 con tracce di ingubbiatura bianca esternamente e internamente.
Corredo: *lekythos* a figure nere con decorazione a palmetta.
Confronti esterni: Ramon 1995, 234-237, 562-571, figg. 199-208.
Datazione anfora: 500-409.
Datazione corredo: 500-475.

265. W6469. SG-11.1.2.0 (tav. 23,2).
H max. conservata 74. Ca. 25 frammenti di parete di un'anfora non ricomposta. *Fabric* CdE-A-3 con ingubbiatura biancastra esternamente e internamente.
Annotazioni sull'*enchytrismos*: la successiva tomba a cappuccina W6470 contiene uno *skyphos* di tipo glaux databile nella seconda metà del V sec. a.C.
Corredo: *lekythos* a figure nere, olpe.
Datazione anfora: 500-450 (per motivi stratigrafici).
Datazione corredo: 500-470.

266. W7793. SG-11.2.1.0. Produzione non identificata dell'area dello Stretto di Gibilterra (tav. 3,4).
H max. conservata 114. 50-80 frammenti di parete leggermente carenata e solcata di un'anfora non ricomposta, priva di fondo e orlo. Impasto duro e omogeneo, di colore arancione (5 YR 6/8), con numerosi inclusi di quarzo trasparenti, grigi e bianchi (0,2-0,4 mm), ingubbiatura biancastra esternamente.
Annotazioni sull'*enchytrismos*: il cadavere, deposto su terra, era protetto dalle due metà di un'anfora tagliata.
Corredo: *lekythos* a figure nere.
Confronti esterni: Ramon 1995, 234-237, 562-571, figg. 199-208.
Datazione anfora: 500-409.
Datazione corredo: 510-480.

267. W8343. T-11.2.1.3 (tav. 4,7).
H max. conservata 86. 50-100 frammenti di parete leggermente carenate, delle anse e del fondo di un'anfora priva delle spalle e dell'orlo, non ricomposta. *Fabric* CdE-A-2 con spessa ingubbiatura biancastra esternamente.
Confronti esterni: Ramon 1995, 234-237, 562-571, fig. 202,443.
Datazione anfora: 500-409.

268. W7050. SG-11.2.1.0. Produzione non identificata dell'area dello Stretto di Gibilterra (tav. 16,3).
H max. conservata 56. Ca. 30-40 frammenti di parete e di spalla carenata di un'anfora non ricomposta. Impasto di colore rosso-bruno, internamente grigio con numerosi inclusi di quarzo (0,5-0,9),

alcuni noduli bianchi (0,5-2) e poca mica scura, rare particelle rosse (0,4). Ingubbiatura giallina esternamente.

Annotazioni sull'*enchytrismos*: la parte alta dell'anfora è stata chiusa da una lastra di pietra.

Confronti esterni: Ramon 1995, 234-237, 562-571, figg. 199-208.

Datazione anfora: 500-409.

269. W4420A. G-10.1/11.1.0.0.
H max. conservata 46. 18 frammenti di parete, in parte ricomposti. *Fabric* CdE-A-3 con tracce di ingubbiatura biancastra esternamente.

Annotazioni sull'*enchytrismos*: i frammenti relativi all'anfora **cat. 269** sono stati utilizzati per la copertura della sepoltura W4420, costituita da un cratere a campana molto frammentato e non ancora restaurato, probabilmente databile al V sec. a.C.

Datazione anfora: indatabile.

270. W5152A. Tipo non identificato.
Un'ansa e pochi frammenti di parete, non ricomposti. *Fabric* CdE-A-2.

Annotazioni sull'*enchytrismos*: i frammenti dell'anfora spagnola **cat. 270** appartengono alla sepoltura entro anfora soluntina **cat. 122** (W5152) data al secondo quarto del V sec. a.C.

Datazione anfora: indatabile.

271. W5309. SG-11.2.1.0 (tav. 16,6).
H max. conservata 75-80. 40 frammenti di fondo e parete, in parte ondulate, di un'anfora non ricomposta. *Fabric* CdE-A-5 con tracce di ingubbiatura bianca esternamente e internamente.

Corredo: coppa skyphoide a vernice nera, ago di bronzo.

Banca dati di FACEM: M 179/72 (inedito).

Datazione anfora: 500-409.

Datazione corredo: 470-450.

272. W9441A. Tipo non identificato.
Numero imprecisato di frammenti di parete di un'anfora non ricomposta. *Fabric* CdE-A-2 con spessa ingubbiatura biancastra esternamente e internamente.

Annotazioni sull'*enchytrismos*: i frammenti attribuiti a **cat. 272** fanno parte della sepoltura di **cat. 231** (W9441) databile attorno alla metà/seconda metà del V sec. a.C.

Datazione anfora: indatabile.

ANFORE DI PRODUZIONE NON IDENTIFICATA (N 5)

273. W8870. Tipo non identificato (tav. 20,1).
Ca. 20 frammenti di un'anfora cilindrica priva del fondo e della parte superiore compresa l'orlo, conservata per un'altezza di ca. 64. Impasto duro e compatto di colore rosato dallo scheletro composto da abbondanti granuli di quarzo opaco (0,3-1 mm), frequenti inclusi biancastri (0,2-0,6 mm) e sporadiche particelle rossicce (ferrose? 0,5 mm). Esternamente tracce di un'ingubbiatura di colore crema.

Corredo: coppa skyphoide a vernice nera.

Datazione anfora: 500-409.

Datazione corredo: attorno alla metà del V sec. a.C.?

274. SK89. T-2.1.1.2 (ambito) (fig. 36,274, tav. 10,6).
Diam. orlo 10, h max. conservata 22,4. Ca. 80-100 frammenti di orlo, anse, corpo e base di un'anfora non ricomposta, probabilmente quasi integra. Impasto grossolano, cotto a strati, di colore rosso-bruno e grigio con frequenti inclusi di quarzo (opaco e grigio, 0,5-1 mm) di forma subtondeggiante e moltissime particelle bianche, talvolta anche molto piccole (0,1-0,3 mm), spessa ingubbiatura biancastra internamente ed esternamente.

Analisi archeometriche: cap. 4.2, *microfabric AFR-PC*.

Banca dati di FACEM: M 179/78 (inedito): molto simile ad un campione da Nora (M 164/1, inedito), messomi gentilmente a disposizione da S. Finocchi (Soprintendenza per i Beni Archeologici delle Marche) che ringrazio, attribuito al suo impasto 4 e considerato una produzione locale/regionale dell'area di Nora.[350]

Confronti all'interno della necropoli: cat. 75 (RO1282), produzione arcaica di Solunto.

Confronti esterni: soprattutto le anse, anche se non più impostate verticalmente sulla spalla, ed il profilo ovoidale del corpo rimandano al tipo T-2.1.1.2, vedi Ramon 1995, 178, 516, fig. 153,78 (soprattutto per l'orlo). Ottimi confronti morfologici di produzione sarda provengono da Nora, vedi Finocchi 2009, 391, fig. 7, cat. 50, impasto 4 di produzione locale/regionale, seconda metà/fine del VII sec. a.C. (p. 385). Botto et al. 2005, 66, fig. 1,l-n attribuiti alle forme T-3.1.1.1/3.1.1.2, gruppo macroscopico B da considerare una produzione di ambito locale/regionale (93, 95).

Datazione anfora: 630-580.

275. SK132. T-2.1.1.2 (fig. 36,275, tav. 10,7).
Diam. orlo 13.4, h max. conservata 10. Ca. 80-100 frammenti di orlo, anse, corpo e base di un'anfora non ricomposta, probabilmente quasi integra. Impasto duro e compatto, grigio nel nucleo (7.5 YR 5/2), rosso in superficie (2.5 YR 6/8), molto granuloso con numerosi inclusi di quarzo di forma irregolare, opachi (0,5-1 mm), singole particelle rossicce (ferrose? 1 mm) e molti carbonati (0,05-0,5 mm). Spessa ingubbiatura biancastra internamente ed esternamente.

Analisi archeometriche: cap. 4.2, *microfabric AFR-PC*.

Banca dati di FACEM: M 179/79 (inedito): molto simile ad un campione da Nora (M 164/1, inedito), messomi gentilmente a disposizione da S. Finocchi (Soprintendenza per i Beni Archeologici delle Marche) che ringrazio, attribuito al suo impasto 4 e considerato una produzione locale/regionale dell'area di Nora (vedi nota 350).

Confronti all'interno della necropoli: cat. 3 (W9253), produzione dell'area di Cartagine.

Confronti esterni: Ramon 1995, 178, 515, fig. 152,75 (soprattutto per l'orlo). Per Cartagine, vedi Docter 2007, 652-653, fig. 356,5461-5462, anfore di produzione sarda da contesti stratigrafici della seconda metà del VII sec. a.C. Da un punto di vista morfologico per Mozia cf. anche Nigro 2007, 93, 294-295, tav. XC MD.04.1112/54, anfora databile fra la fine del VII e la metà del VI sec. a.C. da una fossa con materiale di VII e VI sec. a.C.

Datazione anfora: 630-580.

276. W8662. T-1.4.2.1. Produzione della Sardegna Sud Occidentale? (fig. 36,276, tavv. 10,8; 20,2).
Diam. orlo 12, h max. conservata 14,8, h complessiva ca. 85. Ca. 150 frammenti di orlo, anse e pareti di un'anfora non ricomposta. Impasto duro e compatto, di colore arancione (5 YR 6/8), molto granuloso con molto quarzo (0,7-1,1 mm), singole particelle rossicce (ferrose? 1 mm) e molti carbonati (0,3-0,5). Ingubbiatura bianca esternamente e internamente.

Corredo: *kotyliskos* a bande, due vaghi di perlina in bronzo.

Analisi archeometriche: cap. 4.2, *microfabric SAR-MS*.

Banca dati di FACEM: M 179/80 (inedito): molto simile a due campioni da Nora (M 164/3.4, inediti), messomi a disposizione da parte di S. Finocchi (Soprintendenza per i Beni Archeologici delle Marche) che ringrazio e corrispondenti al suo impasto 9,[351] identificato come una produzione locale (o regionale?) dell'area di Nora.

Confronti all'interno della necropoli: cat. 82 (RO428), produzione arcaica di Solunto.

Confronti esterni: per il tipo vedi Ramon 1995, 171, 512, fig. 149. Ottimi confronti morfologici provengono da Nora, vedi Finocchi 2009, 401, 407, fig. 16, cat. 307 attribuito alla forma T-1.2.1.1 (variante a), fine del VII-primo terzo del VI sec. a.C. Botto et al. 2005, 66, fig. 1,o attribuito alla forma T-2.1.1.2, gruppo macroscopico B da considerare una produzione di ambito locale/regionale (93, 95). Per profili simili da Monte Sirai cf. Botto et al. 2005, 72, fig. 2,a-b, attribuiti al tipo Ramon T-1.4.2.1 di produzione locale/regionale (gruppo macroscopico C). Per ulteriori confronti tipologici da Mozia ved. Toti 2002, 282, tav. 5,1-2. Nigro 2010, 31-32, fig. 33, MC.07.1553/10, da un livello di piano d'uso databile fra la fine del VII e la prima metà del VI sec. a.C.

Datazione anfora: 550-500 (in base all'altezza, forse anche più recente?).

Datazione corredo: 550-500.

277. SK107. T-1.3.2.1 / Sourisseau 2a (tav. 12,2).

H complessiva ca. 70-75. L'anfora SK107 non era accessibile in magazzino e non è stata studiata autopticamente. Dalla foto di scavo, utilizzata anche per l'attribuzione tipologica e la stima di altezza, si apprende che il contenitore è stato rinvenuto pressoché integro, salvo il fondo, forse tagliato intenzionalmente.

Annotazioni sull'*enchytrismos*: l'imboccatura dell'anfora è stata chiusa da un ciottolo di forma piatta. Le pareti della fossa scavata per la sepoltura erano probabilmente delimitate da altre pietre.

Corredo: due oggetti non ancora identificati.

Confronti all'interno della necropoli: cat. 6-7 (SK260, RA39), produzioni di Cartagine.

Confronti esterni: per la sua altezza, la presente anfora rientra nel sottotipo 2a della recente classificazione di J.-Chr. Sourisseau (2013, 124, 273, fig. 53, 275, fig. 55), datato al primo quarto del VI sec. a.C.

Datazione anfora: 600-570.

Datazione corredo: ancora non databile.

NOTE

343 Ramon 1995, riferimenti utilizzati: "T-", "G" oppure "SG".
344 Docter 2007, riferimento utilizzato: "Karthago".
345 Sourisseau 2013, riferimento utilizzato: "Sourisseau".
346 Toti 2002, riferimento utilizzato: "Toti".
347 Bechtold 2015f, 4-15, tab. 1, figg. 1-2, riferimento utilizzato: "Sol/Pan".
348 Vassallo 2009a, 238.
349 La datazione preliminare dei corredi si deve a S. Vassallo, per dei cenni vedi anche cap. 3.1.
350 Per la dettagliata descrizione di questo *fabric* vedi Finocchi 2009, 462-463 che segnala per il suo impasto 4 la produzione di T-3.1.1.2/2.1.1.1/2.1.1.2. e T-1.4.2.1 che coprono quindi un arco cronologico produttivo dalla fine del VIII alla metà del VI sec. a.C. Finocchi sottolinea, tuttavia, che questa produzione non presenta mai dei trattamenti di ingubbiatura, anche se certe volte si notano tracce di una "scialbatura" esterna.
351 Per la dettagliata descrizione di questo *fabric* vedi Finocchi 2009, 465-466 l'impasto 9 (di produzione locale?) copre un arco cronologico produttivo dall'inizio del VI al II sec. a.C.

Appendice

Un'anfora greco-occidentale tardo-arcaica dalle necropoli di Himera: prime evidenze per una produzione di anfore di tipo greco nell'area fra Solunto e Palermo

Babette Bechtold – Institut für Klassische Archäologie, Universität Wien (Austria)

Nell'ambito dello studio delle anfore fenicio-puniche di Himera è stato schedato anche un contenitore di tipo greco-occidentale (figg. 58-59), precedentemente già pubblicato a causa della presenza di una iscrizione punica graffita sul collo (vedi *infra*). Secondo le analisi archeometriche (vedi *infra* e cap. 4.1), la materia prima utilizzata per l'anfora è compatibile con le argille di Ficarazzi, impiegate nella produzione ceramica locale sia a Palermo che a Solunto ed estratte lungo la fascia litoranea fra queste due città.[352] In particolare, un campione analizzato dell'anfora W1751 rientra nell'*impasto SP-Ia* di recente identificazione, molto simile alla produzione arcaica di Solunto (*impasto SL-I*)[353] e corrispondente alla più recente serie soluntina, ovvero al *fabric* archeologico SOL-A-5.[354]

L'insieme di questi dati di tipo archeometrico e archeologico è di interesse estremo e si inserisce perfettamente nel quadro più ampio di una produzione di anfore greco-occidentali a partire dall'età tardo-arcaica sia a Solunto[355] che a Palermo[356] che sta emergendo con sempre più chiarezza. L'anfora di presumibile provenienza soluntina/palermitana rivenuta a Himera trova numerosi confronti morfologici anche molto stretti nella necropoli di Palermo che vengono datati abbastanza uniformemente fra l'ultimo quarto del VI e l'inizio del V sec. a.C. (vedi *infra*).

W1751. Anfora greco-occidentale assimilabile a Sourisseau forma 2.
Diam. orlo 10,2, h max. conservata 46. Anfora ricomposta da numerosi frammenti, priva del puntale. Impasto duro e molto compatto dalle fratture nette, di color rosso-bruno (10 R 5/6), con numerosi inclusi biancastri o giallini, in parte cavi al centro (0,1-0,3 mm). Sul collo iscrizione punica graffita (vedi *infra*).
Analisi archeometriche: cap. 4,1, *microfabric SP-Ia*. FACEM – http://facem.at/m-179-39.
Pubblicata: De Simone 2012, l'iscrizione riporta il nome teoforo assai comune nel mondo punico 'Baal ha dato' e data, per motivi paleografici, al pieno V sec. a.C. Secondo R. De Simone l'epigrafe può essere interpretato sia come nome del proprietario che come nome del defunto; Bechtold 2015b, 12, fig. 5,1; Vassallo 2015, 155-156, fig. 8,2A, in questa sede, l'anfora è stata ancora considerata una possibile produzione dell'area di Poseidonia.
Banca dati di FACEM: FACEM – http://facem.at/m-179-39 (qui attribuita al *fabric* PAN-A 1).
Confronti all'interno della necropoli: Vassallo/Valentino 2010, 93, anfora greco-occidentale dalla tomba W493, datata all'ultimo quarto del VI sec. a.C., con anse ad andamento più verticale rispetto a quelle dell'esemplare dalla tomba W1751. Vassallo 2009b, 155-156, fig. 7,3-4, W793, W1003, anfore greco-occidentali della seconda metà del VI-inizi del V sec. a.C.
Confronti esterni: per il tipo vedi Sourisseau 2011, 176, fig. 6, 189-190 dove viene indicata una circolazione di questa forma fra il 540/30-490/80 a.C.; cf. inoltre Gassner 2003, 180-181, fig. 91, 213, tab. 22, il tipo 2 della Gassner di età tardo-arcaica che corrisponde alle "anfore a cuscinetto rigonfio, tipo C" della tipologia di M. Barra Bagnasco, al momento è attestato fra le produzioni di Sibari/Crotone, Caulonia e Poseidonia. Precisi confronti per l'anfora **W1751** provengono dalla necropoli di Palermo: per l'area della Caserma Tuköry cf. Di Stefano 2009, 56-57, n. 4 (h 48), dalla tomba a camera 5, databile fra l'ultimo decennio del VI e la prima metà del V sec. a.C.; 113, n. 8 (h 38), dal profilo ancora più schiacciato dell'esemplare imerese, dalla tomba a camera 39, probabilmente relativa al primo utilizzo della camera del primo quarto del V sec. a.C.; 176, nn. 2-3 (h 48 e 44,5), dalla tomba a camera 60, databile fra la fine del VI e la prima metà del V a.C.; Spatafora 2010b, 48, nn. 1-2, dalla tomba 90, datate alla fine del VI sec. a.C.; vedi inoltre *Palermo Punica*, 141, 180, 326, 329, cat. 102-103 (h 53 e 46,8),

datate alla seconda metà-fine del VI sec. a.C.; per un ottimo confronto da Solunto vedi Polizzi 1997, 96-97, 99, 101, n. 7, figg. 1,5 (h 50.5), di ipotetica produzione locale.
Datazione anfora: 525-480.

NOTE

352 Per Palermo vedi Alaimo et al. 1999, 49-50; per Solunto cf. Montana et al. 2009a, 123-124 con ulteriore bibliografia.
353 Montana/Randazzo 2015, 121-131, tabb. 9-10.
354 Per la descrizione al microscopio di questo *fabric* vedi Schmidt 2015a, per i dati archeologici relativi all'occorrenza di SOL-A-5 cf. Bechtold 2015f, 30-31.

355 Bechtold 2015a, 6, 15-16, 22 per primi indizi per la produzione di anfore greco-occidentali a partire dall'età tardo-arcaica e fino alla prima età ellenistica che fuori da Solunto sono state identificate, al momento, in diversi siti punici dell'area di influenza di Cartagine.
356 Bechtold 2015b, 9, 16 per primi indizi per la produzione di anfore greco-occidentali a partire dall'età tardo-arcaica e probabilmente fino alla prima età ellenistica.

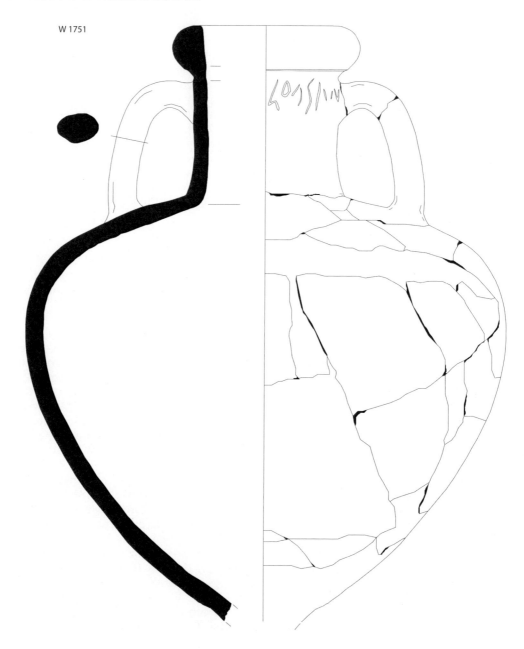

W 1751

Fig. 59. Foto dell'anfora greca W1751 prodotta nell'area fra Solunto e Palermo.

Fig. 58 (pagina 154). Profilo dell'anfora greca W1751 prodotta nell'area fra Solunto e Palermo.

English Summary

From 1990 to 2011 the Soprintendenza of Palermo under the direction of S. Vassallo has carried out regularly archaeological soundings in the necropolis of the Greek colony of Himera. At present, the so-called 'Pestavecchia' eastern cemetery has yielded more than 3400 graves, while the long-term excavations in the 'western' cemetery, undertaken from 2008 to 2011, have discovered about 9570 burials. Both necropolis are parallel to the Tyrrhenian coast line, most probably along the ancient thoroughfare. The nearly 13000 excavated tombs date from the beginning of the colony during the early third quarter of the 7th century BC to its destruction by the Carthaginians in 409 BC (in detail see chap. 1.1).

Within the necropolis of Himera, the rite of inhumation clearly prevails (about 88%) over the rite of cremation (about 12%). Among the inhumations, about 4900 burials (approximately 43% of all inhumations) have been classified as *enchytrismoi*, generally realised in transport amphorae, but also stuck in *pithoi* or other sorts of large containers (see chap.1.2).

The c. 3100 re-used transport amphorae form an exceptionally large corpus of the most important series in use in the Central Mediterranean area during the Archaic and Classical period. Out of this ensemble, 277 vessels refer to western Phoenician-Punic types and represent the subject of the present publication. The sample set of the often very well preserved, Phoenician-Punic amphorae from Himera appears to be unique in the whole Mediterranean. In fact, none of any other Greek colony has yielded a comparable finds assemblage. The here presented in-depth study (chapt. 3) and complete edition (chap. 3.8, 6) of the Phoenician-Punic amphorae offers a still unknown and detailed picture of Himera's intensive and continuous commercial relations mainly with its Punic neighbours in western Sicily itself (Solus, Mozia and to minor degree Palermo), but also with Carthage. The notable presence of transport amphorae from some of the Punic commercial settlements in Andalusia (e.g. region of Málaga/Almería), as well as from the Punic areas in central-western (region of *Neapolis*) and western Sardinia (region of *Tharros*) has been interpreted as a result of Carthage's interaction along the trading route conducting from the gulf of Tunis to Sardinia. It has to be stressed that the determination of the geographical provenance of the amphorae relies on both archaeological and archaeometric analysis (see chap. 4-5).

The bulk of the Phoenician-Punic amphorae from Himera (about 75%) dates to within the 5th century BC, about 20% refer to 6th century BC types and only approximately 7% can be attributed to shapes of the advanced 7th and early 6th century BC (chap. 3.4). Highly interestingly, the earliest Phoenician vessels, dating to the second half or late 7th century BC, might well originate from Carthage and the area around Málaga (chap. 3.4.1). Only a few decades later we find the earliest Sicilian vessels from Mozia and Solunto. From the 6th century BC onwards and until its destruction in 409 BC, the series of near Solunto clearly dominate among the whole assemblage of Phoenician-Punic amphorae. Proportionally, vessels from Carthage continue to be well attested during the 6th century BCE, but count among the minor classes during the 5th century, when we find relevant quantities of amphorae from western Sardinia and southern Spain (chap. 3.4.2-3). High incidences of commercial containers from Himera's neighbours town Solunto can hardly surprise. By contrast, the continuous documentation of Carthaginian amphora in the Greek colony, together with a notable group of vessels from Sardinia, represents one of the major results of this research and has been linked to a hypothetical presence of Carthaginian merchants also in the emporion of Himera, involved in commercial activities along the Tyrrhenian route, especially towards south-western Sardinia (chap. 3.7). Finally, the identification of a relevant assemblage of 5th century BC fish amphorae from the area of the Straits of Gibraltar leads us to assume the passage of this commercial axis moving from the Far West via the harbors of north-western Sicily (chap. 3.3.7).

Bibliografia

Abate B./P. Renda/M. Tramutoli 1988, Note illustrative della carta geologica dei monti di Termini Imerese e delle Madonie Occidentali. Sicilia Centro Settentrionale, *Memorie Società Geolologica Italiana* 41, 475-505.

Acquaro E./C. Del Vais/R. Secci 2004/2005, Mozia: La "Casa dei mosaici". Scavi 1985. Edizione dei materiali ceramici, *Byrsa* III-IV, 1-4, [2007], 125-228.

Adams, A.E./W.S. MacKenzie/C. Guilford 1984, *Atlas of sedimentary rocks under the microscope*: New York and London.

Adams, A./I.R. MacKenzie 1998, *Carbonate Sediments and Rocks Under the Microscope: A Colour Atlas,* New York.

Alaimo R./G. Montana/V. Palumbo 1997, La ceramica punica di Mozia (Trapani): natura delle materie prime e tecnologia di cottura dei reperti della Zona K (VI-V sec. a.C.), *Mineralogica Petrografica Acta* XLI, 287-306.

Alaimo R./C. Greco/G. Montana 1998, Le officine ceramiche di Solunto: evidenza archeologica ed indagini archeometriche preliminari, in B. Fabbri (ed.), *Atti della 2ª Giornata di Archeometria della Ceramica "Produzione e circolazione della ceramica fenicia e punica nel Mediterraneo: il contributo delle analisi archeometriche"* (Ravenna 1998), Bologna, 7-26.

Alaimo R./R. Giarrusso/G. Montana 1999, Indagini mineralogico-petrografiche su materiale ceramico proveniente dal palazzo medievale della Zisa, *MÉFRA* 111, 454-450.

Alaimo R./G. Montana/I. Iliopoulos 2003, Le anfore puniche di Solunto: discriminazione tra produzioni locali ed importazioni mediante analisi al microscopio polarizzatore, in A. Corretti (ed.), *Atti di Quarte Giornate Internazionali di Studi sull'Area Elima* (Erice 2000), Pisa, 1-9.

Alaimo R./G. Montana/I. Iliopoulos 2005, Contribution of Mineralogical, Petrographic and Chemical Analyses in the Characterization of the Ceramic Productions of Mothia and Solunto (Sicily), in A. Spanò Giammellaro (ed.), *V Congresso Internazionale di Studi Fenci e Punici* (Marsala-Palermo 2000), Palermo, 705-713.

Alaimo et al. 1998: Alaimo R./C. Greco/I. Iliopoulos/G. Montana, Le officine ceramiche di Solunto e Mozia (VII-III secolo a.C.): un primo confronto tra materie prime, fabric e chimismo dei prodotti finiti, *Mineralogica Petrografica Acta* XLI, 287-306.

Alaimo et al. 2002: Alaimo R./C. Greco/I. Iliopoulos/G. Montana, Ceramic workshops in western Sicily: Solunto and Mozia (VII-III B.C.): a first approach through raw materials, fabric and chemical composition of ceramic artefacts, in V. Kilikoglou, A. Hein, Y. Maniatis (eds.), *5th European Meeting on Ancient Ceramic – EMAC* (Athens 1999) (BAR International Series 1011), Oxford, 207-218.

Albanese Procelli, R.M. 1996, Appunti sulla distribuzione delle anfore commerciali nella Sicilia arcaica, *Kokalos* XLII, 91-137.

Albanese Procelli, R.M. 2008, Sicily, in C. Sagona (ed.), *Beyond the homeland: markers in the Phoenician chronology* (Ancient Near Eastern Studies, supplement 28), Leuven – Paris – Dudley, MA., 461-486.

Albanese Procelli, R.M. 2009, La Sicilia e le isole del Tirreno in età arcaica, in *Seste giornate internazionali di studi sull'area elima e la Sicilia occidentale nel contesto mediterraneo. Immagine e immagini della Sicilia e di altre isole del Mediterraneo antico* (Erice 2006), Pisa, 427-444.

Aleo Nero et al. 2012: Aleo Nero C./V. Brunazzi/E. Canzonieri/D. Lauro, Novità sulla necropoli occidentale di Palermo, Poster in *Ottave Giornate Internazionali di Studi sull'Area Elima e la Sicilia occidentale nel contesto mediterraneo: «La città e le città della Sicilia antica»* (Pisa 2012), https://sicilia.academia.edu/CarlaAleoNero

Aleo Nero C./M. Chiovaro 2013, Piazza Bologni (Palermo): Nuovi dati archeologici per la conoscenza della città punica, Poster in *VIII Congresso Internazionale di Studi Fenici e Punici. Dal Mediterraneo all'Atlantico: uomini, merci e idee tra Oriente e Occidente* (Carbonia-Sant'Antioco 2013) https://sicilia.academia.edu/CarlaAleoNero

Allegro, N. 1976, La necropoli orientale, in *Himera* II, 595-625.

Allegro, N. 1993, Il santuario di Athena sul piano di Imera, in *Di terra in terra*, 65-88.

Allegro, N. 1999, Imera, in E. Greco (ed.), *La città greca antica. Istituzioni, società e forme urbane*, Roma, 269-301.

Allegro et al. 1994: Allegro N./M. Butera/M. Chiovaro 1994, Himera1989. 1993. Ricerche dell'Istituto di Archeologia nell'area della città, *Kokalos* 39-40 [1993-1994], 1119-1133.

Allegro N./S. Fiorentino 2010, Ceramica indigena dall'abitato di Himera, in *Ramses Naples. Grecs et indigènes de la Catalogne à la Mer Noire* (Bibliothèque d'Archéologie Méditeranéenne et Africaines 3), Paris, 511-520.

Amadasi Guzzo, M. G. 1986, *Scavi a Mozia. Le iscrizioni* (Collezione di Studi Fenici 22), Roma.

Amadasi Guzzo, M.G. 1992, *Notes sur les graffitis phéniciens de Mogador*, in Lixus. *Actes du Colloque* (Larache 1989), Roma, 155-157.

Amadasi Guzzo, M. G. 2011, *On the beginnings of the Punic scripts, Vicino e Medio Oriente* 15, 119-132.

Amadori M.L./B. Fabbri 1998a, Indagini archeometriche su ceramica fenicia da mensa proveniente da Cartagine (VIII-VI sec. a.C.), in Fabbri 1998, 43-55.

Amadori M.L./B. Fabbri 1998b, Studio archeometrico di ceramica fenicia (VIII-VI secolo a.C.) proveniente da siti archeologici della Sardegna e Ischia, in Fabbri 1998, 68-84.

Amadori M.L./B. Fabbri 1998c, Studio archeometrico di ceramica fenicia (VIII-VI secolo a.C.) proveniente da siti archeologici della Sardegna e Ischia, da mensa (fine VIII - fine VI secolo a.C.) a Toscanos (Spagna meridionale), in Fabbri 1998, 85-94.

Amadori et al. 2016: Amadori M.L./C. Del Vais/P. Fermo/P. Pallante, Archaeometric research on the provenance of Mediterranean Archaic Phoenican and Punic pottery, *Environmental Science and Pollution Research*, DOI 10.1007/s11356-016-7065-7.

Arena, T. 2015, Presenze puniche nella valle dell'Eleuterio. Il caso delle anfore di Pizzo Cannita, in FACEM (version June/06/2015), (http://www.facem.at/project-papers.php).

Bartoloni, P. 2005, Fenici e Cartaginesi nel golfo di Oristano, in Spanò Giammellaro 2005, 939-950.

Baklouti et al. 2015: Baklouti S./L. Maritan/N. Laridhi Ouazaa/C. Mazzoli/S. Larabi Kassaa/J.-L. Joron/B. Fouzaï/L. Casas Duocastella/M. Labayed-Lahdari, African terra sigillata from Henchir Es-Srira archaeological site, central Tunisia: Archaeological provenance and raw materials based on chemical analysis, *Applied Clay Science* 105-106, 27-40.

Bechtold, B. 2007, Transportamphoren des 5.-2. Jhs., in Niemeyer et al. 2007, 662-698.

Bechtold, B. 2008, Observations on the Amphora Repertoire of Middle Punic Carthage, *Carthage Studies* 2, 1-146.

Bechtold, B. 2010, The Pottery Repertoire from Late 6th-Mid 2nd Century BC Carthage. Observations based on the Bir Messaouda excavations, *Carthage Studies* 4.

Bechtold, B. 2012, The Pottery Production of Punic Carthage, in FACEM (version 06/12/2012) http://facem.at/img/pdf/Pottery_Production_Carthage_2012_06_06.pdf

Bechtold, B. 2013a, Distribution Patterns of Western Greek and Punic Sardinian Amphorae in the Carthaginian Sphere of Influence (6th-3rd century BCE), *Carthage Studies* 7, 43-119.

Bechtold, B. 2013b, Le anfore da trasporto di Cossyra: un'analisi diacronica (VIII sec. a.C. - VI sec. d.C.) attraverso lo studio del materiale dalla ricognizione, in M. Almonte, *Cossyra II. Ricognizione topografica. Storia di un paesaggio mediterraneo* (Schäfer Th./K. Schmidt/M. Osanna M. (eds.), Tübinger Forschungen zur Archäologie 11), Rahden/Westfalen, 409-517.

Bechtold, B. 2015a, Amphorae Fabrics of *Solus*: Evidences for Local Production and Export, in FACEM (version June/06/2015) (http://www.facem.at/project-papers.php)

Bechtold, B. 2015b, Amphorae and Coarse Ware Fabrics of *Panormos*: Evidences for Local Production and Export, in FACEM (version June/06/2015) (http://www.facem.at/project-papers.php)

Bechtold, B. 2015c, Amphorae and Coarse Ware Fabrics of *Motya*: Evidences for Local Production and Export, in FACEM (version June/06/2015) (http://www.facem.at/project-papers.php)

Bechtold, B. 2015d, More Fabrics of the 'Circuito del Estrecho' Area: Amphorae from the Region of Málaga/Almería from Southern-central Mediterranean Sites, in FACEM (version June/06/2015) (http://www.facem.at/project-papers.php)

Bechtold, B. 2015e, Cartagine e le città punico-siciliane fra il IV e la metà del III sec. a.C.: continuità e rotture nella produzione anforica, *BABesch* 90, 63-78.

Bechtold, B. (ed.) 2015f, Le produzioni di anfore puniche della Sicilia occidentale (VII-III/II sec. a.C.) (con i contributi di G. Montana, L. Randazzo e K. Schmidt), *Carthage Studies* 9.

Bechtold, B. in preparazione, Selected contexts of the Early Punic period (EP) and the transitional Early Punic/Middle Punic period (EP/MP), in R.F. Docter/B. Bechtold/L. Fersi-Boussaada/J. Nacef, Carthage Bir Messaouda I: Selected Punic Finds Assemblages (Ancient Near Eastern Studies), Leuven.

Bechtold B./R.F. Docter 2010, Transport Amphorae from Carthage: An Overview, in L. Nigro (ed.), *The Phoenician Ceramic Repertoire between the Levant and the West – 9th to 6th century B.C. VIII Giornata di Studi Moziesi "Antonia Ciasca"* (Quaderni di Studi Fenici e Punici), Roma, 85-116.

Bechtold B./V. Gassner/M. Trapichler 2011, Fabrics of the area of Carthage, in FACEM (version 06/06/2011) http://www.facem.at/img/pdf/Fabrics_of_the_Area_of_Carthage_06_06_2011.pdf

Belvedere et al. 2006: Belvedere O./A. Burgio/I. Iliopoulos/G. Montana/F. Spatafora, Ceramica a vernice nera di età ellenistica da siti della Sicilia occidentale. Considerazioni tipologiche ed analisi archeometriche, *MÉFRA* 118,2, 549-571.

Bernal et al. 2007: Bernal D./A.I. Montero/A.M. Sáez/J. Lagóstena/L. Lorenzo, Novedades sobre la producción anfórica púnico-gaditana (ss. V-I a.C.). Avance del taller alfarero de la C/Asteroides (San Fernando, Cádiz), in J. Morin/D. Urbina/N. Ferreira Bicho (eds.), *As Idades do Bronze e do Ferro na Península Ibérica. Actas do IV congresso de arqueologia peninsular* (Faro 2004), Faro, 309-325.

Bernal et al. 2016: Bernal Casasola D./M. Kbiri Alaoui/A.M. Sáez Romero/J. Dáz Rodríguez/R. García Giménez/M. Luaces, Atlas de pastas céramica del Círculo del Esterecho (APAC). En busca de nuevas herramientas arrqueológicas para la identificación visual de talleres alfareros, in R. Járrega/P. Berni (eds.), *Amphorae ex Hispania: paisajes de producción y consumo* (Tarragona 2014) (Monografías ex officina Hispana III), Tarragona, 362-375.

Bernardini, P. 1989, L'insediamento fenicio di Sulcis, in *Phoinikes BSHRDN, I Fenici in Sardegna. Catalogo della Mostra* (Oristano 1997), Oristano 1998, 59-61.

Bernardini P./P.G. Spanu/R. Zucca 2014, Santa Giusta – Othoca. Ricerche di archeologia urbana 2013, www.fastionline.org/docs/FOLDER-it-2014-312.pdf

Bishop, W.F. 1975, Geology of Tunisia and adjacent parts of Algeria and Libya, *AAPG Bulletin* 59, 413-450.

Blasco Arasanz, M. 1989, Las ánforas de la campaña de 1988 (Tharros), *RStFen* XVII,2, 263-284.

Bondì, S.F. 2006, Obiettivi e modalità dell'azione militare di Cartagine in Sicilia, in *Quinte giornate elime internazionali di studi sull'area elima e la Sicilia occidentale nel contesto mediterraneo. Guerra e pace in Sicilia e nel Mediterraneo antico (VIII-III sec. a.C.). Arte, prassi e teoria della pace e della guerra* (Erice 2003), Pisa, 131-138.

Bondì, S.F. 2009, Sicilia e Sardegna nel mondo punico: relazioni, funzioni, distinzioni, in *Seste giornate internazionali di studi sull'area elima e la Sicilia occidentale nel contesto mediterraneo. Immagine e immagini della Sicilia e di altre isole del Mediterraneo antico* (Erice 2006), Pisa, 457-465.

Bondì, S.F. 2010, Carthage et les peuples autochtones de la Méditerranée. Les relations aves les Élymes, in A. Ferjaoui (ed.), *Carthage et les autochtones de son empire du temps de Zama (Tunis 2004). Hommage à Mhamed Hassine Fantar*, Tunis, 103-109.

Bondì, S.F. 2012, Tucidide e i Fenici in Sicilia: una proposta di interpretazione, *RStFen* XL,1, 57-66.

Bonifay et al. 2002-2003: Bonifay M./C. Capelli/T. Martin/M. Picon/L. Vallauri, Le littoral de la Tunisie, etude géoarchéologique et historique (1987-1997). La céramique, *AntAfr* 38-39, 125-202.

Bonifay et al. 2010: Bonifay M./C. Capelli/A. Drine/T. Ghalia, Les productions d'amphores romaines sur le littoral tunisien : archéologie et archéometrie, *ReiCretActa* 41, 319-327.

Bordignon et al. 2005: Bordignon F./M. Botto/M. Positano/G. Trojsi, Identificazione e studio di residui organici su campioni di anfore fenicie e puniche provenienti dalla Sardegna sud-occidentale, *Mediterranea. Quaderni annuali dell'Istituto di studi sulle civiltà italiche e del Mediterraneo antico del Consiglio Nazionale delle Ricerche già "Quaderni di Archeologia Etrusco-Italica"* [2006], 189-217.

Botto, M. 1994, Monte Sirai 1. Analisi del materiale anforico relativo alle campagne di scavo 1990 e 1991, *RStFen* XXII,1, 83-115.

Botto et al. 2005: Botto M./A. Deriu/D. Negri/M. Oddone/R. Segnan/G. Trojsi, Caratterizzazione di anfore fenicie e puniche mediante analisi archeometriche, *Mediterranea. Quaderni annuali dell'Istituto di studi sulle civiltà italiche e del Mediterraneo antico del Consiglio Nazionale delle Ricerche già "Quaderni di Archeologia Etrusco-Italica"* [2006], 57-106.

Botto et al. 2010: Botto M./F. Candelato/I. Oggiano/T. Pedrazzi, Le indagini 2007-2008 all'abitato fenicio-punico di Pani Loriga, www.fastionline.org/docs/FOLDER-it-2010-175.pdf

Botto M./L. Salvadei 2005, Indagini alla necropoli arcaica di Monte Sirai. Relazione preliminare sulla campagna di scavi del 2002, *RStFen* XXXIII,1-2 [2007].

Botto M./E. Madrigali 2016, Nora e i circuiti commerciali mediterranei fra VIII e VI sec. a.C. Bilancio delle indagini precedenti e dati inediti, in S. Angiolillo/M. Giuman/R. Carboni/E. Cruccas (eds.), *Nora Antiqua* (Cagliari 2014), Perugia, 261-269.

Braekmans D./P. Degryse 2016, Petrography: Optical Microscopy, in A. Hunt (ed.), *The Oxford Handbook of Archaeological Ceramic Analysis* (Oxford University Press), Oxford, 233-265.

Braun, G.V. 2012, Petrography as a technique for investigating Iroquoian ceramic production and smoking rituals, *JASc* 39, 1-10.

Bronitsky, G. 1986, The use of materials science techniques in the study if pottery construction and use, in M. Schiffer (ed.), *Advances in archaeological method and theory*, New York, 275-330.

Brugnone A./S. Vassallo 2004, Segni su anfore da trasporto della necropoli orientale di Himera, *MÉFRA* 116,2, 761-780.

Bullard, R.G. 1985, Sedimentary environments and lithologic materials at two archaeological sites, in G.R. Rapp/J.A. Gifford (eds.), *Archaeological Geology*, New Haven, CT, 103–133.

Burgio, A. 2002, *Forma Italiae. Resuttano (IGM 260 III SO)*, Firenze.

Burgio, A. 2008, *Il paesaggio agrario nella Sicilia ellenistico-romana: Alesa e il suo territorio* (Studi e Materiali 12), Roma.

Campanella, L. 2008, *Il cibo nel mondo fenicio e punico d'occidente. Un'indagine sulle abitudini alimentari attraverso l'analisi di un deposito urbano di Sulky in Sardegna*, Pisa – Roma.

Campanella L./A.M. Nieveau de Villedary y Mariñas 2005, Il consumo del pescato nel Mediterraneo fenicio e punico. Fonti letterarie, contesti archeologici, vasellame ceramico, in S.F. Bondì/M. Vallozza (eds.), *Greci, Fenici, Romani: interazioni culturali nel Mediterraneo antico. Atti di Giornate di Studio* (Viterbo 2004), (Daidalos 7), Viterbo, 27-67.

Capelli L. / V. Leitch 2011, A Roman amphora production site at Leptis Magna: scientific analyses, *LibSt* 42, 69-72.

Castellino, S. 2003/2004, *Analisi petrografica e chimica di anfore puniche d Himera*. Tesi di laurea inedita, discussa nell'AA 2003/2004 con il prof. G. Montana al Dipartimento di Chimica e Fisica della Terra ed Applicazioni alle Georisorse e ai Rischi Naturali dell'Università di Palermo.

Cau Ontiveros M.A/I. Iliopoulos/G. Montana 2010, Caracterización petrográfica de cerámicas a mano y a torno del yacimiento protohistórico de la Plaza de la Catedral (Ceuta), in F. Villada/J. Ramon/J. Suárez (eds.), *El asentamiento protohistórico de Ceuta: indígenas y fenicios en la orilla norteafricana del Estrecho de Gibraltar* (Archivo General de Ceuta), Ceuta, 449-480.

Cau Ontiveros et al. 2015: Cau Ontiveros M.Á./G. Montana/E. Tsantini/L. Randazzo L., Ceramic ethnoarchaeometry in Western Sardinia: production of cooking ware at Pabillonis, *Archaeometry* 57, 3, 453–475.

Cau Ontiveros et al. in preparazione: Cau Ontiveros M.Á./G. Montana/E. Tsantini/L. Randazzo, Ethnoarchaeometrical study of the pottery and the local regional clay sources at Assemini (Cagliari, Sardinia) used for traditional pottery.

Cavalier, M. 1985, *Les amphores du Ve au IVe siècle dans les fouilles de Lipari* (Cahiers des Amphores Archaïques et Classiques 1. Cahiers du Centre Jean Bérard 11), Naples.

Cerasetti B./C. Del Vais/A. Fariselli 1996, Lo scavo dei quadrati F-G 17, F 18-20, G-H (Tharros XXIII), *RStFen* XXIV, suppl., 13-33.

Corretti A./C. Capelli 2003, Entella. Il granaio ellenistico (SAS 3). Le anfore, in *Quarte giornate internazionali di studi sull'area elima* (Erice 2000), Pisa, 287-351.

Cuomo di Caprio, N. 2007, *Ceramica in archeologia 2. Antiche tecniche di lavorazione e moderni metodi di indagine*, Roma.

Degryse P./D. Braekmans 2014, Elemental and isotopic analysis of ancient ceramics and glass, in Th. Cerling (ed.), *Treatise of Geochemistry: Archaeology and Anthropology*, Elsevier, 191-207.

Del Vais, C. 2010, L'abitato fenicio-punico e romano, in R. Coroneo (ed.), *La Cattedrale di Santa Giusta. Architettura e arredi dall'XI al XIX secolo*, Cagliari, 35-46.

Del Vais C./I. Sanna 2009, Ricerche su contesti sommersi di età fenicia e punica nella laguna di Santa Giusta (OR). Campagne 2005-2007, *StSardi* XXXIV, 123-142.

Del Vais C./I. Sanna 2012, Nuove ricerche subacquee nella laguna di Santa Giusta (OR) (campagna del 2009-2010), *ArcheoArte. Rivista elettronica di Archeologia e Arte*. Supplemento al numero 1, 201-233.

De Simone, R. 1999, *Un graffito punico da Colle Madore*, in Vassallo 1999b, 285-286.

De Simone, R. 2012, Un graffito punico su anfora tardo-arcaica dalla necropoli di Himera, in C. Ampolo (ed.), *Settime giornate internazionali di studi sull'area elima e la Sicilia occidentale nel contesto mediterraneo* (Erice 2009), Pisa, 85-86.

De Simone, R. 2013, *Minima epigraphica punica*, Palermo.

Di Stefano, C.A. 1970, *La necropoli*, in *Himera I*, 317-331.

Di Stefano, C.A. 1976, *I vecchi scavi nelle necropoli di Himera*, in *Himera II*, 783-830.

Di Stefano, C.A. 2009, *La necropoli punica di Palermo. Dieci anni di scavi nell'area della Caserma Tuköry* (Biblioteca di "Sicilia Antiqua" 4), Pisa/Roma.

Di terra in terra: Marotta A./C. Greco/F. Spatafora/S. Vassallo (eds.), *Di terra in terra. Nuove scoperte archeologiche nella provincia di Palermo* (Museo Archeologico Regionale di Palermo 1991), Palermo, 1993.

Docter, R.F. 1997, *Archaische Amphoren aus Karthago und Toscanos. Fundspektrum und Formentwicklung. Ein Beitrag zur phönizischen Wirtschaftsgeschichte*. Dissertation Amsterdam.

Docter, R.F. 2007, Archaische Transportamphoren, in Niemeyer et al. 2007, 616-662.

Docter R.F./B. Bechtold 2011, Two Forgotten Amphorae from the Hamburg Excavations at Carthage (Cyprus and the Iberian Peninsula) and their Contexts, *Carthage Studies* 5 [2013], 89-128.

Docter R.F./H.G. Niemeyer 1994, Pithekoussai: the Carthaginian Connection on the Archaeological Evidence of Euboeo-Phoenician Partnership in the 8th and 7th Centuries B.C. in: *ΑΠΟΙΚΙΑ. Scritti in onore di Giorgio*

Buchner (Annali di Archeologia e Storia Antica 1), Napoli, 101-115.

Docter et al. 2006: Docter R.F., Chelbi F., Maraoui Telmini B., Bechtold B., Ben Romdhane H., Declercq V., De Schacht T., Deweirdt E., De Wulf A., Fersi L., Frey-Kupper S., Garsallah S., Joosten I., Koens H., Mabrouk J., Redisssi T., Roudesli Chebbi S., Ryckbosch K., Schmidt K., Taverniers B., Van Kerckhove J., Verdonck L., Carthage Bir Massouda: Second preliminary report on the bilateral excavations of Ghent University and the Institut National du Patrimoine (2003-2004), *BABesch* 81, 37-89.

Duperron G./C. Capelli 2015, Observations archéologiques et archéométriques sur quelques types d'amphores africaines en circulation à Arles aux IIe et IIIe S. APR. J.-C., *Antiquités africaines. L'Afrique du Nord de la Protohistoire à la conquête Arabe* 51, 167-177.

Fabbri B. (ed.) 1998, *Atti della 2a Giornata di Archeometria della Ceramica "Produzione e circolazione della ceramica fenicia e punica nel Mediterraneo: il contributo delle analisi archeometriche"* (Ravenna 1998), Bologna.

Fabbri P.F./R. Schettino/S. Vassallo 2006, Lo scavo delle sepolture della necropoli di Himera Pestavecchia (Palermo), in *Guerra e Pace in Sicilia e nel Mediterraneo antico (VIII-III sec. a.C.). Arte, prassi e teoria della pace e della guerra*, Atti delle Quinte Giornate Internazionali di Studi sull'area elima e la Sicilia occidentale nel contesto mediterraneo (Erice 2003), Pisa, 613-620.

Fabbri P.F./N. Lo Noce/S. Viva 2010, Primi dati antropologici dalla necropoli occidentale di Himera, in C. Ampolo (ed.), *Sicilia Occidentale. Studi, rassegne, ricerche*, Pisa, 73-83.

FACEM: Gassner V./M. Trapichler/B. Bechtold (eds.), *Provenance Studies on Pottery in the Southern Central Mediterranean from the 6th to the 2nd c. B.C.*, (version 06/12/2015) http://www.facem.at/

Falsone, G. 1998, Anfore fenicio-puniche, in *Palermo Punica*, 314–320.

Famà, M.L. (ed.) 2002, *Mozia. Gli scavi nella "Zona A" dell'abitato*, Bari.

Fantar, M.H. 1985, A propos d'un graffito, *Reppal* 1, 118-119.

Finocchi, S. 2009, Le anfore fenicie e puniche, in J. Bonetto/A.R. Ghiotto/M. Novello M. (eds.), *Nora. Il foro romano. Storia di un'area urbana dall'età fenicia alla tarda antichità. 1997-2006*, II.1, Padova, 373-467.

Fiorentini, G. 1990, La nave di Gela e osservazioni sul carico residuo, *QuadMess* 5, 25-39.

Fuentes Estañol, M.-J. 1986, *Corpus de las Inscripciones fenicias, púnicas y neopúnicas de España*, Barcellona.

Fulford M.G./D.P.S. Peacock 1984, *The Avenue du Président Habib Bourguiba, Salammbo. 2: The Pottery and Other Ceramic Objects from the Site. Excavations at Carthage. The British Mission I.2*, Sheffield.

Gabrici, E. 1937, Un lembo della necropoli di Himera, in *Atti della Reale Accademia di Scienze, Lettere e Arti di Palermo*, XX (1937), 33-37.

Garau, E. 2006, *Da Qrthdsht a Neapolis. Trasformazioni dei paesaggi urbano e periurbano dalla fase fenicia alla fase bizantina*, Ortacesus.

Garau, E. 2007a, Neapolis prima di Neapolis: una nuova città fenicia nell'emporikòs kólpos, in Garau 2007c, 17-34.

Garau, E. 2007b, Anfore d'importazione a Neapolis tra il VII e il IV sec. a.C., in Garau 2007c, 35-57.

Garau, E. 2007c (ed.), *Disegnare paesaggi della Sardegna*, Cagliari.

Gassner, V. 2003, *Materielle Kultur und kulturelle Identität in Elea in spätarchaisch-frühklassischer Zeit. Untersuchungen zur Gefäß- und Baukeramik aus der Unterstadt (Grabungen 1987-1994)* (Archäologische Forschungen 8. Velia-Studien 2), Wien.

Gassner, V. 2011, Fabrics of Punic Amphorae from the 'Circulo del Estrecho (CdE), in FACEM (version 06/06/2011) (http://www.facem.at/project-papers.php)

Gassner, V. c. s., Transportamphoren, in V. Gassner/A. Sokolicek/M. Trapichler (eds.), *Velia – Die Stadt und ihre Befestigung. Die österreichischen Forschungen in der West- und Unterstadt* (Velia-Studien 4), Wien.

Gassner V./M. Trapichler 2011, What is a fabric?, in *FACEM* (version 06/06/2011) (http://www.facem.at/project/about.php#what_is_a_fabric)

Greco, C. 1997, Materiali dalla necropoli punica di Solunto. Studi preliminari. Anfore puniche, in Greco/Spatafora/Vassallo 1997, 57-69.

Greco, C. 2000, Solunto: nuovi dati dalla campagna di scavo 19977, in *Terze Giornate Internazionali di Studi sull'Area Elima* (Gibellina, Erice, Contessa Entellina 1997), Pisa-Gibellina, 681-700.

Greco C./F. Spatafora/S. Vassallo (eds.) 1997, *Archeologia e territorio*, Palermo.

Gutiérrez López et al. 2012: Gutiérrez López J.M./M.C. Reinoso del Río/A.M. Sáez Romero/F. Giles Pacheco/C.J. Finlayson, Las ofrendas de Hannón. El santuario de Gorham's Cave (Gibraltar) y la navegación cartaginesa atlántico-mediterránea, *Africa Romana* XIX, 2955-2970.

Hampe R./A. Winter 1965, *Bei Töpfern und Zieglern in Süditalien, Sizilien und Griechenland*, Mainz.

Himera I: AA.VV. *Campagne di scavo 1966-1973*, Roma, 1970.

Himera II: AA.VV. *Campagne di scavo 1963-1965*, Roma, 1976.

Himera III**: AAVV. Prospezioni archeologiche nel territorio. Roma, 2002.

Himera V: Allegro, N. (ed.), *Himera V. L'abitato. Isolato II. I blocchi 1-4 della zona 1*, Palermo, 2008.

Iliopoulos I./R. Alaimo/G. Montana 2002, Analisi petrografica degli impasti delle anfore fenicie e puniche, in Famà 2002, 355-365.

Iliopoulos I./M.A. Cau/G. Montana 2009, Le anfore fenicio-puniche prodotte nel Mediterraneo occidentale: caratteristiche petrografiche degli impasti siciliani e spagnoli, in Gualtieri S./B. Fabbri/G. Bandini (eds.), *Le classi ceramiche. Situazione degli studi. Atti della 10a Giornata di Archeometria della Ceramica* (Roma 2006), Bari, 157–162.

Josephs, R.L. 2005. Short contribution: Applying micro-morphological terminology to ceramic petrography, *Geoarchaeology* 20, 861–865.

Kbiri Alaoui M./B. Mlilou 2007, Produccíon de ánforas y actividad comercial, in M. Kbiri Alaoui (ed.), *Revisando Kuass (Asilah, Marruecos). Talleres cerámicos en un enclave fenicio, púnico y mauritano* (Saguntum Extra 7), 65-100.

Lauro, D. 1997, Cozzo Sannita: un insediamento indigeno e punico-ellenistico lungo il corso del fiume San Leonardo, in Greco/Spatafora/Vassallo 1997, 349-360.

Lauro, D. 2005a, Panormos. Scavi nell'area di Via d'Alessi: i materiali nel vano ipogeico, in Spanò Giammellaro 2005, 739-754.

Lauro, D. 2005b, L'entroterra di Lilibeo: risultati della prospezione archeologica del comprensorio collinare di Montagnola della Borrania (F. 257 IV SE, Borgo Fazio), in Spanò Giammellaro 2005, 801-809.

Lauro, D. 2009, *Forma Italiae, Sambuchi (IGM 259 IV SE)*, Città di Castello (PG).

Leitch, V. 2013, Reconstructing history through pottery: the contribution of Roman African cookwares, *JRomA* 26, 281-306.

Mackensen M./G. Schneider 2006, Production centers of African red slipware (2nd–3rd c.) in northern and central Tunisia: archaeological provenance and reference groups based on chemical analysis, *JRomA* 19, 163–190.

Maddau, M. 1991, Lo scavo dei quadranti F-617 e F-618 (Tharros 17), *RStFen* 19, 165-179.

Maraoui Telmini, B. 2012, Vestiges d'un habitat de l'époque punique moyenne à Bir Messaouda (Carthage). Bilan des fouilles dans les sondage 7 et analyse de la céramique, *Carthage Studies* 6.

Maraoui Telmini B./S. Bouhlel 2011, Petrographic and mineralogy characterization of local Punic plain wares from Carthage and Utica, in C. Sagona (ed.), *Ceramics of the Phoenician-Punic world: collected essays* (Ancient Near Eastern Studies Suppl. 36), Leuven, 327-348.

Maraoui Telmini et al. 2011: Maraoui Telmini B./J. Béjaoui J./H. Ben Abdelouahed/S. Bouhlel, Contribution à la caractérisation minéralogique, pétrographique et chimique de la céramique punique commune de Carthage et des argiles de la région, in *La Carthage punique diffusion et permanence de sa culture en Afrique antique* (Tunis 2008), Tunis, 15-41.

Miguel Gascón E./J. Buxeda i Garrigós/P.M. Day 2015, Central Mediterranean Phoenician pottery imports in the Northeastern Iberian Peninsula, *JASc*, Reports 3, 237–246.

Montana et al. 2006: Montana G./A. Azzaro/A.M. Polito/A.T. Lavore/S. Vassallo, Analisi petrografica e chimica di anfore puniche dagli scavi di Himera (Sicilia nord-occidentale), in C. d'Amico C. (ed.), *Atti del III Congresso dell'Assoziazione Italia di Archeometria: Innovazione Tecnologiche per i beni culturali in Italia* (Caserta 2005), Bologna, 145–153.

Montana et al. 2009a: Montana G./C. Bonsignore/O. Belvedere/A. Burgio/C. Greco/V. Tardo/F. Spatafora, La produzione di ceramica da mensa a Solunto: un esempio di continuità tecnologica dall'età arcaica a quella ellenistico-romana, in B. Fabbri/S. Gualtieri (eds.), *Le classi ceramiche. Situazione degli studi – Atti della 10ª Giornata di Archeometria della Ceramica* (Roma 2006), Bari, 121-131.

Montana et al. 2009b: Montana G./I. Iliopoulos/V. Tardo/C. Greco, Petrographic and Geoochemical Characterization of Archaic-Hellenistic Tableware Production at Solunto, Sicily, *Geoarchaeology* 24,1, 86-110.

Montana G./A.M. Polito/M. Quartararo 2015, Punic Amphorae from Entella (Sicily): Archaeometric Characterisation of this Possible Consumption Centre, in P.M. Militello/H. Öniz (eds.), *SOMA 2011. Proceedings of the 15th Symposium on Mediterranean Archaeology* (Catania 2011) (BAR International Series 2695, II), Oxford, 815-824.

Montana G./L. Randazzo 2015, Le ricerche archeometriche: la caratterizzazione delle produzioni di anfore punico-siciliane, in Bechtold 2015f, 118-146.

Muratore, S. 2015, Presenze puniche nella valle dell'Eleuterio. Il caso delle anfore di Monte Porcara, in FACEM (version June/06/2015), (http://www.facem.at/project-papers.php).

Nigro, L. (ed.) 2005, *Mozia - XI. Zona C. Il Tempio del Kothon. Rapporto preliminare delle campagne di scavi XXIII e XXIV (2003-2004) condotte congiuntamente con il Servi-

zio Beni Archeologici della Soprintendenza Regionale per i Beni Culturali e Ambientali di Trapani* (Quaderni di Archeologia fenicio-punica II), Roma.

Nigro, L. (ed.) 2007, *Mozia - XII. Zona D. La "Casa del sacello domestico", il "Basamento meridionale" e il Sondaggio stratigrafico 1* (Quaderni di Archeologia fenicio-punica III), Roma.

Nigro, L. 2010, Alle origini di Mozia: stratigrafia e ceramica del tempio del Kothon dall'VIII al VI secolo A.C., in L. Nigro. (ed.), *The Phoenician Ceramic Repertoire between the Levant and the West – 9th to 6th century B.C. VIII Giornata di Studi Moziesi "Antonia Ciasca"* (Quaderni di Studi Fenici e Punici), Roma, 1-48.

Nigro, L. (ed.) 2011, *Mozia - XIII. Zona F. La Porta Ovest e la Fortezza Occidentale. Rapporto preliminare delle campagne di scavi XXIII e XXII (2003-2007) condotte congiuntamente con il Servizio Beni Archeologici della Soprintendenza Regionale per i Beni Culturali e Ambientali di Trapani* (Quaderni di Archeologia fenicio-punica VI), Roma.

Nigro, L. 2015, Mozia tra VI e V secolo A.C. Monumentalizzazione e organizzazione socio-politica: un nuovo modello, *Scienze dell'antichità* 21, 225-245.

Nigro L./F. Spagnoli 2012, *Alle sorgenti del Kothon. Il rito a Mozia nell'Area sacra di Baal 'Adir – Poseidon. Lo scavo dei pozzi sacri nel Settore C Sud-Ovest (2006-2011)* (Quaderni di Archeologia fenicio-punica/CM 02), Roma.

Niemeyer et al. 2007: Niemeyer H.G./R.F. Docter/K. Schmidt/B. Bechtold (eds.), *Karthago. Die Ergebnisse der Hamburger Grabung unter dem Decumanus Maximus* (Hamburger Forschungen zur Archäologie 2), Mainz a. Rh.

Palermo Punica (mostra Museo Archeologico Regionale Antonino Salinas 1996), Palermo, 1998.

Petacco, L. 2003, *Anfore fenicie, anfore pithecusane, anfore etrusche. Considerazioni sul modello tirrenico*, in V. Bellelli/A. Maggiani (eds.), *Miscellanea etrusco-italica*, 3, Roma, 37-69.

Pike H.H.M./M.G. Fulford 1983 1983, Neutron Activation Analysis of Black-Glazed Pottery from Carthage, *Archaeometry* 25 (1), 77-86.

Pisanu, G. 1997, Le anfore Puniche (Tharros 24), *RStFen* Suppl. 25, 43-55.

Pfisterer-Haas, S. 1998, *Wenn der Topf nun aber ein Loch hat. Restaurierung griechischer Keramik in Antike und Neuzeit* (Antikenmuseum der Universität Leipzig 1998), Leipzig.

Polizzi, C. 1997, Anfore greche da trasporto, in Greco/Spatafora/Vassallo 1997, 95-108.

Polizzi, C. 1999, Anfore da trasporto, in Vassallo 1999b, 221-232.

Pollard, A.M. 2007, *Analytical chemistry in archaeology*, Cambridge.

Pollard A.M./C. Heron 2008, *Archaeological chemistry*, Cambridge.

Polzer, M.E. 2014, The Bajo de la Campana Shipwreck and Colonial Trade in Phoenician Spain, in J. Aruz/S. B. Graff/Y. Rakic (eds.), *Assyria to Iberia at the Dawn of the Classical Age*, New Haven and London, 230-270.

Pompianu, E. 2013, Fenici e indigeni nel basso oristanese, *RstFen* XLI, 1-2, 201-210.

Quartararo, M. 2015a, Anfore e ceramica comune di produzione punica da Rocca d'Entella (PA), in FACEM (version 06/06/2015), (http://www.facem.at/project-papers.php).

Quartararo, M. 2015b, Anfore puniche dello scarico di Grotta Vanella a Segesta, in FACEM (version 06/06/2015).

162

Quinn, P.S. 2013, *Ceramic Petrography, the interpretation of Archaeological Pottery and related Artefacts in Thin Section*, Oxford.

Rakob, F. 2000, The making of Augustan Carthage, in E. Fentress, *Romanization and the City. Creation, Transformations, and Failures* (JRA Supplementary Series 38), Portsmouth, Rhode Island, 73-81.

Ramon Torres, J. 1995, *Las ánforas fenicio-púnicas del Mediterráneo central y occidental*, Barcelona.

Ramon Torres, J. 2004, Las ánforas fenicio-púnicas de Ceutíes, in D. Bernal (ed.), *Juan Bravo y la archeología subacuática en Ceuta. Un homenaje a la perseverancia*, Ceuta, 95-106.

Ramon Torres, J. 2006, La proyección comercial mediterránea y atlántica de los centros fenicios malagueños en época arcaica, *Mainake* XXVIII, 189-212.

Ramon Torres, J. 2008, *El comercio y el factor cartaginés en el Mediterráneo occidental y el Atlántico en época arcaica*, in R. Gonzales Antón/F. López Pardo/V. Peňa Romo (eds.), *Los Fenicios y el Atlántico* (Centro de Estudios Fenicios y Púnicos), Madrid, 233-258.

Ramon Torres, J. 2010, Les relations entre Carthage et l'extrême occident Phénicien à l'époque archaïque, in A. Ferjaoui (ed.), *Carthage et les autochtones de son empire du temps de Zama. Hommage à Mhamed Hassine Fantar* (Siliana - Tunis 2004), Tunis, 173-196.

Rapp G./G.A. Wagner/B. Herrmann 2009, *Archaeomineralogy* (Natural Science in Archaeology), Berlin – London.

Reedy, C.L. 2008, *Thin-section petrography of stone and ceramic cultural material*, London.

Rondinella, M.T. 2012, Le anfore e le monete rinvenute sul Pizzo di Ciminna (PA), *SicA* 106, 56-81.

Roppa, A. 2014, Identifying Punic Sardinia: local comunities and cultural identities, in J.C. Quinn/N.C. Vella (eds.), *The Punic Mediterranean. Identities and Identification from Phoenician Settlement to Roman Rule*, Cambridge, 257-281.

Roppa, A. 2015, La ceramica fenicia da nuraghe S'Urachi e dal villaggio di Su Padrigheddu (San Vero Milis, Sardegna): aspetti cronologici e funzionali, *Rivista Onoba* 3, 129-146.

Roppa A./P. van Dommelen 2012, Rural settlement and land-use in Punic and Roman Republican Sardinia, *JRA* 25, 49-68.

Roppa A./J. Hayne/E. Madrigali 2013, Interazioni artigianali e sviluppi della manifattura ceramica locale e S'Uraki (Sardegna) fra la prima età del ferro e il periodo punico, *Saguntum* 45, 115-137.

Ruiz Cabrero L.A./A. Mederos Martin 2002, *Comercio de ánforas, escritura y presencia fenicia en la Península Ibérica*, StEpigrLing 19, 89-120.

Sacchetti, F. 2011, *Graffiti commerciali numerici sulle anfore da trasporto greche d'età arcaica e classica dell'Italia settentrionale*, in *Tra protostoria e storia. Studi in onore di Loredana Capuis*, Treviso, 245-263.

Sáez Romero, A.M. 2010, La producción alfarera y la economía salazonera de Gadir: Balance y novedades, *Mainake* XXXII (II), 885-932.

Sáez Romero, A.M. 2014, Fish processing and salted-fish trade in the Punic West: New archaeological data and historical evolution, in E. Botte/V. Leitch (eds.), *Fish & Ships. Production and commerce of salsamenta during Antiquity* (Rome 2012) (Bibliothèque d'Archéologie Méditerranéenne et Africaine 17), Aix-en-Provence, 159-174.

Sáez Romero A.M./A.I. Montero Fernández/J.J. Díaz Rodríguez 2005, La producción alfarera de época púnica en Gadir (ss. VI-IV A.N.E.), in A. Blanco/C. Cancelo/A. Esparza (eds.), *Bronce final e ededa del hierro en la península ibérica. Encuentro de jóvenes investigadores*, Salamanca, 479-501.

Sáez Romero A.M./A. Muňos Vicente 2016, Los orígines de las conservas piscícolas en el estrecho de Gibraltar en época fenicio-púnica, in D. Bernal Casasola/J.A. Expósito Álavrez/L. Medina Grande/J.S. Vicente-Franqueira García (eds.), *Un estrecho de conservas. Del garum de Baelo Claudia a la melva de Tarifa*, Cádiz, 23-41.

Schluter, T. 2008, *Geological Atlas of Africa: with Notes on Stratigraphy, Tectonics, Economic Geology, Geohazards, Geosites and Geoscientific Education of Each Country*, Berlin – Heidelberg.

Schmidt, K. 2013, Other Fabrics of Western Sardinia, in FACEM (version 06/12/2013) (http://www.facem.at/project-papers.php)

Schmidt, K. 2015a, Amphorae Fabrics of *Solus*, in FACEM (version June/06/2015) (http://www.facem.at/project-papers.php)

Schmidt, K. 2015b, Amphorae and Coarse Ware Fabrics of *Panormos*, in FACEM (version June/06/2015) (http://www.facem.at/project-papers.php)

Schmidt, K. 2015c, Amphorae and Coarse Ware Fabrics of *Motya*, in FACEM (version June/06/2015) (http://www.facem.at/project-papers.php)

Schmidt, K. 2015d, Amphorae Fabrics of the Region of Málaga or Almería, in FACEM (version June/06/2015) (http://www.facem.at/project-papers.php)

Schmitz, P. 2009, Punic Graffiti on Pottery from the Bir Messaouda Excavations 2000/2001, *Carthage Studies* 3, 147-160.

Sciortino G./F. Spatafora 2015, Identities under Construction: Sicily in the First Centuries of the First Millennium BCE, in G. Garbati/T. Pedrazzi (eds.), Transformations and Crisis in the Mediterranean. "Identity" and Interculturality in the Levant and Phoenician West during the 12th-8th Centuries BCE (Rome 2013), *RStFen* XLII, supplemento [2014], 221-229.

Secci, R. 2006, La ceramica punica, in E. Acquaro/C. Del Vais/A.Ch. Fariselli (eds.), *La necropoli meridionale di Tharros. Tharrica - I*, Catania, 171-202.

Sourisseau, J.-Chr. 2011, La diffusion des vins grecs d'Occident du VIIIe au IVe s. av. J.-C., sources écrites et documents archéologiques, in *La vigna di Dioniso : vite, vino e culti in Magna Grecia*, Atti del quarantanovesimo Convegno di Studi sulla Magna Grecia (Taranto 2009), Vol. 49, 145-252.

Sourisseau, J.-Chr. 2013, Les amphores phénico-puniques de la nécropole de Rifriscolaro à Camarine (fouilles P. Pelagatti, 1969-1979, tombes 1-1800). Charactérisation et aspects de la circulation des produits puniques en Sicile orientale au VIe s. av. J.-C., in M. Bonanno Aravantinos/M. Pisani (eds.), *Camarina. Ricerche in corso* (Roma 2013), Roma, 109-149.

Spagnoli, F. 2007/2008, Sepolture intramurali a Mozia, *ScAnt* 14, 323-346.

Spanò Giammellaro, A. 2000a, La ceramica fenicia della Sicilia, in P. Bartoloni/L. Campanella (eds.), *La ceramica fenicia di Sardegna. Dati, problematiche, confronti. Atti del Primo Congresso Internazionale Sulcitano* (Sant'Antioco 1997), Roma, 303-331.

Spanò Giammellaro, A. 2000b, Scavi nella "zona K" di Mozia. L'ottava campagna di scavo (Maggio-Luglio 1994): i materiali, in *Actas del IV Congreso Internacional de Estudios Fenicios y Púnicos* (Cádiz 1995), Cádiz, 1377-1395.

Spanò Giammellaro, A. (ed.) 2005, *V Congresso Internazionale di Studi Fenici e Punici* (Marsala-Palermo 2000), Palermo.

Spanò Giammellaro A./F. Spatafora 2012, Insediamenti rurali e centri produttivi nel territorio punico della Sicilia nord-occidentale, in C. Del Vais (ed.), *EPI OINOPA PONTON. Studi sul Mediterraneo antico in ricordo di Giovanni Tore*, Oristano, 337-352.

Spanò Giammellaro A./F. Spatafora F./P. van Dommelen 2008, Sicily and Malta: between Sea and Countryside, in P. van Dommelen/C. Gómez Bellard (eds.), *Rural Landscapes of the Punic World*, London – Oakville, 129-158.

Spatafora, F. 2010a, Indigeni e Greci negli emporia fenici della Sicilia, in International Congress of Classical Archaeology. Meetings between Cultures in the Ancient Mediterranean (Roma 2008), *Bollettino di Archeologia on line* I 2010/Volume speciale A /A5 /4, 34-46, www.archeologia.beniculturali.it.

Spatafora, F. 2010b, La necropoli di Palermo, in Spatafora/Vassallo 2010, 31-50.

Spatafora, F. 2012a, Tucidide e la "colonizzazione" fenicia in Sicilia", in M. Congiu/C. Micciché/S. Modeo (eds.), *Dal mito alla storia. La Sicilia nell'Archaiologhia di Tucidide* (Atti del VIIII Convegno di studi), Caltanissetta – Roma, 253-263.

Spatafora, F. 2012b, Incontri 'coloniali' nella Sicilia arcaica, in *La Sicilia antica e la Collezione archeologica della Fondazione Banco di Sicilia* 4, Palermo, 101-109.

Spatafora, F. 2012c, Interrelazioni e commistioni nella Sicilia nord-occidentale di età arcaica: i contesti funerari come indicatori archeologici, in F. Berlinzani (ed.), *Convivenze etniche, scontri e contatti di culture in Sicilia e Magna Grecia*, Trento, 59-90.

Spatafora F./S. Vassallo 2010, *L'ultima città. Rituali e spazi funerari nella Sicilia nord-occidentale di età arcaica e classica*, Palermo.

Stager, L.E. 1977, Carthage. The Punic and Roman Harbors, *Archaeology* 30, no. 3, 198.

Stiglitz, A. 2012, Interazioni territoriali tra Fenici e Nuragici nell'Oristano, in P. Bernardini/M. Perra (eds.), *I nuragici, I Fenici e gli altri* (Villanovaforru 2007), Sassari, 240-253.

Stoltman, J.B. 2001, The role of petrography in the study of archaeological ceramics, in P. Goldberg/V.T. Holliday/C.R. Ferring (eds.), *Earth sciences and archaeology*, New York, 297-326.

Tardo, V. 2005, Ceramica di importazione e di tradizione greca da Solunto, in Spanò Giammellaro 2005, 677-687.

Tomber R./M. Vegas 1998, Cerámica púnica procedente del sector septentrional de Cartago (1986), in M. Vegas (ed.), *Cartago fenicio-púnica. Las excavaciones alemanas en Cartago 1975-1997* (Cuadernos de Arqueología Mediterránea vol. 4), Barcelona, 165-172.

Toti, P.M. 2002, Anfore fenicie e puniche, in Famà 2002, 275-304.

Toti, P.M. 2003, Le anfore fenicie e puniche della Collezione Whitaker, in *Quarte Giornate Internazionali di Studi sull'Area Elima* (Erice 2000), Pisa, 1203-1214.

Toti, P.M. 2011, Anfore, in L. Nigro (ed.), *La Collezione Whitaker*, vol. II, Palermo, 31-85.

Tronchetti et al. 1992: Tronchetti C./I. Chessa/L. Cappai/L. Manfredi/V. Santoni/C. Sorrentino, Lo scavo di Via Brenta a Cagliari. I livelli fenicio-punici e romani, *QuadACagl* 9, Supplemento.

Tsantini et al. 2017: Tsantini E./M.A. Cau Ontiveros/G. Montana/L. Randazzo, Traditional brick and tile production in Oristano (Sardinia, Italy), *Archaeological and Anthropological Sciences*, DOI 10.1007/s12520-016-0326-z.o.

Valentino, M. 2009, L'organizzazione del cantiere nella necropoli occidentale di Himera, in Vassallo 2009a, 255-260.

van Dommelen, P. 2006, Punic farms and Carthaginian colonists: surveying Punic rural settlement in the central Mediterranean, *JRA* 19, 7-28.

van Dommelen P./M. Trapichler 2011a, Fabrics of Western Central Sardinia, in FACEM (version 06/06/2011) (http://www.facem.at/project-papers.php).

van Dommelen P./M. Trapichler 2011b, Fabrics of Western Sardinia, in FACEM (version 06/06/2011) (http://www.facem.at/project-papers.php)

Vassallo, S. 1993/1994, Ricerche nella necropoli orientale di Himera in località Pestavecchia (1990-1993), *Kokalos* XXXIX-XL, II 2, 1243-1255.

Vassallo, S. 1999a, Himera, Necropoli di Pestavecchia. Un primo bilancio sulle anfore da trasporto, *Kokalos* XLV [2003], 329-379.

Vassallo, S. (ed.) 1999b, *Colle Madore. Un caso di ellenizzazione in terra sicana*, Palermo.

Vassallo, S. 2002, Himera. La colonia greca e gli indigeni, in F. Spatafora/S. Vassallo (eds.), *Sicani Elimi e Greci. Storie di contatti e terre di frontiera* (mostra Palermo, Palazzo Belmonte Riso 2002), Palermo, 36-55.

Vassallo, S. 2003, Ceramica indigena arcaica ad Himera, in *Atti delle IV giornate internazionali di studi su l'area elima* (Erice 2000), Pisa, 1343-1356.

Vassallo, S. 2005a, *Himera. Città greca*. Palermo.

Vassallo, S. 2005b, Anfore da trasporto fenicio-puniche a Himera, in Spanò Giammellaro 2005, 829-835.

Vassallo, S. 2009a, Himera. Indagini nelle necropoli, in R. Bonaudo/L. Cerchiai/C. Pellegrino (eds.), *Tra Etruria, Lazio e Magna Grecia: indagini sulle necropoli* (Fisciano 2009) (Fondazione Paestum Tekmeria 9), Paestum, 233-260.

Vassallo, S. 2009b, La colonia di Himera lungo le rotte dei commerci mediterranei. Il contributo delle anfore da trasporto, in R. Panvini/C. Guzzone/L. Sole (eds.), *Traffici, commerci e vie di distribuzione nel Mediterraneo tra Protostoria e V secolo a.C. Atti del Convegno Internazionale,* (Gela 2009), Caltanissetta, 149-157.

Vassallo, S. 2010, L'incontro tra indigeni e Greci di Himera nella Sicilia centro-settentrionale (VII – V sec. a.C.), in H. Tréziny (ed.), *Grecs et Indigènes de la Catalogne à la Mer Noir*, Aix-en-Provence, 41-54.

Vassallo, S. 2011, Le battaglie di Himera alla luce degli scavi nella necropoli occidentale e alle fortificazioni. I luoghi, i protagonisti, *Sicilia Antiqua* VII, 17-38.

Vassallo, S. 2014, Le sepolture dei bambini nelle necropoli di Himera: dati preliminari, in Ch. Terranova (ed.), *La presenza dei bambini nelle religioni del mediterraneo antico. La vita, e la morte, i rituali e i culti tra archeologica, antropologia e storia delle religioni*, Roma, 257-290.

Vassallo, S. 2015, Oggetti in movimento in età arcaica e classica ad Himera, porto sicuro per uomini, merci, idee, in E. Kistler/B. Öhlinger/M. Mohr/M. Hoernes (eds.), *Sanctuaries and the Power of Consumption. Networking and the Formation of Elites in the Archaic Western Mediterranean World*, Göttingen, 153-167.

Vassallo, S. 2016, Sulla presenza del guttus nelle sepolture infantili delle necropoli imeresi: dati preliminari, in E. Lattanzo, R. Spadea (eds.), *Se cerchi la tua strada verso Itaca. Omaggio a Lina Di Stefano*, Roma, 49-57.

Vassallo, S. c. s. Indigeni ad Himera? Il ruolo dei Sicani

nelle vicende della colonia, in *Segni di appartenenza: identità di comunità del mondo indigeno* (Napoli 2012).

Vassallo S./M. Valentino 2010, La necropoli di Himera, in Spatafora/Vassallo 2010, 65-101.

Vassallo S./M. Valentino 2012, Scavi nella necropoli occidentale di Himera, il paesaggio e le tipologie funerarie, in C. Ampolo (ed.), *Settime giornate internazionali di studi sull'area elima e la Sicilia occidentale nel contesto mediterraneo* (Erice 2009), Pisa, 49-50.

Vassallo et al. 1993: Vassallo S./E. Cracolici/G. Parello/M.C. Parello M.C., Necropoli di Pestavecchia, in *Di terra in terra*, 89-112.

Vegas, M. 1984, Archaische Keramik aus Karthago, *RM* 91, 215-237.

Vegas, M. 1987, Karthago: Stratigraphische Untersuchungen 1985. Die Keramik aus der punischen Seetor-Straße, *RM* 94, 355-412.

Vegas, M. 1990, Archaische Töpferöfen in Karthago, *RM* 97, 33-56.

Vegas, M. 1999, Phöniko-punische Keramik aus Karthago, in F. Rakob (ed.), *Karthago III. Die deutschen Ausgrabungen in Karthago*, Mainz a.R., 93-219.

Williams II, C.K. 1979, Corinth 1978: Forum Southwest, *Hesperia* 48,2, 105-124.

Zimmerman Munn, M.L. 2003, Corinthian Trade with the Punic West in The Classical Period, in C.K. Williams/N. Bookidis (eds.), *Corinth XX. Corinth, the Centenary 1896-1996*, Athens, 197-217.

Zamora, J.A.L. 2013, *Novedades de epigrafía fenicio-púnica en la Península Ibérica y sus aledaños, Palaeohispánica: Revista sobre lenguas y culturas de la Hispania antigua* 13, 359-384.

Tavole

Tav. 1. 1. Necropoli Est: scavi Gabrici del 1925. In primo piano un'anfora punica. 2. Necropoli Ovest: area con sepolture alla cappuccina e tombe ad enchytrismos entro anfore da trasporto e pithoi. 3. Necropoli Ovest: area di sepolture (inumazioni e incinerazioni) con diverse tipologie funerarie. 4. Necropoli Ovest: area di sepolture (inumazioni e incinerazioni) con diverse tipologie funerarie. 5. Necropoli Ovest: area di sepolture alla cappuccina; in primo piano un'incinerazione. 6. Necropoli Ovest: area di sepolture alla cappuccina; al centro un'incinerazione. 7. Città bassa: area scavo albergo Cancila; il contesto di rinvenimento delle tre anfore punico-siciliane illustrate in Vassallo 2005a, 130, fig. 242, in un vano magazzino, distrutto nel 409 a.C.

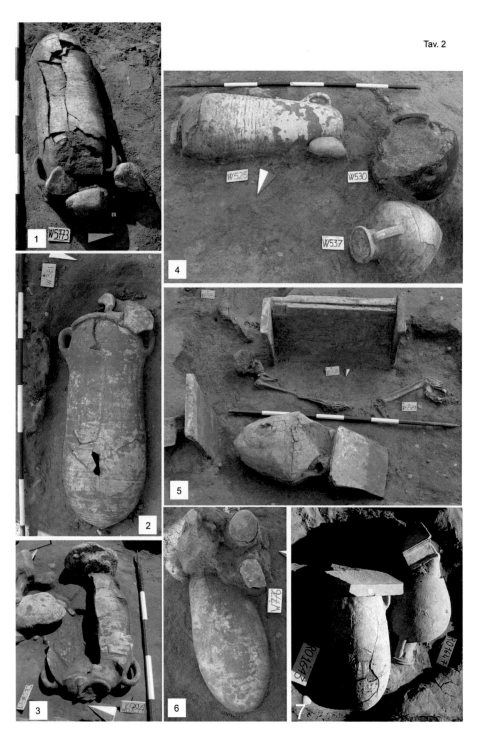

Tav. 2

Tav. 2. 1. Necropoli Ovest: Tomba W5773 (cat. 61), con bocca chiusa da ciottoli. 2. Necropoli Ovest: Tomba W381 (cat. 192). La bocca è sigillata da frammenti di altri grandi contenitori. 3. Necropoli Ovest: Tomba W6984 (cat. 77). 4. Necropoli Ovest: Tomba W525 (cat. 26), nel contesto di altre tombe ad enchytrismos. 5. Necropoli Ovest: Tomba W6447 (cat. 264), nel contesto di altre tipologie funerarie. 6. Necropoli Ovest: Tomba W776 (cat. 164), l'anfora è chiusa da ciottoli in disordine. 7. Necropoli Est: Tomba RO1643 (cat. 147), l'anfora punica, accanto a un'altra anfora di tipo corinzio A, è chiusa da un tegolo.

167

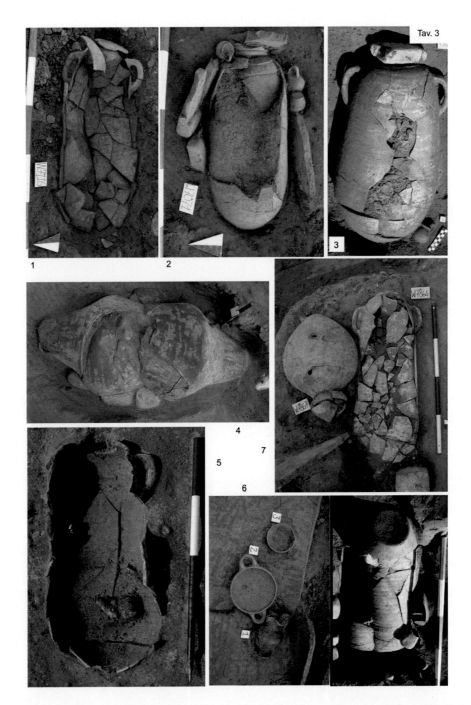

Tav. 3. 1. Necropoli Ovest: Tomba W7116 (cat. 51). L'anfora è chiusa con frammenti di pareti altri contenitori. 2. Necropoli Ovest: Tomba W7071 (cat. 121). L'anfora, chiusa da elementi fittili vari e delimitata ai lati da da tegole piane, è dotata di corredo esterno, di brocchette e di una kotyle. 3. Necropoli Ovest: Tomba W7409 (cat. 54), una lastra di pietra chiude la bocca. All'esterno, vicino al fondo dell'anfora, un guttus. 4. Necropoli Ovest: Tomba W7793 (cat. 266). Il cadavere, deposto su terra, era protetto dalle due metà di un'anfora tagliata. 5. Necropoli Ovest: Tomba W7372 (cat. 213). All'interno dell'anfora i pochi resti conservatisi delle ossa. 6. Necropoli Ovest: Tomba W7051 (cat. 16). Elementi fittili e ciottoli chiudono l'anfora. A sinsitra, il corredo interno, con un'oinochoe attica a figure nere. 7. Necropoli Ovest: Tomba W7864 (cat. 55). A sinsitra dell'anfora punica, un'anfora etrusca.

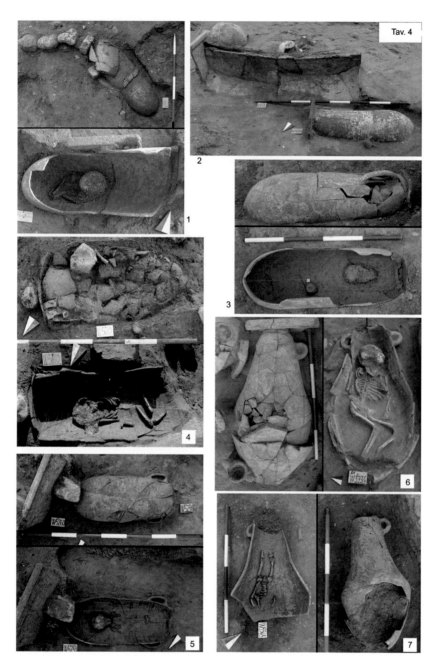

Tav. 4. 1. Necropoli Ovest: Tomba W5259 (cat. 136). In alto l'anfora chiusa; a sinistra parte di una tomba alla cappuccina; in basso, l'anfora aperta con resti dello scheletro infantile. 2. Necropoli Ovest: Tomba W444 (cat. 36). L'anfora è chiusa da un tegolo piano. In altro tomba a cappuccina. 3. Necropoli Ovest: Tomba W8123 (cat. 171). In alto l'anfora prima dello scavo; la bocca è chiusa da una parete di anfora. In basso, l'anfora aperta con resti dello scheletro e un vasetto di corredo. 4. Necropoli Ovest: Tomba W5610 (cat. 158). L'anfora prima (in alto) e dopo (in basso) lo scavo, con i resti dell'inumazione infantile. 5. Necropoli Ovest: TombaW5259 (cat. 136). In alto, l'anfora prima dello scavo, il fondo si appoggia alla testata di una tomba a cappuccina. In basso, i pochi resti dello scheletro infantile. 6. Necropoli Ovest: Tomba 3736 (cat. 250). A sinistra, l'anfora prima dello scavo, con la bocca chiusa da un frammento di tegolo piano. A destra, i resti completi dello scheletro, con le gambe in posizione semiflessa. 7. Necropoli Ovest: Tomba W8343 (cat. 267). A destra, l'anfora prima dello scavo a sinistra, i pochi resti dello scheletro.

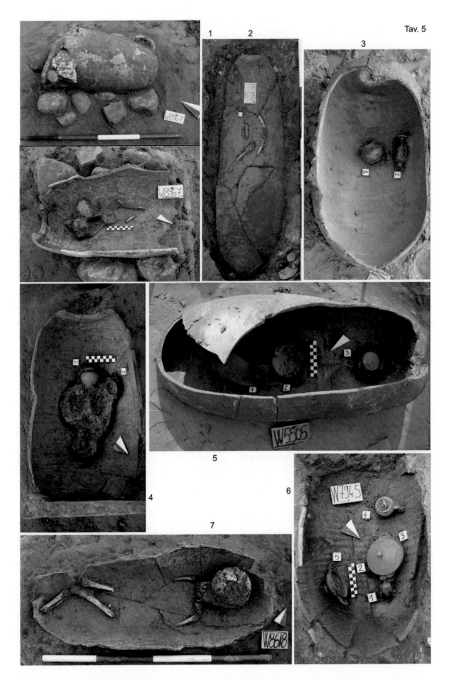

Tav. 5

Tav. 5. 1. Necropoli Ovest: Tomba W8967 (cat. 224). In alto, la mezza anfora utilizzata per la sepoltura, chiusa a sinistra da frammenti di tegole e pietrame; l'anfora è allettata su pietre. In basso, i resti dello scheletro all'interno. 2. Necropoli Ovest: Tomba W8434 (cat. 57). L'interno dell'anfora con i pochi resti dello scheletro e un ago di bronzo. 3. Necropoli Ovest: Tomba W5526 (cat. 172). Il corredo all'interno dell'anfora, con una lekythos attica a palmette. 4. Necropoli Ovest: Tomba W5326 (cat. 101). L'anfora a fine scavo, chiusa alla base, rotta, da un tegolo piano; all'interno pochi resti dello scheletro e due vasetti di corredo. 5. Necropoli Ovest: Tomba W5505 (cat. 184). L'anfora in corso di scavo; all'interno il corredo con una brocchetta, una coppa e un kothon. 6. Necropoli Ovest: Tomba W7945 (Cat. 146). L'interno dell'anfora con i pezzi del corredo, una pisside, una coppetta tardo-arcaica, una lekythos e un guttus. 7. Necropoli Ovest: Tomba W8618 (cat. 214). I resti dello scheletro infantile all'interno dell'anfora.

170

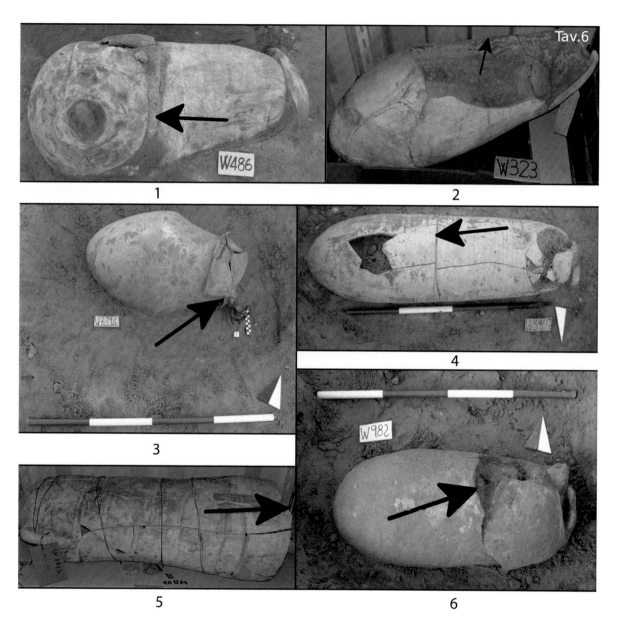

Tav. 6. Segni di riadattamento delle anfore puniche di Himera. Segature antiche. 1. cat. 183 (W486) 2. cat. 115 (W323) 3. cat. 252 (W7214) 4. cat. 17 (W5107) 5. cat. 135 (W1513) 6. cat. 182 (W982).

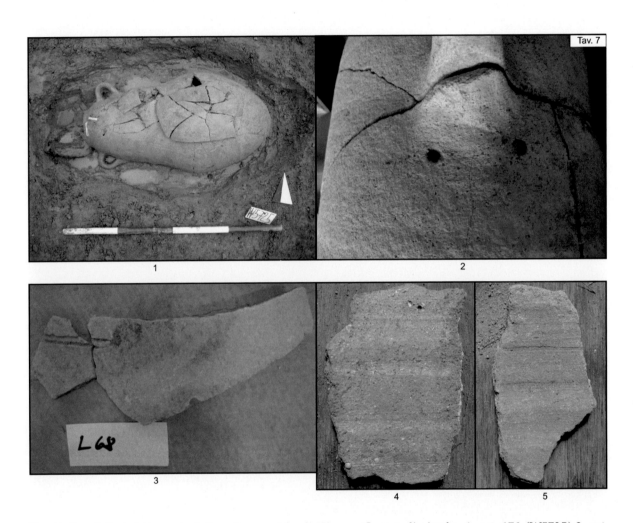

Tav. 7. Segni di riadattamento delle anfore puniche di Himera. Grappe di piombo. 1. cat. 178 (W5725) 2. cat. 10 (W7215) 3. cat. 211 (L68). Anfore dalla Sardegna centro-occidentale probabilmente non tornite: 4. cat. 191 (W4538) 5. cat. 202 (W4288).

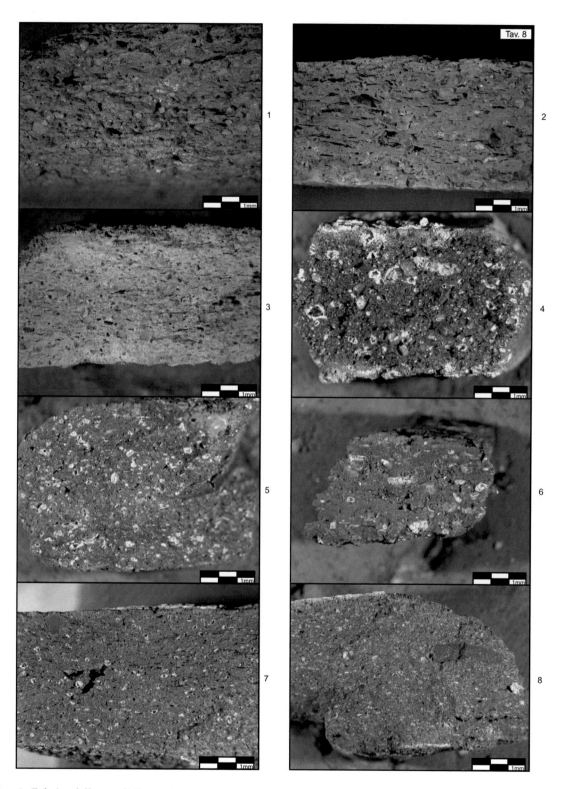

Tav. 8. Fabrics dell'area di Cartagine: 1. CAR-REG-A-1 (cat. 2, RA165) 2. CAR-REG-A-3 (cat. 5, W8040) 3. CAR-REG-A-4 (cat. 24, W4769) Fabrics di Mozia: 4. MOT-A-1 (cat. 64, L180) 5. MOT-A-2 (cat. 51, W7116) Fabrics di Solunto: 6. SOL-A-1 (cat. 82, RO428) 7. SOL-A-2 (cat. 84, RO1493) 8. SOL-A-3 (cat. 134, L307).

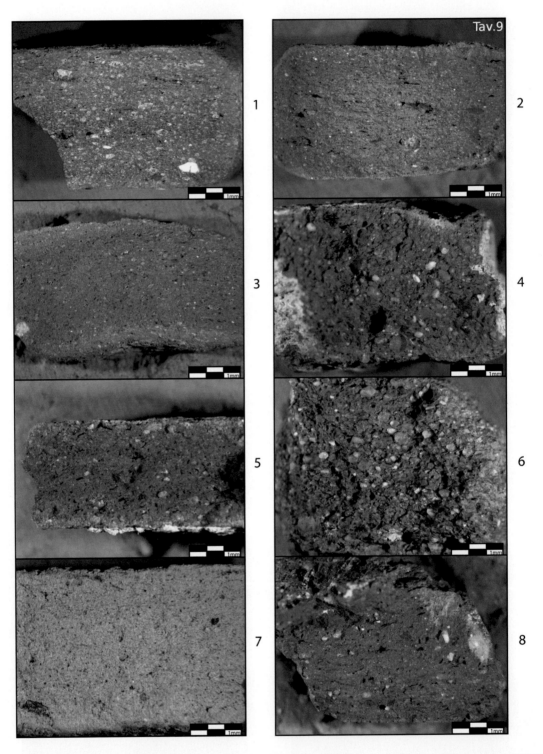

Tav. 9. *Fabrics di Solunto: 1. SOL-A-4 (cat. 112, W333) Fabrics di Palermo: 2. PAN-A-1 (cat. 171, W8123) 3. PAN-A-2 (cat. 173, L164) Fabrics della Sardegna centro-occidentale (area di Neapolis): 4. W-CENT-SARD-A-1 (cat. 194, L65) 5. W-CENT-SARD-A-2 (cat. 189, W681) 6. W-CENT-SARD-A-3 (cat. 191, W4538) Fabrics della Sardegna occidentale (area di Tharros): 7. W-SARD-A-2 (cat. 222, W1461) 8. W-SARD-A-6 (cat. 212, W1797).*

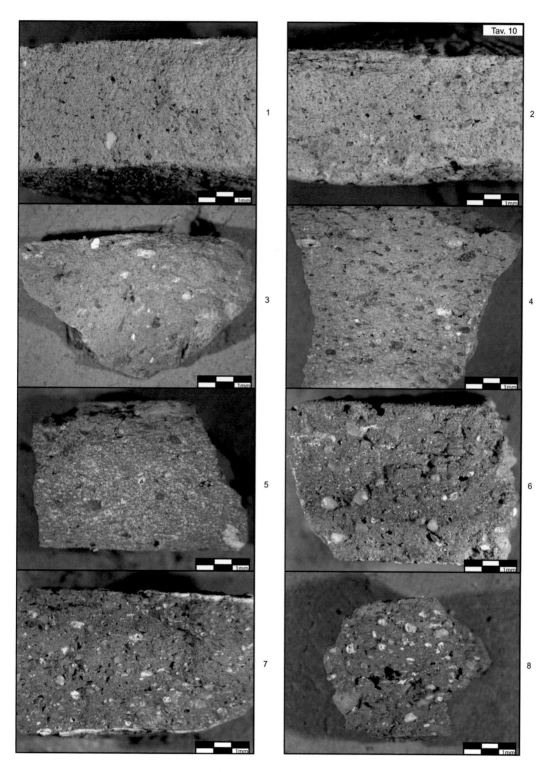

Tav. 10. Fabrics della Sardegna occidentale (area di Tharros): 1. W-SARD-A-7 (cat. 210, L29) Fabrics dall'area di Málaga (o Almería): 2. CdE-A-2 (cat. 251, W6366) 3. CdE-A-3 (cat. 249, L283) 4. CdE-A-4 (cat. 252, W7214) 5. CdE-A-5 (cat. 259, W1107). Fabrics non identificati. 6. (Cat. 274, SK89) 7. (cat. 275, SK132) 8. (cat. 276, W8662).

Tav. 11. 1. Necropoli Est: Tomba RA131 (cat. 42). L'anfora in corso di scavo; sullo sfondo un'anfora attica del tipo "à la brosse". 2. Necropoli Est: Tomba RO1775 (cat. 12). L'anfora ha l'apertura sigillata da un gruppo di ciottoli. 3. Necropoli Est: Tomba RO1180 (cat. 47). L'anfora è delimitata e chiusa da ciottoli. 4. Necropoli Ovest: Tomba W8937 (cat. 242). L'apertura dell'anfora è chiusa da una scodella. 5. Necropoli Est: Tomba L307 (cat. 134). L'apertura è chiusa da ciottoli. 6. Necropoli Est: Tomba RO1239 (cat. 27). La parte superiore dell'anfora è tagliata e posta al contrario come chiusura del contenitore.

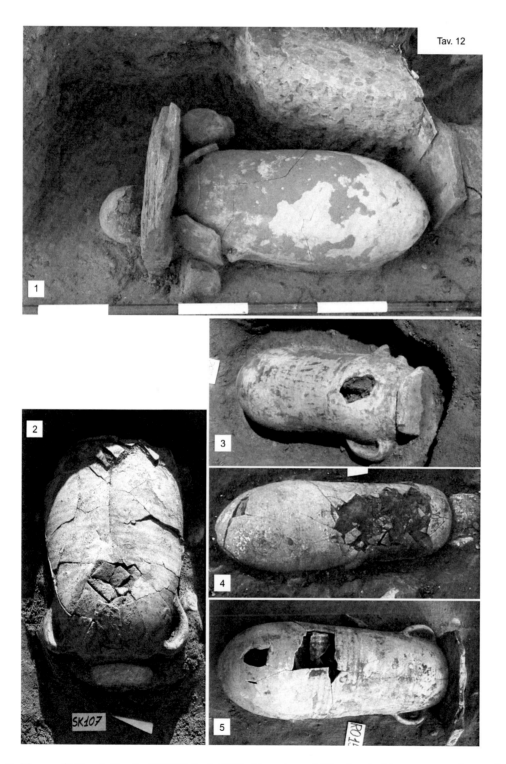

Tav. 12. 1. Necropoli Ovest: Tomba W2023 (cat. 127). L'apertura dell'anfora è chiusa con una lastra di pietra, ciottoli e frammenti di pareti altre anfore. 2. Necropoli Est: Tomba SK107 (cat. 277). Una singola pietra sigilla l'apertura. 3. Necropoli Ovest: Tomba W1652 (cat. 216). Una lastra di pietra sigilla l'apertura. 4. Necropoli Est: Tomba RO1493 (cat. 84). Una pietra sigilla l'apertura. 5. Necropoli Est: Tomba RO1581 (cat. 34). L'apertura è sigillata da un frammento di tegola piana.

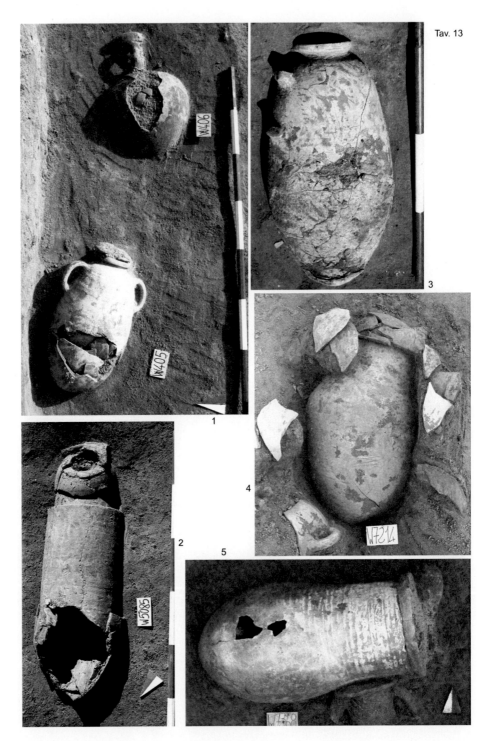

Tav. 13. 1. *Necropoli Ovest: Tomba W405 (cat. 185). In basso l'anfora punica con bocca chiusa da una pietra; in alto un'anfora di tipo greco-occidentale. 2. Necropoli Ovest: Tomba W5085 (cat. 128). L'anfora è stata tagliata nella parte superiore e l'apertura chiusa con la parte superiore dell'anfora. 3. Necropoli Ovest: Tomba W3005 (cat. 138). 4. Necropoli Ovest: Tomba W7214 (cat. 252). L'anfora è stata chiusa da una lekane. 5. Necropoli Ovest: Tomba W7368 (cat. 21). La parte superiore dell'anfora, tagliata e rimossa, è chiusa con un bacino. In basso, collo di un'anfora corinzia di tipo A.*

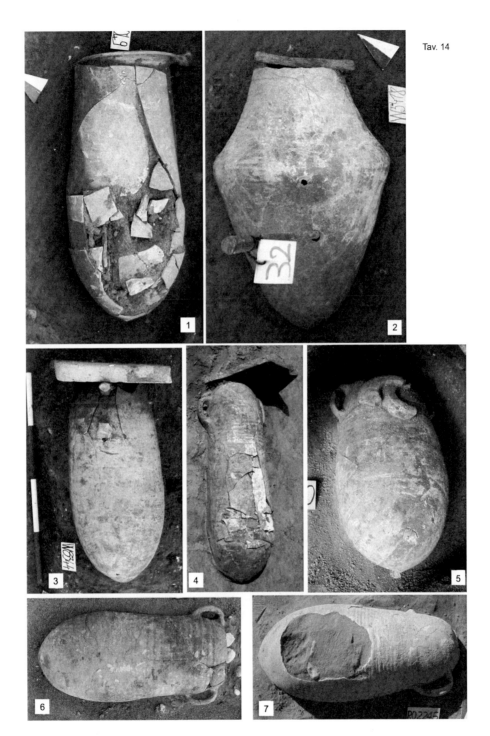

Tav. 14. 1. Necropoli Ovest: Tomba W5049 (cat. 240). La parte superiore dell'anfora, tagliata e rimossa, è chiusa con un bacino/mortaio. 2. Necropoli Ovest: Tomba W5418 (cat. 263). La parte superiore dell'anfora, tagliata e rimossa, è chiusa da un frammento di tegola piana. 3. Necropoli Ovest: Tomba W8344 (cat. 113). La parte superiore dell'anfora, tagliata e rimossa, è chiusa da un frammento di tegola piana. 4. Necropoli Ovest: Tomba W1513 (cat. 135). La bocca dell'anfora è chiusa da un frammento di tegola piana. 5. Necropoli Est: Tomba L310 (cat. 223). 6. Necropoli Est: Tomba RO2207 (cat. 28). La parte superiore è stata tagliata e rimossa. 7. Necropoli Est: tomba RO2245 (cat. 9). Parte della pancia dell'anfora è stata tagliata per introdurre il cadavere.

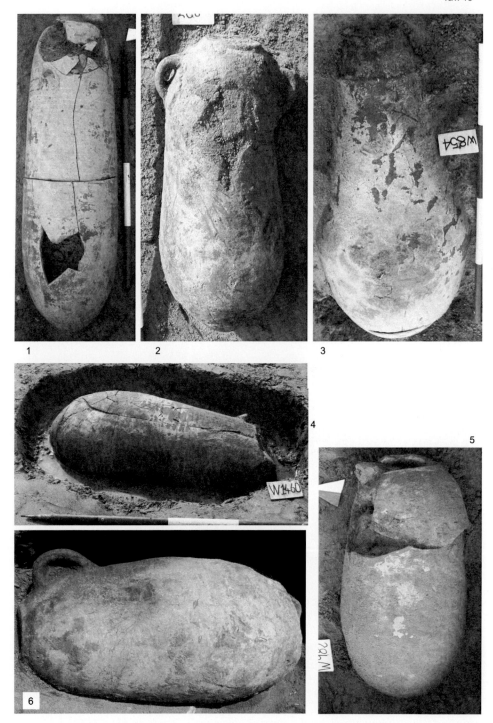

Tav. 15. 1. Necropoli Ovest: Tomba W5107 (cat. 17). Anfora tagliata a metà per introdurre il cadavere. 2. Necropoli Ovest: Tomba W827 (cat. 207). 3. Necropoli Ovest: Tomba W854 (cat. 248). 4. Necropoli Ovest: Tomba W1460 (cat. 94). La parte superiore dell'anfora è stata asportata per introdurre il cadavere. 5. Necropoli Ovest: Tomba W982 (cat. 182). 6. Necropoli Est: Tomba SK347 (cat. 8).

180

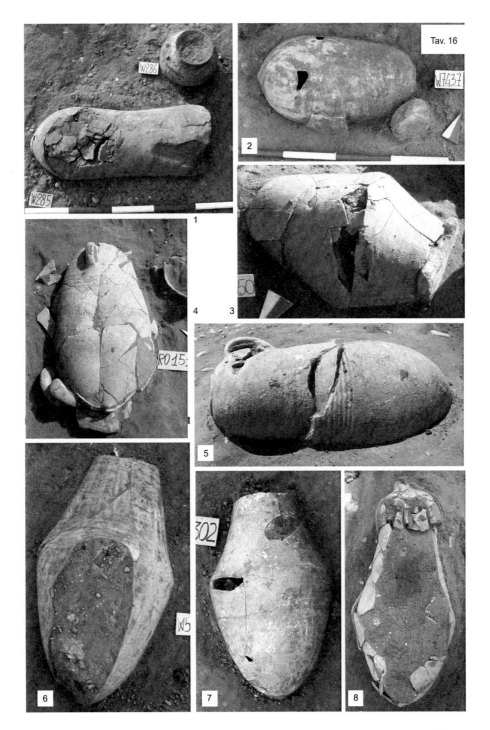

Tav. 16. 1. Necropoli Ovest: Tomba W285 (cat. 198). In alto, tomba ad enchytrismos entro chytra. 2. Necropoli Ovest: Tomba W7437 (cat. 180). 3. Necropoli Ovest: Tomba W7050 (cat. 268). La parte superiore dell'anfora, tagliata, è chiusa da una pietra. 4. Necropoli Est: Tomba RO1517 (cat. 15). L'anfora è delimitata da ciottoli. 5. Necropoli Est: Tomba RO1365 (cat. 19). L'anfora è stata rotta a metà e ricomposta. 6. Necropoli Ovest: Tomba W5309 (cat. 271). Anfora priva della parte superiore; la pancia è stata parzialmente tagliata per introdurre il cadavere. 7. Necropoli Est: Tomba L302 (cat. 255). Anfora priva della parte superiore. 8. Necropoli Est: Tomba L283 (cat. 249). L'anfora è chiusa da frammenti di altre anfore.

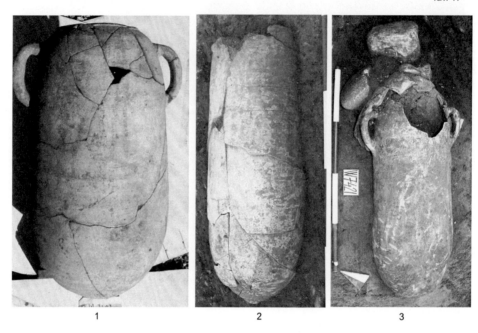

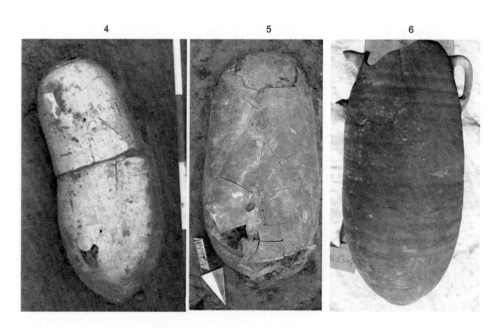

Tav. 17. 1. Necropoli Ovest: Tomba W7437 (cat. 180). 2. Necropoli Ovest: Tomba W8317 (cat. 31). L'anfora è priva della parte superiore. 3. Necropoli Ovest: Tomba W7421 (cat. 227). L'anfora, tagliata nella parte superiore, è chiusa con frammenti anfora e pietre. 4. Necropoli Ovest: Tomba W7215 (cat. 10). L'anfora è stata tagliata a metà e ricomposta dopo la deposizione del cadavere. 5. Necropoli Ovest: Tomba W5964 (cat. 111). 6. Necropoli Ovest: Tomba W8344 (cat. 113).

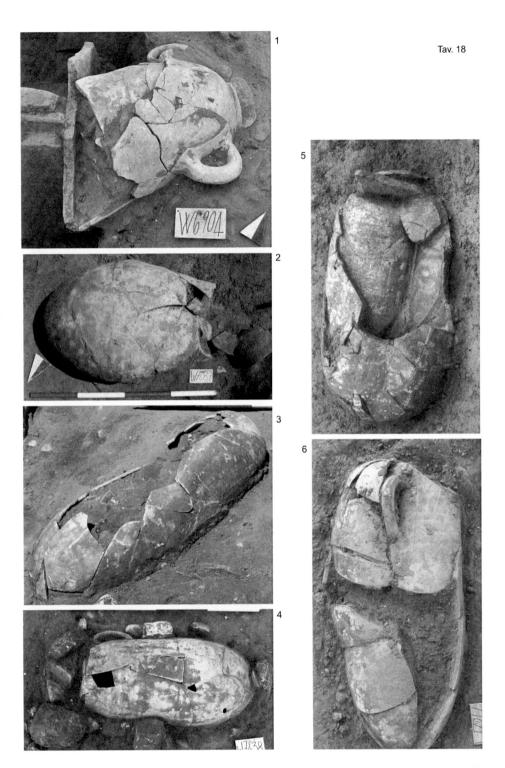

Tav. 18

Tav. 18. 1. *Necropoli Ovest: Tomba W6904 (cat. 79). L'anfora è stata tagliata per la collocazione di una successiva tomba alla cappuccina. 2. Necropoli Ovest: Tomba W7487 (cat. 246). L'anfora, rotta nella parte superiore, è chiusa con vari frammenti di vasi. 3. Necropoli Ovest: Tomba W8289 (cat. 218). 4. Necropoli Ovest: Tomba W7438 (cat. 104). L'anfora è chiusa con pietre. 5. Necropoli Ovest: Tomba W6588 (cat. 98). L'anfora è chiusa da un frammento di tegolo piano. 6. Necropoli Ovest: Tomba W7344 (cat. 96).*

183

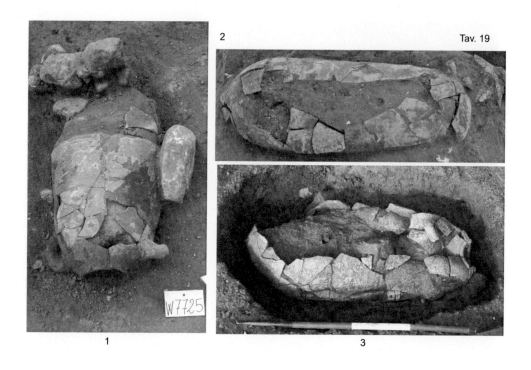

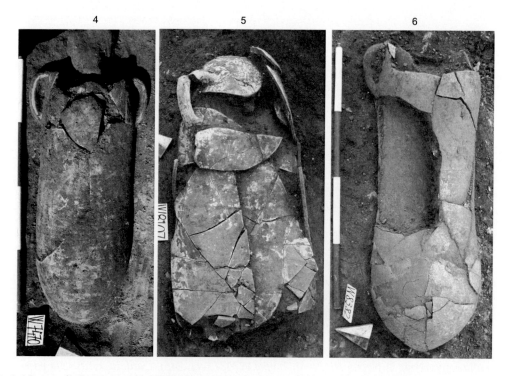

Tav. 19. 1. Necropoli Ovest: Tomba W7725 (cat. 76). 2. Necropoli Ovest: Tomba W8853 (cat. 131). 3. Necropoli Ovest: Tomba W9253 (cat. 3). 4. Necropoli Ovest: Tomba W7470 (cat. 228). 5. Necropoli Ovest: Tomba W8107 (cat. 209). 6. Necropoli Ovest: Tomba W8382 (cat. 205).

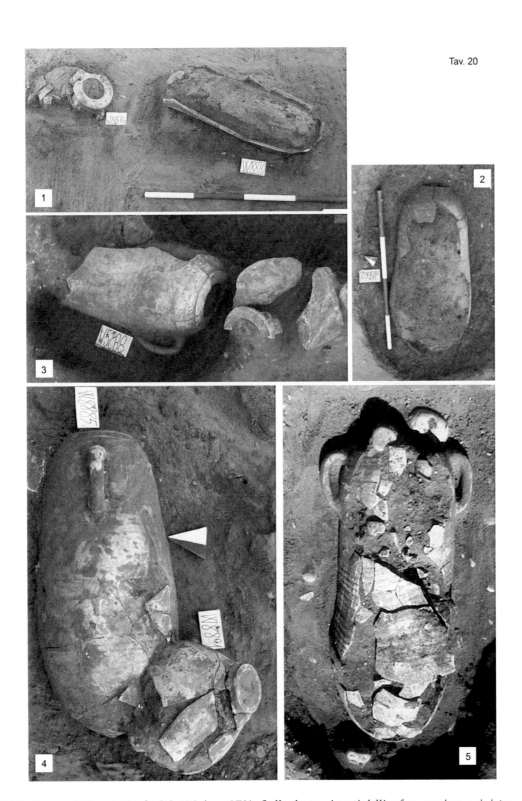

Tav. 20 1. Necropoli Ovest: Tomba W8870 (cat. 273). Sulla destra, i resti dell'anfora punica; a sinistra, anfora corinzia di tipo A. 2. Necropoli Ovest: Tomba W8662 (cat. 276). 3. Necropoli Ovest: Tomba W5288 (cat. 99). 4. Necropoli Ovest: Tomba W8885 (cat. 116). Sulla parte inferiore dell'anfora è stata deposta, successivamente, un'altra sepoltura ad enchytrismos entro hydria. 5. Necropoli Est: Tomba RO1204 (cat. 29).

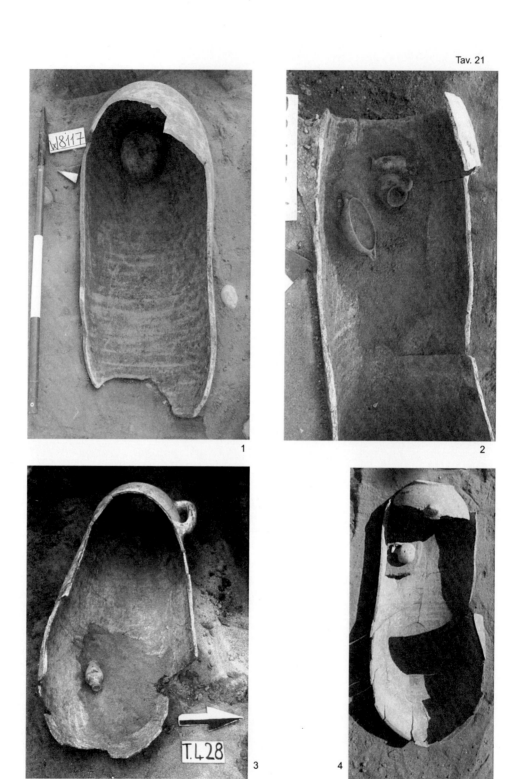

Tav. 21. 1. Necropoli Ovest: Tomba W8117 (cat. 230). Resti del cranio all'interno dell'anfora. 2. Necropoli Est: Tomba RO1581 (cat. 34). Gli oggetti di corredo (una lekythos, una coppetta e una brocchetta) all'interno dell'anfora. 3. Necropoli Est: Tomba RO428 (cat. 82). Il corredo interno, costituito da una lekythos. 4. Necropoli Est: Tomba RO1399 (cat. 93). Il corredo interno, costituito da una lekythos imerese.

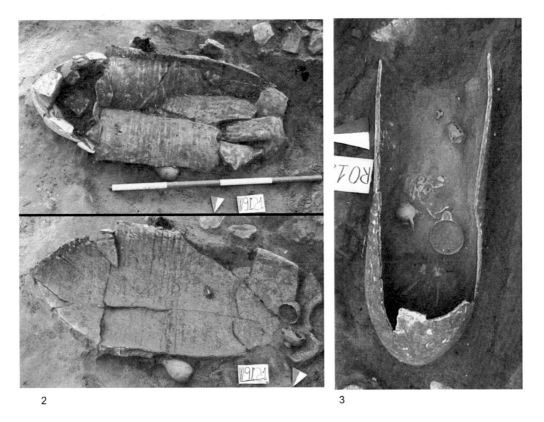

Tav. 22. 1. Necropoli Ovest: Tomba W1841 (cat. 236). Resti dello scheletro di bambino. 2. Necropoli Ovest: Tomba W9421 (cat. 52). In alto l'anfora prima dello scavo; in basso, l'interno con una coppetta e un guttus di corredo. 3. Necropoli Est: Tomba RO1239 (cat. 27). Resti dello scheletro e tre reperti del corredo (un guttus, una coppetta e una lekythos).

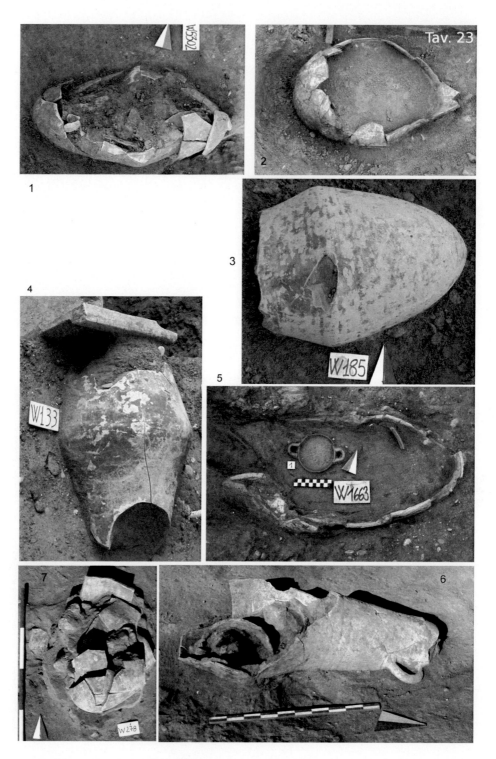

Tav. 23. Anfore dall'area dello Stretto di Gibilterra. 1. Necropoli Ovest: Tomba W5302 (cat. 262). 2. Necropoli Ovest: Tomba W6469 (cat. 265). 3. Necropoli Ovest: Tomba W185 (cat. 257). 4. Necropoli Ovest: Tomba W133 (cat. 256). La parte inferiore dell'anfora è chiusa da un frammento di tegola. 5. Necropoli Ovest: Tomba W1663 (cat. 260). Il corredo interno è stato posizionato sulla parete interna dell'anfora. 6. Necropoli Est: Tomba L216 (cat. 254). 7. Necropoli Ovest: Tomba W278 (cat. 258).

PRINTED ON PERMANENT PAPER • IMPRIME SUR PAPIER PERMANENT • GEDRUKT OP DUURZAAM PAPIER - ISO 9706

N.V. PEETERS S.A., WAROTSTRAAT 50, B-3020 HERENT